Tierethik zur Einführung

Herwig Grimm / Markus Wild

Tierethik zur Einführung

JUNIUS

Wissenschaftlicher Beirat
Michael Hagner, Zürich
Ina Kerner, Berlin
Dieter Thomä, St. Gallen

Junius Verlag GmbH
Stresemannstraße 375
22761 Hamburg
www.junius-verlag.de

© 2016 by Junius Verlag GmbH
Alle Rechte vorbehalten
Umschlaggestaltung: Florian Zietz
Titelbild: © Afif Farisi / Caters News
Satz: Junius Verlag GmbH
Printed in the EU 2020
ISBN 978-3-88506-748-1
2., unveränderte Auflage 2020

Bibliografische Information der Deutschen Nationalbibliothek
Die Deutsche Nationalbibliothek verzeichnet diese Publikation in der Deutschen Nationalbibliografie; detaillierte bibliografische Daten sind im Internet über http://dnb.dnb.de abrufbar.

Zur Einführung ...

... hat diese Taschenbuchreihe seit ihrer Gründung 1977 gedient. Zunächst als sozialistische Initiative gestartet, die philosophisches Wissen allgemein zugänglich machen und so den Marsch durch die Institutionen theoretisch ausrüsten sollte, wurden die Bände in den achtziger Jahren zu einem verlässlichen Leitfaden durch das Labyrinth der neuen Unübersichtlichkeit. Mit der Kombination von Wissensvermittlung und kritischer Analyse haben die Junius-Bände stilbildend gewirkt.

Seit den neunziger Jahren reformierten sich Teile der Geisteswissenschaften als Kulturwissenschaften und brachten neue Fächer und Schwerpunkte wie Medienwissenschaften, Wissenschaftsgeschichte oder Bildwissenschaften hervor. Auch im Verhältnis zu den Naturwissenschaften sahen sich die traditionellen Kernfächer der Geisteswissenschaften neuen Herausforderungen ausgesetzt. Diesen Veränderungen trug eine Neuausrichtung der Junius-Reihe Rechnung, die seit 2003 von der verstorbenen Cornelia Vismann und zwei der Unterzeichnenden (M.H. und D.T.) verantwortet wurde.

Ein Jahrzehnt später erweisen sich die Kulturwissenschaften eher als notwendige Erweiterung denn als Neubegründung der Geisteswissenschaften. In den Fokus sind neue, nicht zuletzt politik- und sozialwissenschaftliche Fragen gerückt, die sich produktiv mit den geistes- und kulturwissenschaftlichen Problemstellungen vermengt haben. So scheint eine erneute Inventur der Reihe sinnvoll, deren Aufgabe unverändert darin besteht, kompetent und anschaulich zu vermitteln, was kritisches Denken und Forschen jenseits naturwissenschaftlicher Zugänge heute zu leisten vermag.

Zur Einführung ist für Leute geschrieben, denen daran gelegen ist, sich über bekannte und manchmal weniger bekannte Autor(inn)en und Themen zu orientieren. Sie wollen klassische Fragen in neuem Licht und neue Forschungsfelder in gültiger Form dargestellt sehen.

Zur Einführung ist von Leuten geschrieben, die nicht nur einen souveränen Überblick geben, sondern ihren eigenen Standpunkt markieren. Vermittlung heißt nicht Verwässerung, Repräsentativität nicht Vollständigkeit. Die Autorinnen und Autoren der Reihe haben eine eigene Perspektive auf ihren Gegenstand, und ihre Handschrift ist in den einzelnen Bänden deutlich erkennbar.

Zur Einführung ist in der Hinsicht traditionell, dass es den Stärken des gedruckten Buchs – die Darstellung baut auf Übersichtlichkeit, Sorgfalt und reflexive Distanz, das Medium auf Handhabbarkeit und Haltbarkeit – auch in Zeiten liquider Netzpublikationen vertraut.

Zur Einführung bleibt seinem ursprünglichen Konzept treu, indem es die Zirkulation von Ideen, Erkenntnissen und Wissen befördert.

Michael Hagner
Ina Kerner
Dieter Thomä

Inhalt

Vorwort 9

1. **Was ist Tierethik?** 16
   1.1 Die Grundfrage der Tierethik 16
   1.2 Wie man die Grundfrage der Tierethik (nicht)
   diskutieren sollte 24
   1.3 Moralischer Differenzialismus: Die traditonelle Antwort
   auf die Grundfrage 32
   1.4 Alle Tiere sind gleich: Bentham und der Beginn
   der modernen Tierethik 40
   1.5 Grundlagenprogramme und Anwendungsdiskurse ... 46

2. **Moderne Positionen der Tierethik** 49
   2.1 Das Extensionsmodell und der moralische
   Individualismus 49
   2.2 Der Präferenz-Utilitarismus Singers 57
   2.3 Regans Tierrechtsansatz 79

3. **Neuere Reaktionen auf die moderne Tierethik** 110
   3.1 Zwei kritische Reaktionen auf die moderne Tierethik . 110
   3.2 Kontraktualismus als Verteidigung des modernen
   Differenzialismus 114
   3.3 Tierrechte: Kritik einer Idee 123
   3.4 Interessen: Wie man Tierrechte begründen kann 132
   3.5 Kritik an den klassischen Ansätzen der modernen
   Tierethik 146

4. Tierethik in der Anwendung 184
   4.1 Perspektive von innen, Perspektive von außen 184
   4.2 Vegetarismus: Das Lebensrecht für Tiere
   in der Praxis 188
   4.3 Tierethik im Kontext von Anwendungsdiskursen:
   Forschung 212

Anhang
   Anmerkungen 236
   Literatur 237
   Personen- und Sachregister 246
   Über die Autoren 251

Vorwort

Auf der indonesischen Insel Sumatra wird alljährlich vor dem Beginn einer neuen Pflanzsaison das Pacu-Jawi-Rennen ausgetragen, an dem sich Hunderte von Ochsen und Menschen beteiligen. Zwei Ochsen rennen durch ein schlammiges Reisfeld, angetrieben von einem Jockey, der sich nur an ihren Schwänzen festhält. Der Jockey schlittert auf einem einfachen Geschirr stehend, das von den Tieren gezogen wird, im Schlamm hinter den Ochsen her. Sein Ziel ist es, eine Runde mit dem Gespann zu drehen. Um die Ochsen anzutreiben, beißt der Jockey hin und wieder in ihre Schwänze. Da die beiden Tiere nur locker zusammengespannt sind, kann es vorkommen, dass ihre Laufrichtungen auseinanderdriften und der Jockey zu akrobatischen Kunststücken gezwungen wird. Das Rennen sorgt für visuell eindrückliche Momente, die von Fotografen in dynamischen Bildern festgehalten werden. Vermutlich hat das Rennen seine Wurzeln in einem alten Pflanzfest. Sein Zweck besteht nicht nur in der Auszeichnung geschickter Jockeys, sondern auch im Verkauf der Ochsen, die im Schlamm den interessierten Käufern ihre Kräfte demonstrieren können.

Wie soll man das Pacu Jawi beurteilen? Darf man solche Rennen durchführen? Ist dieser Umgang mit Ochsen in Ordnung? Die Ochsen scheinen das Rennen nicht lustig zu finden, im Gegenteil. Müsste man das Pacu Jawi also verbieten? Oder sprechen Gründe dafür, es auch weiterhin zu veranstalten, selbst wenn es für die Ochsen offenbar problematisch ist? Ob der Umstand für das Pacu Jawi spricht, dass es vermutlich eine alte Tradition ist? Oder steht es uns vielleicht gar nicht zu, Werturteile über Praktiken in anderen Kulturen zu fällen? Sollten wir uns auch besser keine Urteile über Stierkämpfe in Andalusien, Hahnenkämpfe in der Bretagne oder die Gatterjagd in Österreich erlauben? Und sollten wir uns überhaupt mit der marginalen Tradition des Pacu Jawi befassen oder nicht doch mit wichtigeren Problemen wie industrieller Tierhaltung, Tierversuchen, Artensterben oder Großwildtrophäenjagd? Vielleicht sollten wir uns auch gar nicht primär mit Tierproblemen befassen, sondern mit wichtigeren Problemen wie Armut, Hunger, Rassismus und Terrorismus? Aber welches wäre davon das wichtigste Problem? Und spielen Tiere im Zusammenhang dieser Menschheitsprobleme keine Rolle? Zumindest könnte man argumentieren, dass der Konsum von Tierprodukten in Europa dazu führt, dass in Südamerika großflächig Regenwald gerodet wird, um Tierfutter anzubauen, was wiederum die einheimischen Bauern Landwirtschaftsfläche kostet. Ebenso könnte man argumentieren, dass der Fischkonsum in Europa zu einer Überfischung der afrikanischen Westküste geführt hat, was den Fischern dort die Lebensgrundlage entzieht, oder dass die wasserintensive Massenproduktion von Shrimps für westliche Industrienationen den Reisbauern in Thailand buchstäblich das Wasser abgräbt. Vermutlich gibt es also ein paar gute Gründe für die Ansicht, dass nicht Pacu Jawi im Zentrum unserer Aufmerksamkeit stehen sollte. Wir haben schwerwiegende Probleme mit Tieren bei uns zu Hause, diese Probleme betreffen sowohl Menschen als auch Tiere und haben globale Auswirkungen. Die Tierethik kann diese Probleme nicht alleine lösen, aber sie ist ein philosophischer Beitrag zur Lösung dieser globalen Probleme von Menschen und Tieren. Deshalb ist es auch nicht verkehrt, einen Band zur Tierethik mit dem Pacu Jawi anzufangen.

Die moderne Tierethik hat vor vierzig Jahren – mit der Publikation von Peter Singers nach wie vor lesenswertem Buch *Animal Liberation* (1975) – als eine philosophische Außenseiterposition angefangen und ist heute in der Mitte der (westlichen) Gesellschaft angekommen. Es hat im 20. Jahrhundert nicht viele philosophische Spezialdisziplinen mit einem vergleichbaren Effekt gegeben. Der Grund für dieses Echo besteht einerseits in einer weltweit wachsenden Sensibilität vieler Menschen für die Bedürfnisse und Nöte der Tiere, andererseits in der Intensivierung und Automatisierung der Tiernutzung seit der Mitte des 20. Jahrhunderts – mit all ihren horrenden Folgekosten. Viele Mitglieder der (westlichen) Gesellschaften haben schon von tierethischen Argumenten gehört oder solche diskutiert. Eine kleine, aber stetig wachsende Minderheit pflegt einen vegetarischen oder veganen Lebensstil. Nationale und internationale NGOs kümmern sich um Schutz, Wohl und Rechte von Tieren und befinden sich auf dem Weg der Professionalisierung ihrer Tätigkeiten. Einige Staaten verfügen über Tierschutzgesetzgebungen, einige (wie Brasilien, Deutschland, Indien, Neuseeland, Österreich und die Schweiz) haben Tierschutzbestimmungen Verfassungsrang gegeben. In einigen wenigen Fällen sind Tieren juristisch Personenrechte zugestanden worden, und das *Great Ape Project* (1993) bzw. die Helsinki-Deklaration für die Rechte von Walen und Delfinen (2010) fordern dezidiert Personenrechte für Menschenaffen und Wale. Biologische, neurobiologische, medizinische, industrielle und gentechnische Tierversuche stehen unter Druck, weil längst nicht mehr allen Mitgliedern der Gesellschaft Sinn und Zweck dieser Versuche einleuchten. Die Wissenschaft versucht, sich selbst Regeln zur Minderung von Leid in Tierversuchen zu geben (niemand leugnet, dass viele dieser Versuche Leid bereiten), etwa mithilfe des sogenannten 3R-Prinzips, das eine vollständige Ersetzung (*replace*), eine quantitative Verringerung (*reduce*) und eine qualitative Verbesserung (*refine*) von Tierversuchen vorsieht (Russel/Burch 1959). In zahlreichen Staaten werden Ethikkommissionen eingesetzt, um Tierversuche vor ihrer Bewilligung zu prüfen; eine Schaden-Nutzen-Analyse ist beispielsweise für alle Mitgliedstaaten der EU verpflichtend.

Alle diese Bestrebungen besagen freilich nicht, dass die unterschiedlichen Forderungen der Tierethik von allen Mitgliedern der (westlichen) Gesellschaft akzeptiert werden. Die Zahl der Tiere, die wir für wirtschaftliche oder wissenschaftliche Zwecke produzieren und verbrauchen, steigt jährlich, die Zahl der wild lebenden Tierarten schrumpft täglich. Schätzungen zufolge wurden im Jahr 2014 über 23 Milliarden Nutztiere (Rinder, Schafe, Ziegen, Schweine, Geflügel) gehalten (Robinson et al. 2014), rund 64 Milliarden Tiere geschlachtet (Fische nicht eingerechnet) und rund 118 Millionen Labortiere verbraucht (Heinrich-Böll-Stiftung 2014); jährlich gehen, je nach Schätzung, weltweit 11 000 bis 57 000 Arten verloren. Obwohl die Tierethik als Thema mitten in der Gesellschaft angekommen ist, hat sich damit die zentrale Fragestellung der Tierethik keineswegs erledigt, im Gegenteil. Der Grund liegt ganz einfach darin, dass wir Tiere zwar mögen, den ihnen womöglich zustehenden Rechten gegenüber anderen Werten aber keinesfalls den Vorzug geben wollen: »Tiere sind den Menschen wichtig, insgesamt aber nicht so wichtig wie Essen, Arbeit, Energie, Geld und Wachstum.« (Tewksbury/Rogers 2014: 400)

Zu den zentralen Anliegen der Tierethik gehört aber genau die vernünftige Diskussion der Frage, ob es richtig und zulässig ist, unserem Verlangen nach Essen, Energie und Gesundheit sowie unserem Streben nach Arbeit, Geld und Wachstum den Vorzug vor den Interessen und Anliegen der Tiere zu geben. An dieser Stelle könnte man bereits einwenden, dass Menschen doch essen müssen. Außerdem erscheinen Tierversuche notwendig, wenn man lebensbedrohliche Krankheiten bekämpfen will. Wie will man angesichts dieser Notwendigkeiten die Interessen der Tiere hochhalten? Keine Frage, Menschen müssen essen, das ist eine simple biologische Tatsache. Aber müssen Menschen das essen, was sie essen? Gibt es keine Alternativen? Dieselbe Frage richtet sich an Tierversuche: Sind sie wirklich notwendig, gibt es keine Alternativen?

In solchen Diskussionen darf man sich nicht allein an das halten, was die Mehrheit der Menschen als vernünftig *betrachtet*, sondern man muss auch darüber nachdenken, was sich mithilfe von nachvollziehbaren Argumenten als vernünftig *ausweisen* lässt. Die philosophische Diskussion darf sich auch nicht durch einen routinierten Pragmatismus die Sicht einschränken lassen, indem sie nur gelten lässt, was die meisten Menschen für realistisch oder machbar halten, sondern sie soll mithilfe der theoretischen Fantasie eine Vorstellung davon entwerfen, was getan und realisiert werden könnte. In diesem Sinne wohnt der Tierethik ein durchaus utopischer Zug inne. Damit ist weder ein bloßes Gedankengespinst und auch keine bedrohliche totalitäre Fantasie gemeint, sondern vielmehr das Bemühen um ein Zusammenleben, das die kaum vorstellbaren Ausmaße von Schlachtungen, Tierversuchen und Artensterben – und die Probleme, die sich hinter solchen Zahlen verstecken – in den Griff zu bekommen vermag.

Aus diesem Grund ist es wichtig, sich die Argumente und Denkangebote der Tierethik zu vergegenwärtigen, und zwar wiederholt und immer wieder von Neuem. Man darf sich nämlich auch nicht der Illusion hingeben, dass sich einmal gewonnene Einsichten halten. Um nur ein Beispiel zu nennen: Während das Tragen von Pelz in Mitteleuropa für zahlreiche Menschen lange Zeit ein No-Go gewesen ist, tragen heute wieder viele Jacken und Stiefel mit Haarbestandteilen aus Käfighaltung. Und natürlich hat sich die moderne Tierethik seit ihrer Entstehung vor vierzig

Jahren auch weiterentwickelt. Einerseits sind die theoretischen Angebote vielfältiger geworden, und andererseits haben sich die praktischen Lösungsansätze vertieft. Man kann sagen, dass die Tierethik sich stark diversifiziert hat. Diese beiden Gründe – die Triftigkeit der Tierethik und ihre interne Diversifikation – sind unsere zwei Hauptmotive dafür, der stattlichen Anzahl an einführenden und weiterführenden, populären und wissenschaftlichen Publikationen zur Tierethik diese Einführung hinzuzufügen.

Eine Einführung kann vieles nicht leisten. So verzichten wir auf einen historischen Abriss der philosophischen Positionen, die sich seit der Antike mit Fragen der Tierethik auseinandergesetzt haben. Ebenfalls verzichten wir auf Ausblicke in andere Kulturen und deren Umgang mit Tieren. Schließlich befassen wir uns auch nicht mit theologischen Positionen zur Tierethik. Mit diesen drei bewussten Auslassungen wollen wir keineswegs nahelegen, dass sich in der Philosophiegeschichte, in anderen kulturellen Kontexten oder in der Theologie keine beachtenswerten tierethischen Ansätze finden lassen, denn solche finden sich in diesen Bereichen durchaus (Sorabji 1993; Serpell 1986; Clough 2012). Vielmehr wollen wir das Augenmerk auf die moderne, philosophische, westliche Tierethik in ihren Grundzügen legen. Unsere Einführung stellt sowohl moderne klassische Ansätze als auch neuere Entwicklungen in der Tierethik dar. Neben zentralen Fragen, Argumenten und Einwänden werden auch drängende ethische Fragestellungen in praktischen Anwendungsfeldern (Nutztiere, Fleischkonsum, Jagd, Tierexperiment) diskutiert. Wir denken, dass diese Betonung von praktischen Anwendungsfeldern unseren Verzicht auf die Darstellung der historischen, interkulturellen und theologischen Beiträge zur Tierethik durchaus zu kompensieren vermag. Und wir hoffen, mit der Junius-Reihe sowohl neue als auch allgemein interessierte und selbst eingeweihte Leserinnen und Leser erreichen und die Reihe selbst um ein einschlägiges und – wie man wohl sagen darf: lebenswichtiges – Thema ergänzen zu können.

Wir sind zwar die Autoren dieses Buchs, doch haben uns viele helfende Hände und denkende Köpfe unterstützt. Unser Dank geht nach Wien an Andreas Aigner, Samuel Camenzind, Christian Dürnberger, Martin Huth und Svenja Springer (Messerli Forschungsinstitut), nach Basel an Thomas Jacobi, Michael O'Leary, Jelscha Schmid und Titus Der Hund (Philosophisches Seminar) sowie nach Hamburg an Steffen Herrmann vom Junius Verlag.

                          Basel und Wien, im Dezember 2015

1. Was ist Tierethik?

1.1 Die Grundfrage der Tierethik

Was ist Tierethik?[1] Manchmal wird die Tierethik als eine »Bereichsethik« betrachtet. Die Bereichsethiken beschäftigen sich mit ethischen Problemen in Bereichen wie Wirtschaft, Wissenschaft, Medizin, Medien, Technik oder Militär und entsprechend existieren Wirtschafts-, Wissenschafts- oder Medienethiken. Nun ist es aber offenbar unsinnig, die Tierethik in diesem Sinn als eine Bereichsethik zu verstehen. Tiere sind kein Bereich menschlicher Tätigkeit wie Wirtschaft oder Militär, Tiere sind keine menschlichen Institutionen wie Wissenschaft oder Medien. Vielmehr spielen Tiere in all den exemplarisch genannten Bereichen eine Rolle. In der Wirtschaft werden Tiere als Produktionseinheiten verwendet, in der Wissenschaft als Untersuchungsobjekte und Untersuchungsinstrumente, in den Medien als Schauspieler und Stimmgeber, in der Technik als Modelle für Innovationen und beim Militär als Arbeiter, Helfer oder Scouts. Die Tierethik steht somit quer zu den Bereichsethiken, sie ist keine Bereichsethik.

Andere verstehen die Tierethik als Subdisziplin der sogenannten »angewandten Ethik«. Leider wird der Ausdruck »angewandte Ethik« oftmals synonym mit dem Ausdruck »Bereichsethik« verstanden. Dann ergibt sich dasselbe Problem, das wir eben angetroffen haben. Versteht man unter »angewandter Ethik« jedoch die Anwendung von ethischen Prinzipien auf bestimmte Handlungen – beispielsweise auf unseren Umgang mit Tieren –, ergibt diese Zuordnung der Tierethik durchaus Sinn. Wie wir später noch sehen werden, würden nicht alle der Auffassung zustimmen, dass es die Ethik mit der Anwendung allgemeiner Prinzipien auf Handlungen zu tun hat (mehr dazu auf S. 18 ff.). Da die modernen Ansätze der Tierethik aber von genau diesem Verständnis ausgehen (mehr dazu auf S. 43), halten wir es für sinnvoll, diese Auffassung zu unserem Ausgangspunkt zu machen.

Betrachten wir ein einfaches Beispiel. Nehmen wir an, jemand ist der Auffassung, dass man niemandem ohne guten Grund Schaden zufügen darf: *neminem laedere* – niemanden schädigen. Hier stellen sich aber sogleich Fragen. Die erste Frage betrifft die Reichweite dieses ethischen Prinzips (Anwendungsproblem), die zweite Frage richtet sich an die Auffassung, ob es Ethik wirklich primär mit Handlungen und mit Prinzipien zu tun habe (metaethisches Problem).

Beginnen wir mit dem Anwendungsproblem. Wer oder was ist im *neminem* (niemand) eingeschlossen? Sind dies nur Menschen oder auch Tiere? Nun, da man Tieren auch Schaden zufügen kann (indem man sie etwa körperlich verletzt), müsste das Prinzip doch auch für Tiere gelten. Gilt es dann auch für Pilze? Oder kann man Pilze nicht körperlich schädigen? Vielleicht muss man genauer sein und sagen, dass es um den Schmerz geht, der durch eine Körperverletzung entsteht, das ist der relevante Schaden. Dann wären die Pilze aus dem Rennen. Doch selbst wenn man argumentiert, dass man auch Tiere schädigen kann, weil man ihnen durch Verletzungen Schmerzen zufügen kann, bedeutet dies zugleich, dass Tiere in den Bereich des Prinzips einbezogen werden müssen? Um diese Frage beantworten zu können, muss man sich zuerst fragen, was mit »schädigen« gemeint ist. Reicht eine schmerzhafte Körperverletzung? Oder zählt eine schmerzhafte Körperverletzung nur dann als moralisch relevante Schädigung, wenn damit die Integrität der Person oder die Würde verletzt worden ist? Wenn aber moralisch relevante Schädigungen immer Personen oder die Würde eines Wesens betreffen und wenn Tiere weder Personen sind noch eine Würde haben, dann fallen sie nicht unter das Prinzip *neminem laedere*. Oder sind manche Tiere am Ende Personen und haben eine Würde?

Kommen wir zum zweiten Problem, dem metaethischen Problem, das eine fundamentalere, aber auch stärker theoretische Frage aufwirft als das Anwendungsproblem. Wir haben von der angewandten Ethik als einer Anwendung ethischer Prinzipien auf bestimmte Handlungen gesprochen. Diese Handlungen können unseren Umgang mit Menschen, mit Tieren, mit der Umwelt, mit der Reproduktionsmedizin, mit dem Internet usw. betreffen. Diese Auffassung setzt offenbar voraus, dass der primäre Gegenstand der Ethik *Handlungen* sind. Und sie setzt weiter voraus, dass es in der Ethik primär um die Formulierung *allgemeiner Prinzipien* für die Beurteilung bzw. für die Motivation von Handlungen geht. Diese Auffassung kann durch Immanuel Kants (1724–1804) fundamentales Prinzip der Moral veranschaulicht werden, durch den sogenannten »kategorischen Imperativ«. Eine Fassung des kategorischen Imperativs lautet: »Handle so, dass du die Menschheit sowohl in deiner Person, als in der Person eines jeden anderen jederzeit zugleich als Zweck, niemals bloß als Mittel brauchst.« (*Grundlegung der Metaphysik der Sitten*, AA IV: 10) Der kategorische Imperativ ist erstens auf Handlungen bezogen, weil er als Handlungsanweisung formuliert ist, und er bringt zweitens ein allgemeines Prinzip zum Ausdruck, wie gehandelt werden soll, nämlich so, dass Menschen stets als Zwecke und niemals nur als Mittel betrachtet werden.

Nicht alle Philosophinnen und Philosophen stimmen der Auffassung zu, dass es in der Ethik primär um Handlungen geht. Darüber hinaus teilen nicht alle die Ansicht, dass es in der Ethik darum geht, allgemeine Prinzipien zu finden. Hier geht es nun nicht mehr um Fragen der Anwendung, sondern um Fragen der Metaethik. Wie sollen wir *überhaupt* Ethik betreiben? Sind Handlungen im Fokus der ethischen Reflexion und dementsprechend auch im Fokus der Tierethik? Oder geht es vielmehr um Einstellungen und Haltungen Tieren gegenüber? Besteht die Aufgabe der Ethik darin, allgemeine Prinzipien für das moralische Handeln zu finden, oder geht es nicht vielmehr darum, konkrete Situationen zu beschreiben und konkrete Probleme zu lösen? Wir wenden uns zuerst dem Einwand zu, dass es in der Ethik nicht primär um Handlungen geht. Diese Frage werden wir losgelöst von der Tierethik diskutieren. Da der zweite Einwand, dass das primäre Ziel der Ethik nicht die Aufstellung allgemeiner Prinzipien sei, direkt gegen die klassischen Ansätze der modernen Tierethik bei Peter Singer und Tom Regan erhoben worden ist, werden wir uns ihm im späteren Verlauf der Diskussion zuwenden (insbesondere in Kap. 3).

Die britische Philosophin Elisabeth Anscombe (1919–2001) hat vor bald sechzig Jahren einen einflussreichen Artikel über die neuzeitliche Moralphilosophie verfasst (Anscombe 1958). Darin argumentiert Anscombe, dass alle Moraltheorien der Neuzeit – Utilitarismus, Pflichtenethik, Vertragstheorie – von moralischen Pflichten und Rechten sprechen, als ob es eine autoritative Quelle für diese Rechte und Pflichten geben würde, gleichsam einen Urheber moralischer Gesetze. Diese Moraltheorien sprechen die Sprache des Rechts. Während es im Recht jedoch einen Gesetzgeber gibt, der Rechte und Pflichten festlegt, fehlt ein solcher Gesetzgeber im Bereich der Moral. In der Vergangenheit war Gott diese Quelle. Doch weil neuzeitliche Moraltheorien Gott nicht mehr als Quelle akzeptieren, fehlt ihnen das Fundament. Demgegenüber schlägt Anscombe vor, dass wir uns um eine alternative Ethik kümmern sollten, die nicht an die Rechtssphäre angelehnt ist, sondern vielmehr die menschliche Natur, die Moralpsychologie und die vielfältigen menschlichen Tugenden in Betracht zieht. Statt sich beispielsweise zu fragen, was moralisch falsch sei, stelle man sich besser die Frage, was unaufrichtig, unkeusch, ungerecht usw. sei. Als Modell schwebt Anscombe die Ethik des Aristoteles (384–322 v.u.Z.) vor, wie dieser sie in der *Nikomachischen Ethik* niedergelegt hat. Anscombes Artikel hat maßgeblich zur Renaissance der sogenannten Tugendethik beigetragen. Die Tugendethik ist die in der Antike vorherrschende Ethik. Tugendethik betont weniger die moralischen Pflichten eines Handelnden (wie deontologische Ethiken) oder die Konsequenzen einer Handlung (wie konsequentialistische Ethiken), sondern vielmehr den Charakter und die Tugenden einer Person. Sie versteht sich als eine reichhaltigere Ethik des menschlichen Lebens (zur Tugendethik vgl. S. 166 ff.).

Eine Möglichkeit, neuzeitliche und antike Ethik zu kontrastieren, besteht also darin, dass man ihre Grundfragen unterscheidet. Die Ethiken der Neuzeit konzentrieren sich auf Handlungen und fragen, wie man *handeln* soll bzw. was moralisch gute und moralisch schlechte Handlungen sind. Demgegenüber richtet sich das Augenmerk der antiken Ethik auf den Handelnden selbst. Ihre Frage laute vielmehr, wie man *leben* oder was für eine Person man sein soll. »Was soll ich tun?« ist die Frage der neuzeitlichen Ethik, »Wie soll ich leben?« jene der antiken Ethik. Aus der Perspektive der Tugendethik stünden so betrachtet nicht Handlungen im Zentrum der Ethik, sondern vielmehr die Lebensführung und der Charakter einer Person. Eine gerechte Person zu sein bedeutet eben nicht nur, nach Gerechtigkeitsprinzipien zu handeln, sondern zu wissen, wann die Prinzipien zur Anwendung kommen, durch Gerechtigkeit motiviert und durch Ungerechtigkeit empört zu sein, Ratschläge geben zu können, diese Ratschläge an die Situation des Ratsuchenden anpassen zu können usw. Dazu ist allerdings nicht allein die Tugend der Gerechtigkeit notwendig, sondern auch viele andere Tugenden wie Besonnenheit, Mut, Aufmerksamkeit usw. Wer in seinen Handlungen nur abstrakten Gerechtigkeitsprinzipien folgt, kann zu einem moralischen Tyrannen à la Robespierre werden.

Es ist nicht zu bestreiten, dass die Renaissance der Tugendethik eine wichtige Entwicklung in der Philosophie der letzten fünfzig Jahre darstellt und die moralische Reflexion bereichert hat. Allerdings scheint der dargestellte Kontrast übertrieben zu sein. Einerseits involviert auch die Lebensführung Handlungen – um unser Leben führen zu können, müssen wir handeln. Sogar die Arbeit am eigenen Charakter oder am Charakter anderer verlangt nach Handlungen. Wenn ich beispielsweise aufbrausend und nachtragend bin, kann ich an diesen Eigenschaften arbeiten, ich kann etwas tun. Andererseits wird ein gerechter Mensch nicht nur gerecht urteilen oder empfinden, sondern auch gerecht handeln müssen. Selbst wenn man das Gewicht auf Lebensführung und Charakter legt, kann man sich kaum der Frage entziehen, was eine Handlung moralisch gut oder schlecht macht. Entsprechend gibt auch die Tugendethikerin letztlich Handlungsanweisungen: »Handle so, wie ein tugendhafter Mensch in deiner Situation handeln würde!«

Bleiben wir also dabei, die Grundfrage der Ethik lautet: »Wie soll ich handeln?« Anhand dieser Grundfrage lassen sich auch die bereits erwähnten Moraltheorien in ihren Grundzügen unterscheiden.

Für die *Pflichtenethik* oder die deontologischen Ethiken ist eine Handlung dann moralisch richtig, wenn sie mit dem moralischen Gesetz übereinstimmt. Worin aber besteht das moralische Gesetz? Diese Frage kann auf unterschiedliche Weisen beantwortet werden, und entsprechend gibt es auch verschiedene deontologische Ethiken. Vielleicht sind jene moralischen Gesetze korrekt, die von Gott oder der Tradition vorgegeben sind, vielleicht werden sie durch übergeordnete Prinzipen geordnet, etwa durch Universalisierbarkeit oder den kategorischen Imperativ, vielleicht handelt es sich auch um Regeln, auf die sich rationale Wesen in einem Vertrag einigen würden usw. Kantianerinnen gehen vom kategorischen Imperativ als maßgeblichem Prinzip aus, Vertragstheoretiker (Kontraktualisten) hingegen von jenen Prinzipien, auf die sich rationale Wesen einigen würden. Worin auch immer das moralische Gesetz bestehen soll, es erlaubt uns, Handlungen als moralisch richtig (gut) oder als moralisch falsch (schlecht) zu bewerten.

Für den *Utilitarismus* oder die konsequentialistischen Ethiken zählt nicht so sehr das Gesetz, das vor einer Handlung liegt, sondern was nach der Handlung folgt, nämlich die Konsequenzen, die eine Handlung hat oder haben könnte. Welche Konsequenzen sind gut, welche sind schlecht? Je nachdem, wie man diese Frage beantwortet, ergeben sich Antworten darauf, wie man handeln soll. Auch hier gibt es unterschiedliche Auffassungen. Nach der hedonistischen Auffassung (von gr. *hedone* = Lust) sind jene Handlungen gut, die als Konsequenz Lust maximieren und Unlust minimieren; nach der präferenzialistischen Auffassung (von frz. *préferer* = bevorzugen) sind jene Handlungen gut, die als Folge subjektive Wünsche befriedigen, egal ob diese mit Lust oder Unlust verbunden sind; die perfektionistische Auffassung (von lat. *perfectio* = Vollkommenheit) betrachtet jene Handlungen als gut, die im Effekt zu einem möglichst vollkommenen Leben beitragen, egal ob diese Effekte Lust bereiten oder subjektive Wünsche befriedigen. Wie auch immer man die relevanten Handlungsfolgen beurteilt, sie geben das Maß dafür an die Hand, Handlungen als moralisch richtig (gut) oder als moralisch falsch (schlecht) zu bewerten.

Diesem Muster folgt auch die *Tugendethik*. Eine Handlung ist moralisch richtig, wenn sie mit jener Handlung übereinstimmt, die ein wahrhaft weiser oder tugendhafter Mensch unter den gegebenen Umständen ausführen würde. Ein wahrhaft tugendhafter Mensch ist nun natürlich ein Mensch, der bestimmte Tugenden besitzt und gemäß diesen Charakterzügen handelt. Was aber sind Tugenden? Diese Frage kann auf unterschiedliche Weise beantwortet werden. Vielleicht sind jene Charakterzüge Tugenden, die von Gott oder dem Common Sense dazu bestimmt sind, vielleicht werden sie durch ein moralisches Prinzip gekennzeichnet, etwa durch ihren Beitrag zu einem glücklichen Leben, durch ihre soziale Nützlichkeit usw. Wie auch immer die Antwort lauten mag, es sind die Tugenden des Weisen, die es uns erlauben, Handlungen als moralisch richtig (gut) oder als moralisch falsch (schlecht) zu bewerten. Obwohl also die Tugendethik ihr Augenmerk auf die Fragen »Was ist ein guter Mensch?« oder »Wie soll ich leben?« richtet, muss und kann sie doch nicht darauf verzichten, Prinzipien des moralisch richtigen Handelns aufzustellen.

Diese Darstellung der drei ethischen Ausrichtungen ist zugegebenermaßen reichlich schematisch. Sie macht aber deutlich, was die Grundfrage der Ethik ist, nämlich »Was sind moralisch richtige (gute) und moralisch falsche (schlechte) Handlungen?« Im Anschluss daran lässt sich nun auch die Grundfrage der Tierethik stellen: *Was dürfen wir mit Tieren tun und was nicht?* Wir definieren die Tierethik durch diese Grundfrage.

Dieses Vorgehen ist in der Definition von philosophischen und anderen Forschungsfeldern nicht ungewöhnlich. Die Erkenntnistheorie wird manchmal durch die Frage »Was ist Wissen?« definiert, die Metaphysik bisweilen durch die Frage »Was ist das Sein als solches?«. Zu einer Grundfrage gehören jedoch stets drei unterschiedliche Aufgaben. Erstens muss man eine Grundfrage gegen andere Vorschläge verteidigen; dies haben wir eben in der Auseinandersetzung mit der antiken Ethik gemacht. Zweitens muss man die Frage richtig verstehen, man muss beispielsweise die Elemente der Frage klären. Wer ist beispielsweise mit »wir« gemeint, oder weshalb wählen wir das Verb »dürfen« und nicht das Verb »sollen« oder »müssen«? Erst in einem dritten Schritt geht es um die systematische Ausarbeitung einer Antwort auf die Frage. Die Frage präjudiziert jedoch keineswegs, dass man Tieren gegenüber negative Pflichten der Unterlassung oder positive Pflichten des Handelns hat. Denn die Grundfrage der Tierethik lässt z.B. durchaus die Antwort zu: »Alles!« Die vorherrschende, traditionelle Antwort auf die Frage lautete denn auch, dass wir mit Tieren eigentlich tun dürfen, was wir wollen. Auf der anderen Seite kann man sich als Antwort auch ein »Gar nichts!« vorstellen. Weil wir Tiere stets ausbeuten und für unsere Zwecke instrumentalisieren und weil dies moralisch nicht zulässig ist, sollten wir die Tiere ganz und gar in Ruhe lassen.

1.2 Wie man die Grundfrage der Tierethik (nicht) diskutieren sollte

In der Diskussion um die Grundfrage der Tierethik kann es leicht zu fruchtlosen Debatten kommen, weil die unterschiedlichen Arten von Fragen und Argumenten nicht zureichend unterschieden werden. In diesem Abschnitt wollen wir insbesondere auf eine dieser Konfusionen hinweisen, nämlich auf die Verwechslung von genetischen und normativen Fragen.

Nähern wir uns der Diskussion um die Grundfrage der Tierethik zunächst über eine ebenso simple wie bekannte Geschichte, nämlich das Grimm-Märchen *Die Bremer Stadtmusikanten*. Das Märchen beginnt bekanntlich mit der Flucht eines Esels. Aber warum flüchtet der Esel eigentlich? Nun, er ist nach einem langen Leben als Last- und Arbeitstier altershalber arbeitsunfähig geworden, und sein Besitzer möchte ihn deshalb »aus dem Futter schaffen«, d.h., er möchte ihn töten lassen, um nicht weiter für ihn sorgen zu müssen (Grimm 2009: 154). Weil der Esel merkt, dass kein guter Wind weht, nimmt er Reißaus. Auch der Hund und die Katze sollen, weil sie alt und nutzlos geworden sind, getötet werden. Der Hahn schließlich ist am Sonntag für die Suppe vorgesehen, deshalb soll er sich »den Kopf abschneiden lassen«. Alle vier wollen weg und in Freiheit leben, was ihnen schließlich gemeinsam auch gelingt.

Das Märchen liest sich beinahe wie ein Vorschein der *Animal Liberation*. Die Realität, vor der seine Protagonisten fliehen, sieht so aus: Die vier Tiere werden als Mittel für bestimmte Zwecke gehalten. Wenn der Esel seinen Zweck nicht mehr erfüllt, wird er getötet und ersetzt. Etwas anders steht es mit dem Hahn, denn seine Bestimmung ist es, in der Suppe zu landen, weil sein Besitzer sich dies so wünscht. Der Hahn wird nicht getötet, weil er seinen Zweck nicht mehr erfüllt, sondern sein Zweck besteht gerade darin, getötet und gegessen zu werden. Beide Tiere sind also Mittel für menschliche Zwecke. Deshalb können sie Eigentum sein, können Arbeitstier sein, ihre Daseinsberechtigung verlieren, Rohstofflieferanten sein und ihre Daseinsberechtigung allein diesem Zweck verdanken. Ganz anders steht es in rechtsstaatlichen und demokratischen Gesellschaften mit Menschen. Sie dürfen kein Eigentum sein, ihre Daseinsberechtigung liegt nicht allein in ihrer Arbeitskraft, und wir nutzen sie nicht als bloße Produktionsmittel oder gar in erster Linie als Rohstofflieferanten.

Dieser Unterschied zwischen Mensch und Tier ist tiefgreifend und hat weitreichende Folgen. Er ist tiefgreifend, weil Menschen etwas ganz anderes zu *sein* scheinen als Tiere, und er ist weitreichend, weil Tiere auf vielfältige Weisen *behandelt* werden, die wir

Menschen in der Regel keinesfalls zumuten wollen. Woher kommt und warum gilt dieser tiefgreifende und weitreichende Unterschied? Das sind eigentlich zwei Fragen. Eine Frage nach dem Woher und eine zweite nach dem Warum. Wer sich dafür interessiert, woher dieser Unterschied kommt, muss einen Blick in die Geschichte der Mensch-Tier-Beziehung wagen. Diese Geschichte gibt uns beispielsweise Auskunft darüber, wie Menschen Tiere seit je schon als Mittel für ihre Zwecke benutzt haben. Wer diese Geschichte verfolgen möchte, kann sich beispielsweise die Frage stellen, wie sich die Mensch-Tier-Beziehung seit dem Siegeszug der Naturwissenschaft und der Technik verändert hat, wie die Romantik, die industrielle Revolution oder die Bevölkerungsexplosion unser Verhältnis zu Tieren geprägt haben, welche Rolle das Christentum gespielt hat oder seit wann sich Menschen Haustiere halten. Dies sind spannende historische Fragen, die bisweilen erstaunliche Einsichten zutage fördern.

Es ist eine Sache, die Frage zu stellen, *woher* Unterschiede historisch stammen, wie sie entstanden sind und wie sie sich entwickelt und verändert haben. Diese Frage lässt sich nicht nur im Hinblick auf Tier und Mensch stellen, sondern beispielsweise auch im Hinblick auf die historische Unterscheidung zwischen Mann und Frau oder zwischen Weißen und Schwarzen. Es ist jedoch eine ganz andere Sache zu fragen, *warum* diese Unterschiede gelten sollen. Was berechtigt uns dazu, diese Unterscheide zu machen? Von der *genetischen* Frage, woher ein Unterschied stammt, muss man die *normative* Frage nach der Geltung trennen. Mit der normativen Geltungsfrage wenden wir uns vom historischen Gesichtspunkt ab und nehmen eine philosophische Perspektive ein. Die Unterscheidung zwischen einer genetisch-historischen und einer normativ-philosophischen Perspektive ist wichtig. Leider werden diese beiden Perspektiven oft verwechselt. Auf dieser Verwechslung basieren zahlreiche Argumente, die man wegen ihrer polemischen und schlechten Qualität bisweilen als »Stammtischargumente« bezeichnet. Das ist den Stammtischen gegenüber vielleicht nicht ganz fair, denn man findet diese Argumente an vielen Orten, sei es am Mittagstisch, im Internet, in Tageszeitungen, in Parlamenten oder auf wissenschaftlichen Fachtagungen.

Betrachten wir ein Beispiel. Manche Menschen essen kein Fleisch, weil sie es ethisch als falsch erachten, Tiere für den Fleischkonsum zu töten. Diese Menschen bezeichnet man als »ethische« oder »moralische« Vegetarier und Vegetarierinnen. Manche Menschen wiederum verzichten aus gesundheitlichen, geschmacklichen oder religiösen Gründen auf Fleisch und sind deshalb keine ethischen Vegetarier. Am Stammtisch wird der ethischen Vegetarierin bisweilen folgendes Argument entgegengehalten: »Im Verlauf der Evolution unserer Art war der Fleischkonsum wichtig, denn unsere Vorfahren brauchten Fleisch als eine wichtige und energiereiche Nahrungsquelle, ohne die sie nicht hätten überleben können. Ohne Fleischkonsum hätte sich unsere Art womöglich gar nicht entwickeln können, der Mensch wäre heute gar nicht da.« Nehmen wir an, dass diese Hypothese korrekt ist (denn es ist eine Hypothese, wenn auch eine relativ gut bestätigte). Es handelt sich offensichtlich um eine Hypothese über unsere Entwicklung, und deshalb ist die Perspektive, die hier eingenommen wird, eine genetisch-historische Perspektive, die Auskunft darüber gibt, woher der Fleischkonsum stammt und warum er sich entwickelt und erhalten hat. Die Perspektive der ethischen Vegetarierin ist jedoch eine normativ-philosophische. Sie möchte wissen, ob es richtig ist, Tiere für den Fleischkonsum zu töten. Dabei muss sie die Hypothese des Stammtischlers gar nicht bestreiten, sondern kann sie sogar akzeptieren. Ihre Frage lautet aber, ob es richtig ist, Tiere zu töten, um ihr Fleisch zu essen. Aus der Tatsache, dass unsere Vorfahren Fleisch nötig hatten und dass wir fortfahren, Fleisch zu konsumieren, folgt ja nicht, dass es richtig ist, Fleisch zu konsumieren. Und es folgt auch nicht, dass wir das weiterhin nötig haben. Schließlich haben unsere Urahnen auch in Höhlen gehaust und Steine geklopft, was wir in der Regel nicht mehr tun.

Das Problem mit dem Stammtischler besteht also darin, dass er von historischen Aussagen über einen Sachverhalt auf dessen normative Berechtigung schließt. Es war wahrscheinlich wichtig, dass unsere Vorfahren Fleisch gegessen haben, also ist es richtig, dass wir heute Fleisch essen. Darin verbergen sich gleich zwei Fehlschlüsse, nämlich der genetische und der naturalistische Fehlschluss. Der genetische Fehlschluss schließt von der Herkunft einer Sache auf ihre Güte. Man denkt, dass eine Sache gut sein muss, weil sie sehr alt ist, oder man denkt, dass eine Sache gut sein muss, weil man sie als Tradition kennt (deshalb werben z.B. Firmen mit alten Traditionen). Der naturalistische Fehlschluss schließt von dem bloßen Vorhandensein einer Sache auf ihr Gutsein. Man denkt, dass eine Sache gut ist, weil sie existiert. Wer also sagt, dass Menschen in der Vorzeit Fleisch gegessen haben, dass sie nach wie vor Fleisch essen und dass diese beiden Umstände gegen die ethische Vegetarierin sprechen, begeht sowohl einen genetischen als auch einen naturalistischen Fehlschluss.

Vielleicht leuchtet der Unterschied zwischen diesen beiden Perspektiven stärker ein, wenn wir uns auf die bereits erwähnte Unterscheidung zwischen Mann und Frau oder zwischen Weißen und Schwarzen beziehen. Eine wichtige Parallele zur Unterscheidung zwischen Mensch und Tier besteht darin, dass alle diese Unterscheidungen hierarchisch sind; sie stellen jeweils ein Glied der Unterscheidung schlechter (Tier, Frau, Schwarze) und das andere Glied besser (Mensch, Mann, Weiße). Sicher sind Frauen und Männer im Laufe der Geschichte sehr unterschiedlich betrachtet und behandelt worden, und sie werden auch in der Gegenwart sehr unterschiedlich behandelt. Diese Unterscheidung hat zu einer Arbeitsteilung zwischen Mann und Frau geführt, die historisch äußerst wichtig gewesen ist, gesellschaftliche Institutionen tief geprägt und weitreichende Konsequenzen gehabt hat. Aber sollten wir aus diesem Umstand folgern, dass es richtig ist, den hierarchischen Unterschied zwischen Mann und Frau aufrechtzuerhalten, der Frauen systematisch schlechterstellt und ihnen z.B. das Wahlrecht vorenthält? Genau dieselbe Frage lässt sich mit Blick auf das historische Verhältnis von Schwarzen und Weißen stellen. Die schwarzen Sklaven haben die Kultur der amerikanischen Südstaaten geprägt und waren für die Wirtschaft dieser Region ein unverzichtbarer Faktor. Auf einem anderen Blatt Papier steht allerdings die Frage, ob es richtig ist, einen hierarchischen Unterschied zwischen Weißen und Schwarzen aufrechtzuerhalten, der Schwarze systematisch schlechterstellt, sodass sie als Eigentum behandelt werden können.

An dieser Stelle geht es (noch) nicht darum, ob die ethische Vegetarierin recht hat mit ihrer Haltung oder nicht, es geht lediglich darum zu zeigen, dass der Stammtischler von etwas anderem spricht als die Vegetarierin. Er macht eine historisch-genetische Bemerkung, sie interessiert sich für eine normativ-philosophische Frage. Das ist, als würde man auf die Frage, ob es klug ist, einem Bergpfad weiter zu folgen oder nicht, die Antwort erhalten, dass man bislang auf diesem Bergpfad gegangen ist. Diese Antwort ist für die Frage ebenso irrelevant wie diejenige des Stammtischlers auf die Frage, ob man weiter Fleisch konsumieren soll oder nicht.

Allerdings haben wir einer Facette des Stammtischarguments noch nicht Rechnung getragen. Vielleicht möchte der Stammtischler ja sagen, dass wir heute ohne Fleisch nicht *überleben* könnten und dass der Fleischkonsum deshalb eine Notwendigkeit darstellt. Wenn wir den Einwand so verstehen, wird er interessanter. Er wirft nämlich zwei Fragen auf. Einerseits eine Tatsachenfrage und andererseits eine moralische Frage. Die moralische Frage lautet: Dürfen wir alles tun, wenn es für unser Überleben notwendig ist? Stellen wir uns vor, dass vier Männer nach einer Schiffshavarie auf eine karge Felseninsel gespült werden. Um zu überleben, müssen sie essen, nur gibt es auf der Insel nichts zu essen. Deshalb beschließen drei der vier Männer, ihren Gefährten zu töten und zu essen (wobei jeder denkt, dass er hernach die Gebeine des Toten als Waffe gegen die anderen benutzen kann). Wäre das moralisch in Ordnung? Wenn wir uns der Tatsachenfrage zuwenden, dann bemerken wir freilich schnell, dass wir uns diese gruselige ethische Frage vorerst gar nicht zu beantworten brauchen. Ist es wirklich eine Tatsache, dass wir heute ohne Fleischkonsum nicht überleben könnten? Wenn mit »wir« die Menschen gemeint sind, die heute in Europa leben: Trifft es wirklich zu, dass diese Menschen ohne Fleischkonsum sterben würden? Das ist mehr als fragwürdig.

Das Stammtischargument verweist auf zwei fundamentale Punkte für alle tierethischen Diskussionen. Erstens müssen wir uns in solchen Diskussionen davor hüten, Aussagen über historische oder aktuelle Tatsachen mit ethischen Argumenten zu verwechseln, sonst geraten wir in Konfusionen und begehen Fehlschlüsse. Das bedeutet jedoch nicht – und dies ist der zweite Punkt –, dass Tatsachenbehauptungen für tierethische Argumentationen irrelevant wären. Wenn die Frage außer Acht gelassen wird, ob eine Tatsachenbehauptung wahr oder falsch, wahrscheinlich oder unwahrscheinlich ist, dann droht die Gefahr, dass wir im luftleeren Raum Argumente hin und her schieben oder (noch schlimmer) auf der Grundlage von falscher Information und Unwahrscheinlichkeiten argumentieren.

Demgegenüber scheinen uns zwei andere Punkte, deren scheinbare Bedeutung für tierethische Diskussionen häufig hervorgehoben wird, als vollkommen irrelevant. Der erste Punkt betrifft die Frage nach der Emotionalität oder nach dem Verhältnis von Gefühl und Verstand. Ob ein gutes Argument oder ein relevantes Faktum mit emotionalem Engagement vorgebracht wird oder mit kühler Abgeklärtheit, ob ein schlechtes Argument oder ein Irrtum mit Leidenschaft oder Überdruss in die Runde geworfen wird, macht für die Güte des Arguments und den Wahrheitsgehalt der Tatsachenbehauptung keinen Unterschied.

Bei dem zweiten Punkt handelt es sich um die häufig verwendete Unterscheidung von privat und öffentlich in diesem Bereich. Bisweilen wird behauptet, dass niemand das Recht habe, jemand anderem Vorschriften zu machen, was man essen dürfe und was nicht, weil Essen eine private Angelegenheit sei. Dieser Einwand ist gleich aus mehreren Gründen falsch. Wir machen Kindern dauernd Vorschriften, was sie essen sollen und was nicht, und das scheint weitgehend akzeptiert zu sein. Darauf kann der Stammtischler antworten, dass er natürlich nur Erwachsene gemeint habe. Aber selbst im Hinblick auf Erwachsene lässt sich zeigen, dass das Prinzip nicht gilt. Erstens können sich Erwachsene fragen, wie sie ihre Kinder mit ihren Essensgewohnheiten beeinflussen. Der amerikanische Schriftsteller Jonathan Safran Foer etwa hat die Geburt seines Kinds zum Anlass genommen, seinen Konsum kritisch zu hinterfragen. Das daraus entstandene Sachbuch *Tiere essen* ist durchaus lesenswert (Safran Foer 2010). Zweitens werden kranken Erwachsenen bisweilen Diätvorschriften durch Sachverständige gemacht. Und drittens gibt es durchaus Gesetze, die uns vorschreiben, was wir essen dürfen und was nicht. So ist der Verkauf des Fleischs von Raubtieren in vielen Ländern nicht zugelassen, und auch Kannibalismus ist zum Glück keine Privatsache. Die Überzeugung, dass Essen eine Privatsache sei, schließt darüber hinaus zahlreiche Kontexte des Fleischkonsums aus. Die Herstellung, Distribution und Bewerbung von Fleischprodukten wird in einigen Staaten durch die öffentliche Hand subventioniert, dasselbe gilt für öffentliche Mensen. Was durch die öffentliche Hand subventioniert wird, ist keine Privatangelegenheit. Weitet man den Blick über den Tellerrand hinaus, so zeigen sich einige hässliche Folgen des Fleischkonsums. Die Herstellung von Fleisch belastet die Umwelt und die Gesundheit, sie verschwendet Land und Ressourcen insbesondere auch in armen Ländern; und schließlich führt sie bei den Tieren selbst zu erheblichen Belastungen. Eine Praxis, die sowohl Menschen als auch Tiere mit diesen Folgen belastet, muss sich deshalb die Frage gefallen lassen, ob sie wirklich eine Privatangelegenheit ist. Wir jedenfalls bezweifeln sehr, dass dies zutrifft.

1.3 Moralischer Differenzialismus: Die traditionelle Antwort auf die Grundfrage

Eine extreme Antwort auf die Frage, was wir mit Tieren tun dürfen und was nicht, lautet, dass man mit Tieren eigentlich alles tun darf, was man möchte. Diese Extremantwort bestreitet, dass Tiere moralisch überhaupt zählen, dass Tiere und der Umgang mit ihnen überhaupt in den Bereich von moralischen Pflichten, Handlungsfolgen oder Tugenden gehören. Natürlich können wir mehr oder weniger klug mit Tieren umgehen. Ein Viehhändler, der seine Rinder verkaufen möchte, sollte sie klugerweise so behandeln, dass sie überhaupt ein Kaufinteresse wecken, moralisch schuldet der Viehhändler den Rindern jedoch nichts. Wir können Tieren auch einen ästhetischen Wert zuschreiben. Manchem gefällt der Pfau, weil er ein beeindruckendes Rad schlägt, anderen gefallen Kätzchen, weil sie so putzig sind. Aber wenn der Pfau krank wird und seine Federn verliert oder das Kätzchen Haarbüschel und ein Auge verloren hat, ist es vorbei mit der ästhetischen Wertschätzung. Krankheit und Verletzung bürden der Ästhetin aber keine ethischen Pflichten auf.

In gewisser Weise war dies für lange Zeit die vorherrschende Antwort in Europa. Tieren gegenüber haben wir keine moralischen Pflichten (höchstens indirekte), wir müssen ihr Wohlergehen in unserem Handeln nicht berücksichtigen. Höchstens haben wir indirekte Pflichten gegen sie. Nach Thomas von Aquin (1225–1275), einem für die katholische Kirche der Neuzeit nach wie vor höchst einflussreichen Philosophen des Mittelalters, sollten Tiere mit Freundlichkeit und ohne Grausamkeit behandelt werden. Im Unterschied zu Menschen ist das Leben der Tiere weder heilig noch vernünftig. Tiere können deshalb von Menschen als Lebens- und Transportmittel, als Gefährten, als Arbeitskräfte, zur Unterhaltung usw. benutzt werden. Tieren gegenüber sollten wir dabei jedoch freundlich und nicht grausam sein, weil dies verhindere, dass wir Menschen gegenüber grausam handeln, und stattdessen helfe, Menschen mit Wohlwollen zu begegnen.[2] Thomas' Position illustriert exemplarisch die lange Zeit in Europa vorherrschende Antwort auf die Grundfrage der Tierethik. Sie zeichnet sich durch zwei generelle Merkmale aus:

1. *Moralischer Differenzialismus.* Erstens wird zwischen Mensch und Tier ein grundlegender Unterschied gemacht, und dieser Unterschied hat Folgen für unser Verhalten Menschen bzw. Tieren gegenüber.

2. *Indirekte Pflichten.* Zweitens kann man Tiere *prima facie* für beliebige menschliche Zwecke benutzen, man sollte sie dabei aber ohne Grausamkeit und mit Freundlichkeit behandeln, dies jedoch nicht um der Tiere selbst willen, sondern um der Menschen willen. Das bedeutet, dass wir allein Menschen (und

Gott) gegenüber direkte Verpflichtungen haben, für Tiere bleiben nur indirekte Pflichten übrig.

Anders als man vielleicht meinen könnte, ist Thomas' Differenzialismus nicht einfach der Ausdruck eines überholten christlichen »Weltbildes«, vielmehr geht Thomas von der durch Beobachtung gestützten Idee aus, dass Menschen über die Fähigkeit verfügen, sich zu entscheiden (Freiheit des Willens), und Gründe und Überlegungen für ihre Entscheidungen (Vernunft) anzugeben vermögen. Diese beiden Fähigkeiten sieht Thomas in nichtmenschlichen Tieren nicht ausgeprägt, sondern höchstens im Sinne einer Analogie vorhanden. Das stellt – neben der christlichen und der aristotelischen Lehre von der Sonderstellung des Menschen – einen der Gründe für Thomas' strikte Unterscheidung zwischen Mensch und Tier dar. Allerdings beobachtet Thomas gleichzeitig, dass Menschen auch das Bedürfnis haben, Tieren Wohlwollen, Fürsorge und Mitleid entgegenzubringen, und dass diese Einstellungen ein positives Ansehen haben. Dies ist einer der Gründe für die Einführung indirekter Pflichten.

Betrachten wir zuerst den Begriff des *moralischen Differenzialismus* genauer. Die durch Thomas und zahllose andere Denker angesprochene strikte Unterscheidung von Mensch und Tier ist ein Beispiel für die sogenannte »anthropologische Differenz« (Wild 2006). Die anthropologische Differenz benennt einen entscheidenden Unterschied, der den Menschen von allen Tieren unterscheidet. Es handelt sich dabei um keinen beliebigen, sondern um den einen fundamentalen Unterschied, der alle anderen Unterschiede zwischen Mensch und Tier erklären soll. Dies kann man als den deskriptiven Gehalt der anthropologischen Differenz bezeichnen. Der deskriptive Gehalt legt fest, was der Mensch ist, indem er den wesentlichen Unterschied zwischen Mensch und Tier benennt. Eine Möglichkeit, den deskriptiven Gehalt zum

Ausdruck zu bringen, findet sich in der anthropologischen Formel. Die anthropologische Formel definiert den Menschen als ein Tier *plus X*. Der Klassiker ist das *animal rationale*, also das vernunftbegabte Tier. Es gibt jedoch auch die Formel vom Tier, das spricht, Staaten bildet, Hände hat, eine Welt hat, unsterblich ist, versprechen darf, Vergangenheit und Zukunft kennt, lügt, nachahmt, fragt, um seinen Tod weiß, nicht festgestellt ist, über andere herrscht, sich an alles gewöhnen kann usw. Andererseits wird durch die anthropologische Formel das Tier zu etwas, das einen Mangel hat, dem etwas Entscheidendes fehlt. Das Tier ist geradezu definiert durch ein Unvermögen. Wenn der Mensch gemäß der anthropologischen Formel das Tier *plus X* ist, so ist umgekehrt das Tier sozusagen ein Mensch *minus X*.

Die anthropologische Differenz bestimmt nicht nur, was der Mensch im Unterschied zum Tier ist, sondern zugleich, was er im Unterschied zum Tier sein soll. Die anthropologische Differenz hat also neben dem deskriptiven auch einen normativen Gehalt, und dies in doppelter Hinsicht. Die anthropologische Differenz nennt einen fundamentalen Unterschied zwischen Menschen und Tieren, der zum einen eine normative Kraft für Menschen hat. Insofern sich Menschen nämlich diesseits der anthropologischen Differenz befinden, haben sie einen Anspruch darauf, auf bestimmte Weise behandelt zu werden, bzw. die Pflicht, Wesen ihrer Art auf bestimmte Weise zu behandeln. Wenn der Mensch aber beispielsweise das vernünftige Tier ist, dann hat er auch vernünftig zu sein; man kann das als Forderung an ihn richten. (Bisweilen wird diese Bestimmung auch so verstanden: Wenn die Fähigkeit der Vernunft nicht vorliegt, erfüllt das Wesen das Kriterium des Menschseins im vollen Sinne nicht. Dies galt lange Zeit für nicht-weiße und nicht-männliche Menschen, dies gilt heute für ungeborene Menschen.) Es würde keinen Sinn ergeben, diese Forderung an eine Wolke oder einen Kaktus zu richten.

Und wenn es zutrifft, dass nur Menschen vernünftig sein können, ergibt es natürlich auch keinen Sinn, diese Forderung an irgendein Tier zu richten. Zum anderen finden sich jenseits der anthropologischen Differenz alle Tiere, und für sie gelten andere Regeln als für Menschen. Der normative Gehalt ist also ein doppelter, weil er Wesen diesseits als auch jenseits der anthropologischen Differenz auf unterschiedliche Weise betrifft. Das hat offensichtlich weitreichende Folgen für unser Verhältnis zu Tieren. Während man Menschen beispielsweise nicht besitzen, nicht einsperren, nicht bestehlen, nicht töten, nicht essen soll, können alle diese Dinge mit Tieren getan werden. Offenbar hat sich die am Beispiel des mittelalterlichen Denkers Thomas von Aquin illustrierte Auffassung des moralischen Differenzialismus bis heute gehalten.

Wenn wir den deskriptiven und den normativen Gehalt der anthropologischen Differenz zusammennehmen, erhalten wir den moralischen Differenzialismus. Nicht jeder Differenzialismus ist ein moralischer Differenzialismus. Man kann durchaus der Auffassung sein, dass der Mensch sich vom Tier durch die Vernunft unterscheidet, diesen Unterschied jedoch für moralisch irrelevant halten; dies könnte man einen »kognitiven Differenzialismus« nennen. An dieser Stelle können wir festhalten, dass mit dem moralischen Differenzialismus ein tiefgreifender Unterschied zwischen Mensch und Tier gemacht wird und dass dieser Unterschied weitreichende Konsequenzen für Tier und Mensch hat.

Was soll man nun unter der Idee von *indirekten Pflichten* verstehen? Immanuel Kant illustriert die Idee indirekter Pflichten Tieren gegenüber am folgenden Beispiel:

»Wenn ein Hund seinem Herrn sehr lange treu gedient hat, so ist das ein Analogon des Verdienstes, deswegen muss ich es belohnen und den Hund, wenn er nicht mehr dienen kann, bis an sein Ende erhalten. [...] Wenn jemand seinen Hund totschießen lässt, weil er ihm nicht mehr das Brot verdienen kann, so handelt er gar nicht wider die Pflicht gegen den Hund, weil der nicht urteilen kann, allein er verletzt dadurch die Leutseligkeit und Menschlichkeit in sich, die er in Ansehung der Pflichten der Menschheit ausüben soll. Damit der Mensch solche nicht ausrotte, so muss er schon an den Tieren solche Gutherzigkeit üben, denn der Mensch, der schon gegen die Tiere solche Grausamkeit ausübt, ist auch gegen Menschen ebenso abgehärtet. [...] Wenn Anatomen lebendige Tiere zu den Experimenten nehmen, so ist das zwar grausam, ob es gleich zu was Gutem angewandt wird. Weil nun die Tiere als Instrumente des Menschen betrachtet werden, so geht's an, aber auf keine Weise als Spiel.« (Kant 2004 [1774/75]: 345 f.)

Wir dürfen also schließen, dass Kant es für unmoralisch – nicht nur für unklug oder unschön – gehalten hätte, dass der Herr seinen alten und verdienstvollen Esel »aus dem Futter« hat bringen wollen. Allerdings sieht Kant kein moralisches Problem darin, wenn der Hahn für die Suppe geschlachtet wird oder irgendein Tier zum Zwecke wissenschaftlicher Erkenntnis lebend seziert wird.

Wie Thomas geht Kant offenbar von einer starken anthropologischen Differenz aus. Der Mensch ist ein Vernunftwesen, das urteilen und sich selbst Regeln geben kann. Darum ist der Mensch ein Selbstzweck und muss um seiner selbst willen geachtet werden. Er hat Würde und darf niemals nur als Mittel betrachtet werden, sondern muss immer auch als Zweck respektiert werden. Deshalb lautet auch eine Fassung des kategorischen Imperativs, Kants fundamentalen Prinzips aller moralischen Pflichten: »Handle so, dass du die Menschheit sowohl in deiner Person, als in der Person eines jeden anderen jederzeit zugleich als Zweck, niemals bloß als Mittel brauchst.« Im Gegensatz dazu ist das Tier vernunftlos, es urteilt nicht und es kann sich keine Regeln geben. Es hat keine Würde und kann als Mittel oder Instrument für menschliche Zwecke verwendet werden. Deshalb ist das Tier kein Selbstzweck und muss nicht um seiner selbst willen geachtet werden.

Warum glaubt Kant, dass es moralisch falsch wäre, diese Tiere auf solche Weise zu behandeln? Nun, wir verletzten darin Pflichten, die wir gegenüber der »Menschheit sowohl in [unserer eigenen] Person, als in der Person eines jeden anderen Menschen haben«, nämlich die »Leutseligkeit und Menschlichkeit« (Kant 2004 [1774/75]: 345). Wir sollten die Verdienste von Menschen anerkennen und nicht grausam gegenüber Menschen sein. Wenn der Herr den Esel tötet bzw. der Sadist die Katze quält, verletzen sie damit Pflichten gegenüber Menschen. Wir haben Tieren gegenüber nur *indirekte* moralische Pflichten, *direkt* sind unsere moralischen Pflichten immer nur Menschen gegenüber. Man kann dies auch so formulieren, dass wir ein Tier nicht *um seiner selbst willen* gut behandeln müssen, sondern entweder um der Zwecke willen, für die wir es gebrauchen (ein Lasttier muss gefüttert, ein Suppenhahn gemästet werden), oder um der Pflichten willen, die wir gegenüber Menschen haben (das verdienstvolle Lasttier darf am Leben bleiben, die Laborkatze soll nicht gequält werden). Wenn wir aber Tieren einen Schaden zufügen, der die Pflichten den Menschen gegenüber respektiert (etwa wenn wir es töten, um es zu essen, wenn wir ihm Schmerzen zufügen, um Erkenntnisse zu gewinnen), so stellt dies für Kant moralisch kein Problem dar.[3]

Wie Thomas von Aquin ist Kant ein Differenzialist, für ihn steht die Vernunft im Zentrum der Frage, welchen Wesen wir moralisch verpflichtet sind. Weil der Mensch ein vernunftbegabtes Lebewesen (*animal rationale*) oder besser vernunftfähiges Lebewesen (*animal rationabile*) ist, wird diese Position bisweilen als »Anthropozentrismus« (von gr. *anthropos* = Mensch bzw. Mann) bezeichnet. Diese Bezeichnung drückt aus, dass nur Menschen moralisch relevante Eigenschaften haben, alle anderen Wesen

(Tiere, Pflanzen, Pilze, Mineralien usw.) hingegen nicht. Allerdings wäre es präziser, hier von einem »Ratiozentrismus« zu sprechen, da die entscheidende Eigenschaft ja die Vernunft ist und es keineswegs ausgemacht ist, dass allein Menschen Vernunftwesen sind (und nicht auch Außerirdische, Tiere oder künstliche Intelligenzen). Dem Differenzialismus steht der Gradualismus gegenüber. Für ihn steht die Fähigkeit, Lust und Unlust zu verspüren, Wohl und Weh zu erleben, im Zentrum der Frage, welche Wesen ein moralisches Standing haben. Diese Position hat den Namen »Pathozentrismus« (von gr. *pathos* = Leid, Schmerz). Allerdings lenkt dieser Name das Augenmerk zu stark auf das Leid von Mensch und Tier, denn Tiere empfinden ja auch Freude. Deswegen spricht man stattdessen häufig auch von »Sentientismus« (von lat. *sentiere* = empfinden, fühlen).

Obwohl es im Laufe der Philosophiegeschichte nicht an Denkern gefehlt hat, die sowohl den moralischen Differenzialismus als auch das Konzept der indirekten Pflichten infrage gestellt haben – der griechische Denker Plutarch (45–120) oder der französische Philosoph Michel de Montaigne (1533–1592) können hier genannt werden –, hat sich doch erst im Laufe des 18. und des 19. Jahrhunderts die Einstellung zum Tier zu ändern begonnen. Die wachsende Sensibilität für Tiere trat zunächst in der Aufklärung und dann insbesondere in der Romantik stark hervor. Die Ursachen dafür sind komplex: eine Tendenz der Mittelklasse, Grausamkeit gegenüber Tieren mit den unteren Klassen in Verbindung zu bringen; der Zuwachs an Städtebewohnern und der damit verbundene Zuwachs an Haustieren; die magistrale Furcht, Tierhetzen könnten zu Unruhen führen; das pädagogische Bedenken, Grausamkeit gegenüber Tieren führe zu hartherzigen Persönlichkeiten; und die zunehmende Konvergenz philosophischer, theologischer und naturwissenschaftlicher Argumente zugunsten der Verringerung des Unterschieds zwischen Mensch und Tier (Thomas 1983). Die Dichterinnen und Dichter der Romantik jedenfalls wenden sich den Tieren mit veränderter Sensibilität zu (Perkins 2003). Mary Shelley (1797–1851) legt in ihrem berühmten Roman *Frankenstein* (1818) dem »Monster« die folgenden Worte in den Mund: »My food is not that of man; I do not destroy the lamb and the kid, to glut my appetite; acorns and berries afford me sufficient nourishment.« (Shelley 1823: 79) Das Geschöpf Frankensteins spielt hier zweifellos auf den paradiesischen Zustand vor dem Sündenfall an, in dem sich die Menschen und sämtliche Tiere nicht von Fleisch ernähren, sondern von Pflanzen, Samen und Früchten. Das Paradies der Bibel war vegetarisch (Gen 1.1.29–30). Shelleys Ehemann, der Dichter Percy B. Shelley (1792–1822), hatte in seiner Schrift »A Vindication of Natural Diet« (1813) zuvor den Vegetarismus verteidigt. In den Augen des britischen Ideenhistorikers Isaiah Berlin (1909–1997) ist die Romantik die umfassendste aller kulturellen und Denkströmungen, die in der jüngeren Vergangenheit Lebensweise und Denken der westlichen Welt umgestaltet haben.

1.4 Alle Tiere sind gleich: Bentham und der Beginn der modernen Tierethik

Für die Entwicklung der modernen Tierethik spielte die Entstehung des Utilitarismus in der englischsprachigen Philosophie des 18. Jahrhunderts eine entscheidende Rolle. Ein zentrales Anliegen des Utilitarismus bestand stets in der Verbindung von ethischer Grundlagendiskussion und gesellschaftspolitischen Reformen. Das moralische Begründungsprogramm des Utilitarismus sollte in der Praxis umgesetzt werden. Das ist für eine Moralphilosophie, die den Wert von Handlungen an ihren Konsequenzen bemisst, natürlich nur folgerichtig.

In dem Buch *An Introduction to the Principles of Morals and Legislation* aus dem Jahr 1789, verfasst vom Gründervater des Utilitarismus Jeremy Bentham (1748–1832), findet sich die folgende Fußnote, die wir hier im Original wiedergeben wollen:

»The day *may* come when the rest of the animal creation may acquire those rights which never could have been withholden from them but by the hand of tyranny. The French have already discovered that the blackness of the skin is no reason why a human being should be abandoned without redress to the caprice of a tormentor. It may one day come to be recognized that the number of the legs, the villosity of the skin, or the termination of the *os sacrum* are reasons equally insufficient for abandoning a sensitive being to the same fate. What else is it that should trace the insuperable line? Is it the faculty of reason, or perhaps the faculty of discourse? But a full-grown horse or dog is beyond comparison a more rational, as well as a more conversable animal, than an infant of a day or a week or even a month, old. But suppose they were otherwise, what would it avail? The question is not, can they *reason*? nor Can they *talk*? but, Can they *suffer*?« (Bentham 1996: 283)

Diese Passage enthält *in nuce* zentrale Elemente einer Tierethik. Bentham vergleicht die Situation der Tiere mit der Situation schwarzer Sklaven, die durch die Französische Revolution befreit worden sind (Stichwort: *animal liberation*). Er verweist auf die Bedeutungslosigkeit körperlicher Unterschiede für die Behandlung von Menschen und Tieren, trotzdem wird dem Menschen moralisch der Vorzug gegeben (Stichwort: Speziesismus). Er argumentiert, dass Vernunft und Sprache den entscheidenden Unterschied nicht ausmachen können, weil Kleinkinder nicht sprechen können und einige Tiere mehr Vernunft haben als Kleinkinder (Stichwort: Argument der Randfälle). Endlich bemerkt Bentham, dass Sprache und Vernunft moralisch irrelevant seien, weil die Hauptfrage laute, ob Tiere leiden können (Stichwort: Sentientismus).

Diese wahrscheinlich meistzitierte Fußnote der Tierethik nimmt den Gedanken der Infragestellung überkommener und problematischer Mensch-Tier-Beziehung und die Nähe dieser Kritik zu gesellschaftspolitischen Entwicklungen programmatisch vorweg. Um mit dem berühmten Ende der Fußnote zu beginnen, die in *An Introduction to the Principles of Morals and Legislation* zu finden ist: »The question is not, Can they *reason*? nor, Can they *talk*? but, Can they *suffer*?« (Ebd.) Mit diesen drei Fragen stellt Bentham den Fokus der moralphilosophischen Reflexion des Verhältnisses von Menschen und Tieren infrage. War es bislang oft das *Trennende*, so stellt er die *Gemeinsamkeit von Tieren und Menschen* ins Zentrum. Diese besteht seiner Meinung nach darin, dass sie leiden können. Dieser erste und vieldiskutierte Gedanke prägt auch heute noch wichtige Argumente der Tierethik. Mit guten Gründen kann man hier von einem *Leitgedanken der Tierethik* sprechen.

Dieser Leitgedanke ist jedoch nicht das gesamte Erbe, welches Bentham der Tierethik übereignet hat. Auch für die Nähe zu gesellschaftspolitischen Entwicklungen findet sich in derselben Fußnote ein Hinweis. So formuliert Bentham seine Vision einer tierfreundlicheren Zukunft in Auseinandersetzung mit gesellschaftlichen Verfehlungen wie der Sklaverei. Mit Blick auf Frankreich stellt er fest, dass die moralische Unzulässigkeit der Sklaverei von den Franzosen bereits erkannt worden sei. Bei den Tieren verhalte es sich ähnlich, da auch ihnen zustehende Rechte vorenthalten würden: »The day may come, when the rest of the animal creation may acquire those rights which never could have been withholden from them but by the hand of tyranny« (ebd.). Peter Singer konnte in seinem Klassiker *Die Befreiung der Tiere* (*Animal Liberation* 1975), dessen Erscheinen die moderne Tierethik begründet, direkt an Bentham anschließen. Wie Bentham argumentiert Singer, dass für die ethische Bewertung einer Handlung alle Interessen berücksichtigt werden müssen, die von den Folgen dieser Handlung betroffen sein könnten. Der entscheidende Schritt besteht darin, dass unter dieses allgemeine Prinzip der gleichen Berücksichtigung aller Interessen (*equal consideration of interests*) sowohl Tiere als auch Menschen fallen, weil sie durch die Folgen einer Handlung sowohl Schmerz (Unlust) als auch Leid (Lust) erfahren können. Die Möglichkeit, Lust und Unlust zu empfinden, ist für Singer sowohl eine notwendige als auch eine hinreichende Bedingung dafür, dass ein Wesen Interessen haben kann. Singer löst das Anwendungsproblem des allgemeinen Prinzips also dadurch, dass er den Begriff des Interesses so fasst, dass auch Tiere darunter fallen. Metaethisch ist es offensichtlich, dass Singer die Auffassung vertritt, Aufgabe der Ethik sei die Formulierung allgemeiner Prinzipien, die sich auf Handlungen beziehen lassen. Das Kriterium der Beurteilung einer Handlung sind die Konsequenzen für alle von der Handlung betroffenen Interessen. Deshalb vertritt Singer eine utilitaristische oder konsequentialistische Ethik.

Nun spricht Bentham in der zitierten Passage von »Rechten« (*rights*). Dabei hat er an einer anderen berühmten Stelle die Rede von natürlichen bzw. moralischen Rechten als »Blödsinn auf Stelzen« (*nonsense upon stilts*) bezeichnet. Singer folgt Bentham darin, dass er die Idee von natürlichen oder moralischen Rechten zurückweist, weil für das Argument der Gedanke der gleichen Berücksichtigung aller Interessen ausreiche. Singer möchte also die moralische Gleichheit von Tier und Mensch verteidigen, ohne auf Rechte zurückgreifen zu müssen. Wie Bentham war Singer der Auffassung, dass die meisten Tiere kein Interesse an ihrer Zukunft haben können (einfach deshalb, weil sie keine Vorstellung ihrer eigenen Zukunft haben), deshalb würde man ihr Interesse auch nicht verletzen, wenn man ihnen ihre Zukunft nimmt, d.h. sie tötet. Ein Ansatz, der Tieren ein Recht auf Leben zugestehen würde, muss die Tötung eines Tiers natürlich *prima facie* als eine schwere Rechtsverletzung betrachten, die moralisch nicht in Ordnung ist.

Die Idee, dass es sich bei der Ausweitung der moralischen Gemeinschaft auf Tiere um die konsequente Fortführung einer richtigen Entwicklung bzw. um eine zu späte gesellschaftliche Anerkennung legitimer Ansprüche handelt, prägt die Tierethik des 20. und 21. Jahrhunderts und lässt sich bei Singer nachlesen (Singer 1997). So ist die Nähe zu gesellschaftspolitischen Entwicklungen als zweiter Leitgedanke ein wichtiges Charakteristikum der Tierethik. Dies bleibt freilich nicht folgenlos für ihr Selbstverständnis als philosophische Disziplin.

Die bei Bentham vorgezeichnete Begründungsfigur der Ausweitung der moralischen Gemeinschaft auf der Grundlage vergleichbarer Eigenschaften (vgl. moralischer Individualismus und Extensionsmodell, S. 49 ff.) und die gesellschaftspolitische Kritik prägen und beeinflussen die frühe wie die heutige Tierethik. Programmatisch formuliert etwa Henry Salt (1851–1939) in seinem Buch *Animals' Rights. Considered in Relation to Social Progress* (1892) eine Tierrechtsposition, die er als notwenigen Schritt einer gesellschaftspolitischen Weiterentwicklung des Menschen versteht. Im Rahmen einer interessensorientierten Ethik stellt Leonard Nelson (1882–1927) die Pflicht der Arbeiterschaft, sich gegen die Ausbeutung der Tiere zu engagieren, in den Zusammenhang einer Kapitalismuskritik (Nelson 1972: 376). Auch Albert Schweitzer (1875–1965) kann hier genannt werden, der im frühen 20. Jahrhundert umfassende Kulturkritik übt und diese insbesondere an der Mensch-Tier-Beziehung festmacht (Schweitzer 2007). Noch heute verstehen sich Tierethikerinnen und Tierethiker als Teil der gesellschaftspolitischen Entwicklungen, die im Sinne der Tiere vorangetrieben werden sollen, was z.B. an dem Buchtitel *Putting the Horse before Descartes: My Life's Work on Behalf of Animals* (Rollin 2011) deutlich wird.

Mit Salt und Nelson sind schon am Beginn des 20. Jahrhunderts zwei bedeutende Theoriestränge und Referenzpunkte der heutigen Tierethik formuliert. Die Debatte und die akademische Auseinandersetzung etablieren sich allerdings erst in den 1970er Jahren. Seit dem Erscheinen von *Animals, Men, and Morals: An Enquiry into the Maltreatment of Non-Humans* (Godlovitch/Godlovitch/Harris 1971) und Singers Buch *Die Befreiung der Tiere* (*Animal Liberation*) im Jahr 1975 institutionalisiert sich die Tierethik Schritt für Schritt als wissenschaftliche Disziplin an philosophischen, theologischen und interdisziplinär organisierten wissenschaftlichen Einrichtungen. Dies lässt sich an der steigenden Anzahl einschlägiger Artikel und Bücher, Forschungsprojekte, Tagungen und universitärer Kurse sowie entsprechender Schwerpunktsetzungen an wissenschaftlichen Einrichtungen nachvollziehen. Mittlerweile ist die Tierethik zu einem festen Bestandteil der akademischen Auseinandersetzung und der philosophischen Ethik, insbesondere der angewandten Ethik geworden.

Entsprechend den unterschiedlichen Zugängen und der Position zur gesellschaftspolitischen Frage lassen sich zwei Ansätze der Tierethik unterscheiden: Welfarists zielen darauf ab, das am Wohlbefinden (engl. *welfare*) der Tiere orientierte Tierschutzniveau Schritt für Schritt zu heben. Sie konzentrieren sich dabei meist auf die Verbesserungen innerhalb der Tiernutzung, wobei die Nutzung von Tieren nicht grundsätzlich abgelehnt wird (z.B. Garner in Francione/Garner 2010; Francione 2008). Der Begriff »Tierschutzethik« trifft das dort vertretene Anliegen, mithilfe moralphilosophischer Theorien Argumente für eine Verbesserung des Tierschutzniveaus zu begründen. Solche Ansätze zielen auf einen »humanen« Umgang mit Tieren ab, wobei ihre Nutzung nicht ausgeschlossen ist. Dem Ansatz des Tierschutzes stehen Ansätze gegenüber, die Tieren mehr zugestehen wollen als Schutz, nämlich Rechte. Tierrechtstheorien sehen in der Nutzung von

Tieren ein grundsätzliches Problem, da hier Rechte verletzt werden. Die radikalste Ausprägung dieser Position ist der *Abolitionismus* (von engl. *abolition* = Abschaffung). Seine Vertreter zielen auf die umfassende Abschaffung der Tiernutzung zu menschlichen Zwecken ab (z.B. Regan 2004; Francione 2008).

Bei all der reichhaltigen Literatur, die mittlerweile zur Tierethik publiziert wurde, sollte nicht vernachlässigt werden, dass die Kritik an etablierten Praktiken nicht allein von Tierethikern formuliert wird. So wurde etwa der Umgang mit Tieren im Bereich experimenteller Forschung bereits Ende der 1950er Jahre – und damit lange vor Singer und Regan – gleichsam von innen, d.h. von Naturwissenschaftlern selbst hinterfragt. Wilhelm M. S. Russel und R. L. Burch publizierten 1959 ihr Buch *The Principles of Humane Experimental Technique*, das zu einem Klassiker wurde. An diesem Beispiel wird deutlich, dass Probleme durchaus auch von (manchen) Akteuren in den problematischen Handlungsfeldern gesehen und bearbeitet werden. Die Tierethik lässt sich hier methodisch abgrenzen, da sie sich als philosophische Disziplin eben auf philosophische Grundlagen stützt. Dies bedeutet allerdings nicht, dass sie keinen Bezug zu den Naturwissenschaften hat und pflegen würde wie etwa zur *Animal Welfare Science* und neuerdings zur Kognitionswissenschaft.

1.5 Grundlagenprogramme und Anwendungsdiskurse

Der Anwendungsbezug begleitet die Tierethik seit ihrer Geburtsstunde. In den ersten Publikationen der heutigen Tierethik, die in den 1970er Jahren entstanden, ist nicht nur die Frage, wie man argumentativ für den moralischen Status von Tieren eintreten kann, sondern es geht auch darum, konkrete *moralische Verpflichtungen gegenüber Tieren* zu begründen. Insbesondere die Arbeiten von Singer und Regan machen dies deutlich. Sowohl in dem Buch *Die Befreiung der Tiere* (1975) als auch in *The Case For Animal Rights* (1983) steht zwar das *grundlagenorientierte* Begründen im Vordergrund, neben dieser Ausrichtung ist jedoch nicht zu übersehen, was die Motivation der Autoren ist, sich philosophisch mit Fragen der moralischen Beziehung zu Tieren auseinanderzusetzen. Die tiefschürfenden Auseinandersetzungen haben zum Ziel, wirksame Argumente für einen gesellschaftspolitischen Wandel der Mensch-Tier-Beziehung zu schaffen und althergebrachte Formen der Tiernutzung infrage zu stellen. So ist die Motivation für die philosophische Arbeit ganz wesentlich der Einsicht geschuldet, dass Tiere zu wenig geachtet und ihre Ansprüche z.B. in der experimentellen Forschung, der Landwirtschaft oder bei der Jagd nicht berücksichtigt werden. Die gelebten und als problematisch erfahrenen Mensch-Tier-Beziehungen sind damit der Ausgangspunkt der Autoren. Tierethische Ansätze verfolgen deshalb meist zwei Ziele. Erstens geht es darum, die Gründe aufzuzeigen, weshalb Tiere moralischen Schutz verdienen und um ihrer selbst willen geachtet werden sollen. Zweitens zielen die Autoren darauf ab, die unhinterfragte Nutzung und Tötung von Tieren zu kritisieren, um die Praxis zugunsten der Tiere zu verändern. Die moralischen Argumente werden – wenngleich in Büchern – in kritischer Absicht *an die Praxis* herangetragen, um diese zu verändern. So entsteht eine Nähe zu gesellschaftspolitischen Entwicklungen, die für die Tierethik kennzeichnend ist.

Diese Nähe zu gesellschaftspolitischen Fragestellungen zeichnet die Tierethik weiterhin aus, wobei sich der Fokus nun auch vermehrt auf konkrete Anwendungsdiskurse richtet und der Schritt in die Praxis zunehmend ernst genommen wird. So ist es eine neuere Entwicklung, dass tierethische Fragen in praktischer Absicht gestellt werden und die Antworten auf eine moralisch-normativ geregelte Praxis gerichtet sind. Tierethiker werden gefragt, wenn es um Bewertungen neuer Technologien im Bereich der *Life Science* oder zweifelhafter Praktiken in Laboren, Tierkliniken, Ställen, Zoos, Wäldern, Flüssen, Seen, Meeren, Wohnungen etc. geht. Hier betritt die Tierethik das Terrain gesellschaftspolitisch relevanter Fragestellungen und ist dezidiert anwendungsorientiert, weshalb sie auch als Teil der angewandten Ethik zu sehen ist. Diese Ausrichtung bringt unmittelbar methodische Implikationen mit sich. So ist für die Beantwortung anwendungsorientierter tierethischer Fragestellungen – wie in der angewandten Ethik allgemein (Bayertz 1999) – immer auch empirisches Wissen erforderlich. Damit stellen sich Fragen, wie beispielsweise Forschungsergebnisse der Biologie und insbesondere der Kognitiven Ethologie, der Veterinärmedizin, der Humanmedizin, der Rechtswissenschaften, der Soziologie usw. in moralphilosophische Begründungen oder Lösungsstrategien zu integrieren sind. Kurz: Die Tierethik als junge philosophische Disziplin bewegt sich in interdisziplinär strukturierten Anwendungsdiskursen.

2. Moderne Positionen der Tierethik

2.1 Das Extensionsmodell und der moralische Individualismus

Auf die Grundfrage »Was dürfen wir mit Tieren tun und was nicht?« ist in der modernen Tierethik mit unterschiedlichen moralphilosophischen Ansätzen geantwortet worden. In diesem und dem folgenden Kapitel werden einige der wichtigsten Ansätze vorgestellt. Zuerst stehen im zweiten Kapitel wirkmächtige Argumente im Vordergrund, die als Klassiker der modernen Tierethik gelten können. Sie waren und sind stilprägend für die Entwicklung der Tierethik. Anschließend werden im dritten Kapitel *aktuelle* Ansätze für den Umgang mit der Grundfrage der Tierethik dargestellt. Der Bezugspunkt für die Auseinandersetzung mit den klassischen Positionen der Tierethik und aktuellen Ansätzen ist der Grundgedanke der *Ausweitung der moralischen Gemeinschaft auf Tiere*. Gehören Tiere zur Gemeinschaft moralisch berücksichtigungswürdiger Wesen, und wenn dies so sein sollte, was sind die Gründe dafür? Wie argumentieren Ethikerinnen für oder gegen die Aufnahme der Tiere in die moralische Gemeinschaft? Den roten Faden dieses Abschnitts bildet also die Frage, wie sich die Autorinnen zur Ausweitung der moralischen Gemeinschaft positionieren. Denn die Antwort auf die Grundfrage der Tierethik besteht nicht zuletzt darin zu begründen, ob Tiere *um ihrer selbst willen geachtet* werden sollen und damit zur moralischen Gemeinschaft gehören oder nicht. Wie wir weiter oben gesehen haben, liegt hierin die Crux: Wenn Tiere zur moralischen Gemeinschaft gehören, dann sind dem menschlichen Handeln aus moralischen Gründen Grenzen gesetzt. Was geschieht aber, wenn diese Aufnahme nicht plausibel möglich ist? Obwohl in der aktuellen Auseinandersetzung nur selten gegen die Aufnahme von Tieren in die moralische Gemeinschaft argumentiert wird, ist es wichtig, die Unterschiede der jeweiligen Zugänge zur Beantwortung dieser Frage herauszustellen. Denn die Ansätze unterscheiden sich wesentlich in ihren Folgerungen und dem Verständnis dessen, was es bedeutet, dass die moralische Gemeinschaft auf Tiere ausgeweitet werden soll. Mit der Erläuterung der Bezugspunkte *Extensionsmodell* und *moralischer Individualismus* kommen wir nun zur Darstellung der unterschiedlichen Positionen.

Haben Tiere moralischen Status und sollen sie deshalb aus ethischen Gründen Schutz erfahren? Diese Frage steht am Anfang der Tierethik in den 1970er Jahren. Wenn Tiere aus ethischen Gründen Schutz erfahren sollen, dann sollen sie *um ihrer selbst willen geachtet* werden und nicht etwa deshalb, weil sie einen Nutzen für jemanden haben. Bei der Frage nach der Ausweitung der moralischen Gemeinschaft geht es also um die Begründung direkter moralischer Pflichten gegenüber Tieren und nicht um einen indirekten Schutz aufgrund von Pflichten z.B. gegenüber Tierbesitzern (indirekte/direkte Pflichten). Direkte moralische Pflichten bestehen, wenn Tiere selbst einen *moralischen Status* haben, der nicht davon abhängt, ob das Tier *für jemanden Wert* hat wie im Falle des Esels als Tragtier im Märchen von den Bremer Stadtmusikanten. Der moralische Status hängt nicht am instrumentellen Wert *für* jemanden, sondern er verbindet sich mit einem Anspruch, Tiere *um ihrer selbst willen zu achten*.

Die bereits genannten Klassiker Peter Singer und Tom Regan folgen bei ihrer Argumentation für den moralischen Status von Tieren der Idee der Ausweitung der moralischen Gemeinschaft. Dies wurde mit dem Begriff des *Extensionsmodells* trefflich beschrieben: Die moralische Gemeinschaft, zu der alle Individuen gehören, die um ihrer selbst willen geachtet werden sollen, wird aufgrund *relevanter Ähnlichkeiten mit den bisher moralisch Schutzwürdigen auf weitere Individuen ausgeweitet*, die bislang nicht als Mitglieder anerkannt wurden (McReynolds 2004: 64). In dieser Beschreibung steckt nun aber nicht nur die Ausweitung der moralischen Gemeinschaft, sondern auch deren Begründung. Wenn wir also im Bereich der zwischenmenschlichen Moral eine bestimmte Eigenschaft von Menschen für so bedeutungsvoll halten, dass sie moralische Schutzwürdigkeit begründet, dann sollten alle Wesen, die diese Eigenschaft haben, in den Kreis der moralisch Schutzwürdigen aufgenommen werden. Ansonsten hätten wir es mit einer Ungleichbehandlung von Gleichen zu tun. Und dies wiederum würde dem Gleichheitsgrundsatz widersprechen, Gleiches gleich und Ungleiches ungleich zu behandeln. Der Gedanke des Extensionsmodells ist somit, dass es Gründe dafür gibt, auch Tiere in die moralische Gemeinschaft aufzunehmen, z.B. weil sie Interessen, Eigenwert, Würde usw. haben. Die Begründungen bauen dabei auf der Ähnlichkeit zwischen den Eigenschaften der bisher als moralisch schutzwürdig anerkannten Individuen und jenen der Aufnahmekandidatinnen auf.

Trotz der Vielfalt und Diversifikation tierethischer Zugänge (Wild/Petrus 2013: 8) lassen sich die tierethischen Positionen anhand des Extensionsmodells in zwei Gruppen einteilen. Sie folgen entweder dem Extensionsmodell oder sie grenzen sich davon ab. Die Erweiterung der moralischen Gemeinschaft ist ein so zentraler Gedanke in der Tierethik, dass kein Autor umhinkommt, dazu implizit oder explizit eine Stellung zu beziehen. Entsprechend werden wir die tierethischen Positionen entlang dieser Unterscheidung rekonstruieren und einteilen. Dabei sei vorweggenommen, dass der überwiegende Teil der Tierethiker den Königsweg für die Erweiterung der moralischen Gemeinschaft im *moralischen Individualismus* sieht. Der moralische Individualismus baut bei der Begründung des moralischen Status auf den moralisch relevanten Eigenschaften von Individuen auf (Rachels 1990; MacMahan 2005) und versteht sich als Gegenmodell zur Begründung des moralischen Status über die Zugehörigkeit zu einer Gruppe. Die individualistische Ausrichtung prägt die Tierethik nach wie vor, wie etwa an den Beiträgen im *Oxford Handbook of Animal Ethics* deutlich wird (Beauchamp/Frey 2011). Der Großteil der Autoren fokussiert dort auf Eigenschaften wie die Leidensfähigkeit, Rationalität, Sprachfähigkeit, Personalität, Moralfähigkeit als zentrale Eigenschaften bzw. Fähigkeiten, die bestimmte Tiere und bestimmte Menschen gleichermaßen haben können und die für unsere moralischen Beziehungen zu Tieren relevant sind. Nur wenige Tierethikerinnen wählen Pfade abseits des Extensionsmodells und des moralischen Individualismus, wobei in der neueren Debatte auch die alternativen Ansätze zum moralischen Individualismus – wie etwa der Relationalismus (mehr dazu auf S. 177 ff.) – eine zunehmend gewichtige Rolle einnehmen. Grundsätzlich bleiben die dominanten Strömungen der Tierethik aber dem Extensionsmodell und dem moralischen Individualismus als Theorierahmen verbunden, weshalb wir diesen nun auch in den Mittelpunkt jener Ansätze stellen, die für die Extension der moralischen Gemeinschaft plädieren.

Der große Erfolg des moralischen Individualismus als Theorierahmen für die Extension der moralischen Gemeinschaft liegt unter anderem darin, dass er einen leicht nachzuvollziehenden und übersichtlichen Zugang zu der Frage eröffnet, wie Tiere begründet in die moralische Gemeinschaft aufgenommen werden können. James Rachels formulierte die Kernidee, auf die sich aktuelle Texte der Tierethik weiterhin beziehen, im Jahr 1990 wie folgt: Nicht die Zugehörigkeit zu einer Gruppe (z.B. der biologischen Art *Homo sapiens*) soll darüber entscheiden, wie ein Wesen behandelt werden darf, sondern seine individuellen Fähigkeiten und Eigenschaften (Rachels 1990: 173). Daran knüpft er das Argument, dass ein Wesen A mit bestimmten individuellen Fähigkeiten und Eigenschaften nicht anders behandelt werden darf als ein Wesen B mit vergleichbaren Fähigkeiten und Eigenschaften. Wird das Wesen A anders behandelt als Wesen B, so muss die Rechtfertigung der ungleichen Behandlung im Rekurs auf die Fähigkeiten und Eigenschaften vorgenommen werden. Eine unterschiedliche Behandlung kann nicht dadurch gerechtfertigt werden, dass ein Wesen einer bevorzugten Gruppe angehört, selbst wenn es die Gruppe menschlicher Wesen wäre (ebd.). Eine ungleiche Behandlung muss also gerechtfertigt werden. Aber wie hängen moralischer Status und die Eigenschaften und Fähigkeiten von Individuen zusammen? Die Antwort gibt das beschriebene Extensionsmodell: Wenn ein Wesen Eigenschaften und Fähigkeiten hat (z.B. Empfindungsfähigkeit), die den moralischen Status bei bisherigen Mitgliedern der moralischen Gemeinschaft begründen, dann muss auf der Grundlage der gleichen Berücksichtigung vergleichbarer Eigenschaften dieses Wesen (egal welcher Gruppe es zugehört) ebenfalls in die moralische Gemeinschaft aufgenommen werden.

Damit verlieren Grenzziehungen zwischen Tieren und Menschen aufgrund der Gruppen- und insbesondere der Artzugehörigkeit ihre Relevanz. Die einfache Feststellung, dass es sich um menschliche oder nicht-menschliche Wesen handelt, spielt hier ethisch keine Rolle mehr. Dies ist von zentraler Bedeutung, da sich die Tierethiker der frühen Stunde als Kritiker des Speziesismus bzw. Anthropozentrismus (mehr dazu auf S. 70 f.) verstanden und die Grenzziehung zwischen Menschen und Tieren infrage stellten, was ihnen mithilfe des moralischen Individualismus gelang, der sich auf individuelle Eigenschaften und Fähigkeiten bezieht, die Individuen egal welcher Gruppe zugeschrieben werden. Die moralische Berücksichtigung eines Lebewesens allein aufgrund seiner Spezieszugehörigkeit ist illegitim, da nur die Fähigkeiten und Eigenschaften des Individuums moralisch relevant sind. Dies hat zur Konsequenz, dass die Tiere den Menschen nicht kategorisch untergeordnet werden dürfen, sondern vergleichbare Individuen grundsätzlich gleich zu berücksichtigen sind. Eine Folge des moralischen Individualismus ist es deshalb, dass Wissen über vergleichbare Eigenschaften und Fähigkeiten von Tieren und Menschen in der Ethik überaus relevant ist (mehr dazu auf S. 68 ff.).

Viele der einflussreichen Theorien der Tierethik bewegen sich im Bezugsrahmen des moralischen Individualismus, sei es mit dem Fokus auf die *Empfindungsfähigkeit* (Singer 2013; Francione 2008; MacMahan 2005) oder darauf, das »Subjekt-eines-Lebens« (*subject-of-a-life*) zu sein (Regan 2004); Fähigkeiten und Eigenschaften, die Tiere mit Menschen verbinden, stehen im Vordergrund ihrer Argumente. Doch es geht nicht allein um die individuellen Fähigkeiten. Das Argument des moralischen Individualismus hat zumindest zwei Teile. Erstens muss begründet werden, dass es die individuellen Fähigkeiten und Eigenschaften sind, die in der Ethik eine Rolle spielen. So liegt die eigentliche Begründungslast darin zu zeigen, dass es in der Ethik und bei der Begründung des moralischen Status um Fähigkeiten und Eigenschaften von Individuen geht. Anders gesagt, die Gründe für das Ethikverständnis des moralischen Individualismus müssen ausgewiesen werden. Hierbei handelt es sich um moralphilosophische Argumente, die uns bei den klassischen Vertretern des moralischen Individualismus noch beschäftigen werden. Zweitens geht es darum zu bestimmen, welche Wesen aufgrund relevanter Fähigkeiten und Eigenschaften in die moralische Gemeinschaft aufgenommen werden sollen. Hierbei handelt es sich um ein Argument, das auf empirisches Wissen rekurriert. Das empirische Wissen über Tiere aus der Ethologie, Physiologie, Kognitionsforschung, Veterinärmedizin etc. wird für die Bestimmung der Reichweite der moralischen Gemeinschaft relevant. Um ein Beispiel zu geben: Angenommen, wir haben gute Gründe dafür, *dass Interessen von (tierlichen und menschlichen) Individuen gleich berücksichtigt* werden sollen. Zudem nehmen wir an, dass das *Schmerzempfinden* (Kriterium moralischer Relevanz) als hinreichender Grund anzusehen ist, dass Tiere Interessen haben. Dann dehnt sich die moralische Gemeinschaft auf alle Wesen aus, die Schmerzen empfinden können. Um nun konkret zu bestimmen, wer in die moralische Gemeinschaft aufgenommen werden soll, braucht es ein Wissen darüber, welche Wesen Schmerzen empfinden können. Dies ist eine Frage, die nur *empirisch* beantwortet werden kann. Die Naturwissenschaft kann hier einen wichtigen Beitrag leisten: Liegt naturwissenschaftliches Wissen darüber vor, dass eine tierliche Aufnahmekandidatin für die moralische Gemeinschaft Schmerzrezeptoren und ein Nervensystem hat und Vermeidungsverhalten an den Tag legt, so stützt das die Annahme, dass dieses Tier Schmerzen empfinden kann, und damit auch das Argument zur Ausweitung der moralischen Gemeinschaft auf die Aufnahmekandidatin.

Welche Rolle empirische Fakten in der Tierethik spielen sollen, ist immer wieder von Neuem erklärungsbedürftig. Nicht zuletzt ist die Relevanz von empirischem Wissen zu klären, weil stets die Frage im Raum steht, ob nicht von einem *Sein* (einem empirischen Wissen) auf ein *Sollen* (einen normativen Anspruch) geschlossen wird. Deshalb gehen Tierethikerinnen an dieser Stelle vorsichtig vor, indem sie z.B. zuerst das Kriterium moralischer Relevanz begründen (z.B. Empfindungsfähigkeit) und anschließend mithilfe von empirischem Wissen klären, welche Tiere diesem Kriterium entsprechen.

Neben der einfachen Struktur ist ein weiterer Grund für die Plausibilität des moralischen Individualismus seine Anschlussfähigkeit an die Biologie. Wenn man von Ähnlichkeiten zwischen Menschen und Tieren spricht, dann ist es nicht mehr weit zur Biologie, denn der gemeinsame Ursprung der Arten liefert den Rahmen, innerhalb dessen im strengen Sinn von biologischen Ähnlichkeiten von Menschen und Tieren gesprochen werden kann (Rachels 1990; McMahan 2005: 371; Francione 2008: 55; Rippe 2011). Die biologischen Ähnlichkeiten werden hier zu einem Fundament für Argumente gegen den Differenzialismus, da in biologischer Hinsicht nur graduelle Unterschiede zwischen Menschen und Tieren bestehen. So ist die Rede von menschlichen Tieren und nicht-menschlichen Tieren angemessener als die strikte Trennung von Menschen und Tieren, wie sie im Differenzialismus vertreten wird. Da in biologischer Hinsicht von einem Bruch zwischen Menschen und Tieren nicht sinnvoll die Rede sein kann, liefert der gemeinsame Ursprung der Arten ein weiteres Argument für die Ausweitung der moralischen Gemeinschaft.

So kommt das Extensionsmodell zusammen mit dem moralischen Individualismus dem Wunsch nach einem klaren, naturwissenschaftlich anschlussfähigen, verlässlichen und nachvollziehbaren Fundament für die Antwort auf die Frage der Ausweitung der moralischen Gemeinschaft auf Tiere sehr nahe. Die einzelnen Aspekte konkreter tierethischer Argumente werden uns nun bei der Darstellung zweier klassischer Positionen beschäftigen. Peter Singer und Tom Regan erweitern als moralische Individualisten die moralische Gemeinschaft jeweils entlang des Extensionsmodells. Sie formulieren damit zwei wirkmächtige Positionen, auf die auch heute noch rekurriert wird, wenn es um Antworten auf die Grundfrage der Tierethik geht. Deshalb stehen sie als Klassiker für die theoretischen Weichenstellungen in der Tierethik auch am Anfang dieses Abschnitts.

2.2 Der Präferenz-Utilitarismus Singers

Alle Tiere sind gleich!

Paradigmatisch lässt sich die Extension der moralischen Gemeinschaft im Rahmen des moralischen Individualismus bei Peter Singer (*1946) nachzeichnen. Bereits in seinem ersten Buch zur Tierethik *Animal Liberation* aus dem Jahr 1975 baut der australische Philosoph sein Argument gemäß der Extensionslogik auf (Singer 2009). Singer zufolge ist das zentrale Kriterium für die Aufnahme von Individuen in die moralische Gemeinschaft die Empfindungsfähigkeit, die viele Tiere mit Menschen teilen. Genauer nennt er die Fähigkeit, Schmerzen zu empfinden und angenehme Gefühle und/oder Glück zu verspüren. Jede dieser Fähigkeiten reicht hin, um von Empfindungsfähigkeit sprechen zu können. Das Kriterium der Empfindungsfähigkeit begrenzt die moralische Gemeinschaft, und dies aus folgendem Grund: Moralische Rücksichtnahme im Sinne der Berücksichtigung ihrer Interessen verdienen alle Individuen, die Interessen haben. Die hinreichende Bedingung, um Interessen haben zu können, ist die Fähigkeit, Schmerzen zu empfinden und angenehme Gefühle zu verspüren. Es sind alle Wesen zu berücksichtigen, die Interessen haben, egal ob Tier oder Mensch. Alle anderen Wesen, die diese Fähigkeit nicht besitzen, brauchen auch nicht direkt berücksichtigt zu werden. Damit wendet sich Singer gegen moralphilosophische Traditionen, die Menschen aufgrund ihrer Sprach- oder Vernunftfähigkeit bzw. ihrer Spezieszugehörigkeit bevorzugen.

Das Kriterium der Empfindungsfähigkeit sieht Singer als die geeignete Grundlage und hinreichende Bedingung für die Aufnahme in die moralische Gemeinschaft. Dabei ist die Ausweitung der moralischen Gemeinschaft unabhängig von der Spezies oder Gruppe, zu der ein Individuum gehört. Allein die Eigenschaften des Individuums sind relevant, womit Singers Position unter die oben genannte Definition des moralischen Individualismus fällt. Denn es ist egal, ob Menschen oder ob Tiere diese Empfindungen haben: Wer Empfindungen hat, hat ein Interesse, die positiven unter ihnen zu mehren und die negativen zu meiden. Ein Interesse an positiven Empfindungen und das Interesse, keine negativen Empfindungen zu haben, *verbinden* bestimmte Menschen und Tiere und *binden* Akteure in moralischer Hinsicht. Denn ein Interesse zählt als ein Interesse, egal wer dieses Interesse hat. Oder in den Worten Singers, mit denen er seinen Ansatz im ersten Kapitel von *Animal Liberation* treffend zusammenfasst: *All Animals Are Equal* (Singer 2009). Folglich ist es unzulässig, empfindungsfähige Menschen gegenüber empfindungsfähigen Tieren prinzipiell zu bevorzugen. Dies liegt daran, dass dies unserer Auffassung von Gerechtigkeit widerspräche, die besagt, dass Gleiche gleich zu behandeln sind und Ungleiche ungleich (Singer 2013: 98–136).

Singer macht kein Hehl daraus, dass sein präferenz-utilitaristischer Ansatz auf Voraussetzungen beruht, die auch infrage gestellt werden können. Unter Präferenz-Utilitarismus versteht man den konsequentialistischen Ansatz der normativen Ethik, dem zufolge gute Konsequenzen im Erfüllen von Wünschen und Präferenzen bestehen, während die Frustration von Wünschen und Präferenzen eine schlechte Konsequenz darstellt. Dabei ist das Gewünschte oder Präferierte nicht eine Empfindung wie im hedonistischen Utilitarismus (Lust und Schmerz), sondern etwa die Realisierung eines Wunschs oder das Erreichen eines Ziels. Der Präferenz-Utilitarismus unterscheidet sich damit vom hedonistischen Utilitarismus, weil die Realisierung eines Wunschs oder das Erreichen eines Ziels nicht notwendig mit positiven Empfindungen einhergeht.

Singers Verständnis davon, worum es in der Ethik gehen soll, bildet die Grundlage dafür, dass er diesen Zugang für die überzeugendste Theorie hält. Ein Resümee der Voraussetzungen von Singers Theorie und seines Konzepts der Ethik ist deshalb für das Verständnis des Präferenz-Utilitarismus und damit für seine Antwort auf die Frage nach der Ausweitung der moralischen Gemeinschaft von zentraler Bedeutung.

Am Beginn seines erstmals 1979 erschienenen Buchs *Praktische Ethik* (Singer 2013) entwickelt Singer sein Verständnis der Ethik. Als wichtige Idee und integralen Bestandteil der Ethik stellt er die Universalisierbarkeit moralischer Überzeugungen in den Vordergrund seiner Überlegungen. Aber was bedeutet es, dass moralische Überzeugungen universalisierbar sein sollen? Singer bindet dieses Kriterium an die Idee des *unparteiischen Beobachters*: Wenn wir ein moralisches Urteil aus der Perspektive eines unbeteiligten und unparteilichen Beobachters begründen, dann erfüllt es auch das Kriterium der Universalisierbarkeit. Der Grund liegt darin, dass jeder und jede zu derselben moralischen Überzeugung gelangen muss, wenn er oder sie diesen Standpunkt zur Begründung moralischer Überzeugungen einnimmt und nur genau genug darüber nachdenkt. Mit der Perspektive des unparteiischen Beobachters nimmt eine Person einen Standpunkt ein, der von persönlichen Vorlieben und Vorurteilen absieht. Dies, so Singer, ist der Standpunkt der Ethik. Aus dieser Perspektive ist es irrelevant, ob ich oder jemand anderes einen Nutzen oder Schaden hat. Alle von einer Handlung betroffenen Interessen müssen berücksichtigt werden. Als entscheidende Grundlage für Singers Verständnis der Ethik macht dieser universelle Standpunkt den universalistischen Zuschnitt seines Ansatzes deutlich. Schon an dieser Stelle zeigt sich, dass es hier nicht darum geht, wer die Interessen hat, und dass tierliche wie menschliche Interessen in gleicher Weise Berücksichtigung finden. Für die Ausweitung der moralischen Gemeinschaft auf Tiere ist dies freilich zentral. Tiere werden in diesem Ansatz genauso wie Menschen behandelt, wenn sie vergleichbare Interessen haben.

Die Perspektive des unparteiischen Beobachters trifft eine zentrale moralische Intuition, die wir mit der Ethik verbinden. So kann es in der Ethik nicht darum gehen, einfach von eigenen Interessen auszugehen, ohne andere Perspektiven oder fremde Interessen zu beachten. Die unparteiische Beobachterperspektive stellt sicher, dass jeder und jede angemessen und *gleich* berücksichtigt wird. Wie nun bereits deutlich geworden ist, handelt es sich hier nicht nur um einen Standpunkt, von dem aus alle Betroffenen berücksichtigt werden, sondern auch um einen solchen, von dem aus alle Betroffenen gleich berücksichtigt werden. Dies hat unmittelbare Konsequenzen: Stringent argumentiert bedeutet es, dass empfindungsfähigen Tieren nur dann Belastungen zuzumuten sind, wenn wir bereit wären, aus den gleichen Gründen vergleichbare Belastungen in vergleichbaren Situationen auch Menschen zuzufügen. Diesen Punkt macht Singer im Kontext des Tierversuchs deutlich: Wenn wir empfindungsfähige Tiere in Experimenten verwenden, dann müssten wir konsequenterweise auch bereit sein, Menschen dafür zu verwenden, wenn diesen vergleichbar schweres Leid zugefügt wird und derselbe Nutzen erreicht werden kann (Singer 2013: 112–115). In einem einschlägigen Abschnitt aus der *Praktischen Ethik* schreibt Singer:

»Wären dieselben Forscher bereit, ihre Experimente an verwaisten Menschen mit schwerwiegenden, unheilbaren Hirnschäden durchzuführen, wenn das der einzige Weg wäre, um Tausende [*Menschen*; HG/MW] zu retten? [...] Wenn die Forscher nicht bereit sind, verwaiste Menschen mit schwerwiegenden und unheilbaren Hirnschäden zu verwenden, dann scheint ihre Bereitschaft, nicht menschliche Lebewesen zu verwenden, eine Diskriminierung allein auf der Grundlage der Spezies zu bedeuten.« (Ebd.: 114)

Diese Position hat Singer nicht nur Freunde gemacht. Er schreckt deshalb aber nicht vor dem konsequenten Durchdenken seines Ansatzes in den unterschiedlichen Kontexten zurück und macht die Implikationen unmissverständlich deutlich. Auch dafür steht das Buch *Praktische Ethik*. Gehen wir nun aber wieder zu den Grundlagen seiner Moralphilosophie zurück.

Dass Singer mit der unparteiischen Berücksichtigung der Interessen aller Betroffenen eine wichtige moralische Intuition trifft, ist unbenommen und seine Standortbestimmung der Ethik als Voraussetzung deshalb ein guter Ausgangspunkt für die Begründung seiner utilitaristischen Position. Auch in jüngsten Publikationen beruft sich Singer auf diesen Standpunkt. Das Buch *The Point of View of the Universe* (2014) macht dies schon im Titel deutlich. Singer und Katarzyna de Lazari-Radek plädieren darin für das Einnehmen dieses *Standpunkts des Universums* in der Ethik, um ethisch rational argumentieren zu können. Von diesem objektiven und unvoreingenommenen Standpunkt aus ist es evident, so Singer, dass das Wohl eines Individuums nicht wichtiger ist als das Wohl eines anderen Individuums: »Unsere überlegene Fähigkeit des Nachdenkens macht es wahrscheinlicher, dass wir den Standpunkt des Universums einnehmen und einzusehen beginnen, dass das Wohl eines bestimmten Individuums nicht wichtiger sein kann als das Wohl irgendeines anderen Individuums.« (Lazari-Radek/Singer 2014: 379 f.) Der Anspruch auf Objektivität und Unvoreingenommenheit bildet ein wichtiges Moment in Singers Theorie.

Ein weiterer zentraler Punkt, der mit dem konsequentialistischen Ansatz Singers verbunden ist, ist das *Aggregationsprinzip*. Es besagt, dass positive und negative Konsequenzen zusammengenommen und gegeneinander aufgewogen werden können. Dies läuft darauf hinaus, dass Mitglieder der moralischen Gemeinschaft zwar geschützt sind, allerdings können die aggregierten Konsequenzen auch dafür sprechen, das Individuum zu opfern. Dies haben wir oben am Beispiel des Tierversuchs gesehen: Es besteht grundsätzlich die Möglichkeit, negative Konsequenzen zu rechtfertigen, wenn die positiven Konsequenzen überwiegen. Wie wir in der Auseinandersetzung mit Regan sehen werden, ist es eben das Aggregationsprinzip, das Regan am Utilitarismus Singers kritisiert und ablehnt. Regans Überzeugung ist es hingegen, dass der Sinn der Moral gerade darin besteht, die Konsequenzen nicht zu aggregieren und Mitglieder der moralischen Gemeinschaft kategorisch vor solchen Verrechnungen und Abwägungen zu schützen.

Singers Verständnis der Ethik ist geprägt von dem Gedanken der gleichen Berücksichtigung der Interessen aller von einer Handlung Betroffenen. Während er in *Befreiung der Tiere* (1975) und der ersten Auflage der *Praktischen Ethik* (1979) einen klassischen Utilitarismus vertritt, bei dem es um die Vermehrung von Lust und Vermeidung von Unlust geht, ändert er diese Position in der zweiten Auflage der *Praktischen Ethik* (1993) und vertritt dort einen Präferenz-Utilitarismus. Unter Präferenzen versteht Singer Bedürfnisse und Wünsche, wobei er sich allerdings nur wenig mit der Unterscheidung zwischen Bedürfnissen, Wünschen, Interessen und Präferenzen auseinandersetzt. Die Empfindungsfähigkeit sieht Singer als Garant dafür, dass ein Wesen Präferenzen haben kann. Das deutlichste Indiz dafür, dass ein Wesen empfindungsfähig ist, ist wiederum seine Fähigkeit, Schmerzen zu empfinden. Die Befriedigung von Präferenzen (Bedürfnisse und Wünsche) zählt nun wieder gleich, egal ob ein Mensch oder ein Tier die Präferenzen hat. Und wiederum können aufgrund des Aggregationsprinzips Präferenzen gegeneinander aufgewogen werden.

Aber weshalb sollten Bedürfnisse und Wünsche in der Ethik relevant sein bzw. weshalb sollte es moralisch bedeutsam sein, dass ich z.B. das Bedürfnis oder den Wunsch habe, Schokolade zu essen? Weshalb sollte das Bedürfnis eines Schweins, zu wühlen und ein Nest für seine Ferkel zu bauen, eine Rolle spielen? Die Antwort hängt, so Singer, am bereits erläuterten unparteiischen Beobachter, der einen universalen Aspekt der Ethik beschreibt:

»Indem ich akzeptiere, dass moralische Urteile von einem universalen Standpunkt aus getroffen werden müssen, akzeptiere ich, dass meine eigenen Bedürfnisse, Wünsche und Interessen nicht einfach deshalb, weil sie meine Präferenzen sind, mehr zählen als die Interessen von irgendjemand anderem. Daher muss dann, wenn ich moralisch denke, mein ganz natürliches Bestreben, dass für meine eigenen Bedürfnisse, Wünsche und Interessen – ich werde sie von nun an als ›Präferenzen‹ bezeichnen – gesorgt wird, ausgedehnt werden auf die Präferenzen anderer.« (Singer 2013: 39)

Singer konstatiert hier ein natürliches Bestreben, dass für die Befriedigung eigener Präferenzen gesorgt wird. Wenn ich einen Wunsch habe, dann möchte ich nicht, dass jemand mir einen Strich durch die Rechnung macht und meiner Wunscherfüllung im Wege steht – und handle es sich auch nur um meinen (vielleicht trivialen) Wunsch, Schokolade zu essen. Es geht also darum, den vom Eigeninteresse geleiteten Entscheidungsprozess zu universalisieren. Wollen wir moralisch denken, so können wir uns nicht weigern, diesen Schritt zu tun (Singer 2013: 43).

Aus der Perspektive des unparteiischen Beobachters sind nun auch die Präferenzen anderer zu berücksichtigen, und den eigenen Präferenzen wird kein größeres Gewicht beigemessen als den Präferenzen anderer. Ob es meine oder die Präferenz eines Tiers ist, ist irrelevant. Es geht nicht darum, wer die Präferenz hat, sondern wie viele Präferenzen betroffen sind und wie stark diese betroffen sind. Die stärkere Präferenz zählt mehr, weil es im Präferenz-Utilitarismus darum geht, die besten Konsequenzen, im Sinne der Erfüllung von Präferenzen, unter Berücksichtigung aller Betroffenen zu realisieren. Wenn ich also gerne eine Schokolade essen möchte, eine andere Person – nennen wir sie Jakob – dies aber noch lieber möchte, dann sollte aus der Perspektive des unparteiischen Beobachters Jakob die Schokolade bekommen (außer es sprechen andere Gründe dagegen), wenn er die stärkere Präferenz hat. Wenn die Überzeugung »Jakob sollte die Schokolade bekommen, weil seine Präferenz stärker ist als meine« aus der Perspektive des unparteiischen Beobachters formuliert wird und nicht etwa weil mir z.B. die Erdbeerschokolade ohnehin nicht schmeckt, handelt es sich um ein moralisches Urteil. Wenn die Präferenz eines Schweins zu wühlen stärker ist als eine Präferenz, mehr Profit aus der Schweinehaltung zu schlagen, und das Schwein in einen Stall ohne Möglichkeit zu wühlen gesperrt ist, um mehr Profit aus der beengten Haltung zu erzielen, dann sollte – in diesem vereinfachten Gedankenexperiment – das Schwein anders gehalten werden. Es sollte so gehalten werden, dass es wühlen kann, auch wenn dadurch eine schwächere Präferenz, mehr Profit zu erzeugen, frustriert wird. Die stärkere Präferenz zählt mehr, weil es in Singers utilitaristischer Konzeption der Ethik darum geht, die besten Konsequenzen im Sinne der Erfüllung von Präferenzen unter Berücksichtigung aller Betroffenen zu realisieren.

Ist es nun tatsächlich egal, welchen Inhalt die Präferenzen haben? Oder lassen sich Präferenzen auch in ihrer Qualität unterscheiden und aufgrund dieses Unterschieds anders gewichten? Singer sieht dieses Problem und versucht seinen Präferenz-Utilitarismus zu verteidigen, indem er ihn ein Stück weit vom klassischen Utilitarismus hedonistischer Prägung abgrenzt. In den Werken Jeremy Benthams, John Stuart Mills und Henry Sidgwicks wird der Hedonismus als jene Theorie vorgestellt, in der es darum geht, Freude (*pleasure*) und Glück (*happiness*) zu maximieren, wobei Mill qualitative Unterschiede macht. Der Präferenz-Utilitarismus Singers sieht demgegenüber vor, die *Erfüllung der Präferenzen* der Betroffenen zu fördern. Hier kommt sozusagen ein reflexives Moment in den Utilitarismus, mit dessen Hilfe Singer die Präferenzen qualifiziert. Denn nur jene Präferenzen sollen berücksichtigt werden, die man haben würde, wenn man voll informiert ist, eine gelassene Einstellung hat und klar denkt, so Singer (Singer 2013: 43). Damit geht Singer einen Schritt weiter als andere Utilitaristen, weil es nun nicht mehr nur um *Freude* und *Glück*, egal aus welchem Grund, geht, sondern um Präferenzen, die auf eine bestimmte Art gebildet werden. Mit seinen Kriterien vollständiger Information, einer gelassener Einstellung und klaren Denkens greift er der bekannten Kritik vor, dass es nicht besonders plausibel ist, irgendwelche Präferenzen wie z.B. geschmackliche Vorlieben oder nur sehr kurzfristige Glücksmaximierung durch Drogenkonsum zur Bedingung der moralischen Zulässigkeit einer Handlung zu machen.

Auch für die Frage, wie Präferenzen zu gewichten sind, hält Singer eine Antwort bereit. Er unterscheidet *vitale* und *triviale* Interessen bzw. Präferenzen und geht davon aus, dass z.B. die Präferenz, Fleisch essen zu wollen, aufgrund gegebener Alternativen die Präferenz eines Schweins, sich wohlzufühlen und nicht geschlachtet zu werden, nicht aufwiegen kann. Was an dieser

Stelle als Qualifizierung von Präferenzen erscheint, hat eine quantitative Grundlage: Denn aus der Perspektive eines klar denkenden Subjekts mit gelassener Einstellung ist die Präferenz, Fleisch zu essen, schwächer als jene des Schweins, sich wohlzufühlen oder nicht geschlachtet zu werden.

Diese Differenzierung der Präferenzen wirft nun allerdings die Frage auf, ob tierische Präferenzen nicht doch grundsätzlich anders zu behandeln sind als menschliche. Es ist natürlich nicht plausibel anzunehmen, dass Tiere ihre Präferenzen voll informiert, mit gelassener Einstellung und klar denkend bilden. Die Antwort auf diese Schwierigkeit ist einfach: Es sind freilich immer moralfähige Subjekte, die sich über Präferenzen der Betroffenen Gedanken machen. Deshalb brauchen Tiere ihre Präferenzen nicht auf eine bestimmte Art zu bilden, sondern moralfähige Subjekte sind gefordert, aus der Perspektive des unparteiischen Beobachters festzustellen, welche Präferenzen eine Rolle spielen. Diese Perspektive kann freilich nur von einem moralfähigen Wesen eingenommen werden und verlangt von diesem kognitiv eine ganze Menge. Kurz: Präferenzen zu haben verbindet moralfähige und nicht-moralfähige Wesen, die zur moralischen Gemeinschaft gehören. Präferenzen vom Standpunkt des unparteiischen Beobachters zu *erheben* und zu *gewichten* trennt sie voneinander, da nur moralfähige Wesen den Standpunkt des unparteiischen Beobachters einnehmen können.

Da in der Abwägung von Präferenzen immer auch gegen Präferenzen entschieden wird, sind Handlungen, die dem Übergewicht von Präferenzen folgen, nicht unproblematisch, aber moralisch zulässig. Hierin ist eine wichtige Einsicht des Konsequentialismus zu sehen, die ihren Widerhall im Präferenz-Utilitarismus findet: Die übertrumpften Präferenzen sind nicht einfach irrelevant. Es ist sozusagen bedauerlich, dass sie frustriert werden müssen, was aber nichts daran ändert, dass sie relevant sind; sie sind einfach nur schwächer. Eine Handlung gegen die Präferenz eines Individuums kann deshalb nur gerechtfertigt – im Sinne von zulässig – sein, wenn eine andere Präferenz diese aufwiegt (Singer 2013: 151f.) Es handelt sich hier also um eine Rechtfertigungstheorie für die Prüfung der Zulässigkeit von Handlungen. Für diese schlägt Singer vor, dass Präferenzen unparteiisch miteinander verglichen und gegeneinander abgewogen werden. Erinnern wir uns an dieser Stelle wiederum an den Tierversuch. Dort gibt es zwar die Möglichkeit, dass Präferenzen der Tiere frustriert werden können, jedoch zählen diese genauso wie jene von Menschen, sodass es ungemein viel schwieriger wird, Belastungen von Tieren im Versuch zu rechtfertigen.

Für die Tierethik bringt der Schritt hin zum Präferenz-Utilitarismus eine wichtige Unterscheidung mit sich. Während es im klassisch hedonistischen Utilitarismus darum geht, Glück zu maximieren, bringt der Präferenz-Utilitarismus eine auf die Zukunft gerichtete Dimension ins Spiel: Selbstbewusste Individuen, die ihr Leben als eigenes erfahren und es leben möchten, haben in die Zukunft gerichtete Präferenzen. Nicht-selbstbewusste Individuen haben diese Präferenzen nicht, weshalb die schmerzlose Tötung nur bei selbstbewussten Individuen Präferenzen zerstören kann. Präferenz-Utilitaristen können also eine Unterscheidung zwischen selbstbewussten und nicht-selbstbewussten Individuen im Rückgriff auf deren Präferenzen machen. Die schmerzfreie Tötung eines Individuums ohne Selbstbewusstsein, das über keine auf die Zukunft gerichteten Präferenzen verfügt, ist folglich bei Singer unproblematisch, da die Tötung keine in die Zukunft gerichteten Präferenzen beeinträchtigen kann. Solange keine anderen Präferenzen frustriert werden, spielt die Tötung in moralischer Hinsicht also keine Rolle (Singer 2013: 217).

Die Fähigkeit, sich selbst in einer Zeit existierend zu erfahren und leben zu wollen, wird so zum maßgeblichen Grund, weshalb selbstbewusste Individuen nicht getötet werden sollen und nicht durch andere ersetzbar sind. Und obwohl Singer die Grenze zwischen selbstbewussten und nicht-selbstbewussten Individuen immer wieder infrage stellt, verläuft sie doch im Reich der nicht-menschlichen Tiere (ebd.: 217–223), wodurch sich zwei Gruppen ergeben, denen unterschiedliche moralische Ansprüche zukommen. Dieser Punkt wird uns in der Auseinandersetzung mit der Tötungsfrage bei Regan noch genauer beschäftigen.

Ausweitung der moralischen Gemeinschaft bei Singer

Nun haben wir die Voraussetzungen geklärt, mit denen Singers Argument zur Ausweitung der moralischen Gemeinschaft rekonstruiert werden kann. Singer folgt dem oben beschriebenen Expansionsmodell und argumentiert für die moralische Rücksichtnahme gegenüber Tieren auf der Grundlage des Prinzips der gleichen Berücksichtigung von Interessen, das sich aus der Perspektive des unparteiischen Beobachters ergibt. Es geht ihm dabei nicht um die gleiche Behandlung, sondern um die gleiche Rücksichtnahme, die er in drei Schritten begründet: Erstens macht er deutlich, dass in der zwischenmenschlichen Moral die Gleichheit als moralisches Prinzip tief verankert ist. Zweitens erläutert er, wie dieses Prinzip zu verstehen ist, um dann drittens zu zeigen, dass empfindungsfähige Tiere in die moralische Gemeinschaft aufgenommen werden sollten, weil sie Interessen haben, die mit jenen von Menschen vergleichbar sind. Diese Schritte sollen im Folgenden kurz rekonstruiert werden.

Am Beginn von Singers Argumentation in der *Praktischen Ethik* (Singer 2013) steht die Beschreibung des Gleichheitsprinzips, das unsere Vorstellung des moralisch Guten im 20. Jahrhundert wesentlich prägt. War es im 19. Jahrhundert noch gang und gäbe, dass Menschen aufgrund ethnischer Zugehörigkeit oder Hautfarbe ungleich behandelt wurden, steht nach Singers Meinung das 20. Jahrhundert unter dem Zeichen der Gleichbehandlung aller Menschen. Allerdings kann die empirische Grundlage der Gleichbehandlung von Menschen nicht eine faktische Gleichheit sein, wie Singer bemerkt. Er bezweifelt, dass es *die eine* moralisch relevante Eigenschaft gibt, die alle Menschen in gleichem Ausmaß teilen, sodass es als wenig aussichtsreich erscheint, das Prinzip der Gleichheit auf die faktische Gleichheit von Menschen zu gründen. Nehmen wir z.B. die Intelligenz als mögliche Kandidatin für die eine zentrale Eigenschaft, die auch Singer in seiner *Praktischen Ethik* als Beispiel aufruft. Zwangsläufig würde die faktische Ungleichheit von Menschen in Bezug auf ihre Intelligenz dazu führen, diese auch ungleich zu berücksichtigen. Wenn es darum geht, Wesen aufgrund ihrer Intelligenz zu achten, dann würden weniger begabte Menschen weniger und umfangreicher begabte mehr geachtet werden. Menschen unterscheiden sich in ihren faktischen Fähigkeiten und Eigenschaften. Wenn also das Verständnis des Gleichheitsprinzips auf den faktischen Fähigkeiten und Eigenschaften aufbauen soll, würde dies dazu führen, dass faktisch ungleiche Menschen auch moralisch unterschiedlich berücksichtigt werden müssten. Entsprechend könnte auf dieser Grundlage etwa das Argument vertreten werden, dass Neugeborene, Kleinkinder und kognitiv Minderbegabte vom Gleichheitsprinzip weniger erfasst werden, was unseren moralischen Intuitionen diametral zuwiderläuft. Zudem kann es nicht darum gehen, ob ein Individuum einer bestimmten Gruppe zugehört, denn – wie am Begriff der unparteiischen Beobachterperspektive erörtert – geht es darum, eine neutrale Position gegenüber allen von einer Handlung Betroffenen einzunehmen. Unter dieser Perspektive wird deutlich, dass Interessen gleich viel zählen, egal wessen Interessen dies sind und egal welcher

Gruppe ihre Inhaber zugehören. Ob es ein Mensch ist, der schlau ist oder nicht, Europäer ist oder Afrikanerin etc., es geht um die gleiche Berücksichtigung ihrer Interessen. Nicht die faktische Gleichheit ist es, die in unserer Vorstellung des moralisch Guten verankert ist, sondern es geht um die *gleiche Berücksichtigung vergleichbarer Interessen*, die unserer Vorstellung des moralisch Guten zugrunde liegt und diese ausmacht (Singer 2013: 51 f.). Die Gleichbehandlung von Menschen meint also nicht eine Gleichbehandlung aufgrund ihrer faktischen Gleichheit, sondern einen normativen Anspruch, alle Individuen in ihren Interessen gleich zu berücksichtigen. Das trifft nach Singer den Gehalt des Gleichheitsprinzips. Dies kann auch sehr unterschiedliche Behandlungen als Ausdruck moralischer Rücksicht mit sich bringen. Denn es macht wenig Sinn, z.B. einem Kleinkind zu erlauben, eine Führerscheinprüfung abzulegen und mit dem Auto zu fahren oder ihm ein Wahlrecht oder gar eine Wahlpflicht aufzuerlegen, weil es wie erwachsene Menschen zur moralischen Gemeinschaft gehört. Nur das Gleichheitsprinzip – verstanden als gleiche Berücksichtigung vergleichbarer Interessen – macht es möglich, die Gleichbehandlung von faktisch Ungleichen zu verteidigen. Das zentrale Kriterium ist der normative Anspruch, Interessen zu berücksichtigen.

Damit gelangt Singer auch schon zum dritten Schritt der Ausweitung des Gleichheitsprinzips auf Tiere. Bereits ein klares Verständnis dieses Prinzips genügt, um Tiere in die moralische Gemeinschaft aufzunehmen. Denn wenn Tiere Interessen haben, dann sind diese auch zu berücksichtigen. Würde man dies nicht tun und ihre Interessen aufgrund ihrer Spezieszugehörigkeit weniger oder gar nicht berücksichtigen, macht man sich des *Speziesismus* schuldig, der die Zugehörigkeit zu einer Gruppe und nicht die Eigenschaften und Fähigkeiten des Individuums ins Zentrum stellt. Singer hat den Begriff des Speziesismus prominent gemacht, den Richard Ryder 1970 in einem Flugblatt eingeführt hatte (Ryder 2010). Die Ablehnung der ungleichen Behandlung aufgrund der Artzugehörigkeit ist im moralischen Individualismus zwingend und eine solche steht ihm diametral entgegen, da es nicht die Zugehörigkeit zu einer Gruppe, sondern die Eigenschaften und Fähigkeiten des Individuums sind, die den Ausschlag geben. Deshalb kann das Kriterium für die Aufnahme in die moralische Gemeinschaft nicht in der Zugehörigkeit zu einer Art oder Rasse liegen. Hierdurch wird der dritte Schritt der Ausweitung der moralischen Gemeinschaft zwingend und die gleiche Berücksichtigung vergleichbarer Interessen zum Prüfstein. Es stellt sich nur noch die Frage, welche Tiere Interessen haben, denn wenn Tiere keine Interessen haben, dann gibt es auch nichts zu berücksichtigen. An dieser Stelle spricht Singer eine sehr deutliche Sprache: Die notwendige und hinreichende Bedingung, dass ein Wesen Interessen hat, ist die Empfindungsfähigkeit, verstanden als die Fähigkeit, Schmerzen zu empfinden und/oder Freude oder Glück zu verspüren. Hier schließt Singer an Bentham an und macht deutlich, dass es die Gemeinsamkeit ist, Schmerzen empfinden zu können, die den Ausschlag gibt, Wesen moralisch berücksichtigen zu sollen. Es besteht ein moralischer Unterschied, wenn ein Stein oder eine Maus mit dem Fuß einen Weg entlanggekickt wird. So kommt er zum Kern seines Argumentes in der *Praktischen Ethik* (Singer 2013: 101): Wenn ein Wesen leidet, dann kann es keine moralische Rechtfertigung geben, dieses Leid nicht zu berücksichtigen. Wenn ein Wesen nicht leidensfähig ist, dann gibt es auch nichts zu berücksichtigen. Sobald nun dieses Kriterium erfüllt ist, sind die Präferenzen bei der moralischen Urteilsbildung vom Standpunkt des unparteiischen Beobachters aus zu berücksichtigen.

Aufgrund dieses Kriteriums wird nun auch die zentrale Rolle der Naturwissenschaften in Singers Ansatz deutlich. Denn in einer wissenschaftsbasierten Gesellschaft geben die Naturwissenschaften darüber Auskunft, ob es plausibel ist anzunehmen, dass ein Tier Schmerzen empfinden kann oder leidet. Ein Zentralnervensystem und Verhaltensweisen, die auf Schmerzen schließen lassen, sind hier die zentralen Indikatoren.

Zusammenfassend lautet Singers Argument, dass aufgrund eines angemessenen Verständnisses des Gleichheitsprinzips aus der zwischenmenschlichen Moral jedes vergleichbare Interesse gleich berücksichtigt werden soll, egal welcher Art oder Gruppe das Wesen mit Interessen angehört. Da dieser Grundsatz auch bestimmte Tiere erfasst, stellt sich die Frage, ob und welche Tiere Interessen bzw. Präferenzen haben. Die Antwort gibt Singer, indem er die Empfindungsfähigkeit zum hinreichenden Kriterium für die moralische Rücksichtnahme erklärt. Empfindende Wesen besitzen die Fähigkeit, Schmerzen zu empfinden und/oder angenehme Gefühle und Glück zu verspüren. Deshalb wird Singer auch gelegentlich als *Pathozentrist* klassifiziert, weil er dafür argumentiert, alle leidensfähigen Wesen in die moralische Gemeinschaft aufzunehmen, wozu auch bestimmte Tiere gehören. Genauer betrachtet ist er allerdings ein *Sentientist*, da die Empfindungsfähigkeit als natürliche Eigenschaft die hinreichende Bedingung moralischer Berücksichtigung ist.

Der Egalitarismus, der sich aufgrund der gleichen Berücksichtigung vergleichbarer Präferenzen ergibt, ist allerdings nicht mit Gleichbehandlung zu verwechseln. Wie auch für den Bereich der zwischenmenschlichen Moral merkt Singer an, dass die Ausdehnung des Grundprinzips der Gleichheit über Individuen einer Gruppe hinaus auf Individuen einer weiteren nicht bedeutet, dass wir die Individuen beider Gruppen genau in der gleichen Weise behandeln müssen. Ob wir das tun sollten, ist ihm zufolge von der Beschaffenheit der Mitglieder dieser beiden Gruppen abhängig, womit er wiederum beim Individuum ansetzt. Das

Grundprinzip der Gleichheit fordert eben nicht die gleiche – im Sinne einer identischen – Behandlung, sondern die *gleiche Berücksichtigung vergleichbarer Interessen von Individuen*. Deshalb kann die gleiche Berücksichtigung unterschiedlicher Wesen auch zu unterschiedlicher Behandlung und zu unterschiedlichen Formen moralischer Rücksicht führen. Einen Elefanten wie einen Pandabären oder ein Kleinkind zu behandeln ist offensichtlich problematisch. Die gleiche Berücksichtigung gleicher Interessen erlaubt es, die Gleichheit zu wahren, während unterschiedliche Behandlungen kein Problem sind, weil sich die Rücksicht an den Eigenschaften der Individuen ausrichtet.

Was bedeutet Singers Position nun konkret für die Frage, was wir mit Tieren tun dürfen und was nicht? Auf der praktischen Ebene ist nach Singers präferenz-utilitaristischer Position nicht jede Tiernutzung prinzipiell ausgeschlossen. Das von ihm hervorgehobene Prinzip, gleiche Interessen gleich zu berücksichtigen, bringt die Möglichkeit von Abwägungen mit sich. Damit kann unter gewissen Umständen ein hinreichend großer Nutzen auf der Menschenseite einen durch negative Empfindungen bei Tieren bedingten Schaden z.B. im Tierversuch legitimieren, was wiederum sein Ethikverständnis verdeutlicht. Die Sache hat nur den Haken, dass wir dann auch bereit sein müssten, Menschen in vergleichbar belastenden Versuchen zu verwenden, da jedes Interesse gleich zählt. So kann man festhalten, dass Singer bestimmte Tiere auf dieselbe Ebene moralischer Schutzwürdigkeit hebt wie Menschen. Allerdings ermöglicht sein konsequentialistischer Ansatz, dass Präferenzen gegeneinander verrechnet und aufgewogen werden können.

Abschließend sei außerdem erwähnt, dass sich die gleiche Berücksichtigung von Interessen aller empfindungsfähigen Lebewesen bei genauerem Hinsehen etwas relativiert. Singer unterscheidet zwischen Personen, die selbstbewusst und rational sind, und solchen Wesen, die bloß empfindungsfähig, aber nicht selbstbewusst und rational sind (Singer 2013: 142 f.). Daraus folgt für ihn, dass die Tötung eines normalen erwachsenen Menschen, der über ein Bewusstsein seiner selbst verfügt und in der Lage ist, für die Zukunft zu planen, schlimmer ist als die Tötung einer Maus, der wahrscheinlich nicht all diese Eigenschaften in gleichem Maße zukommen. Obwohl Singers Argument auf einem Egalitarismus aufbaut, dem zufolge die Interessen jedes Individuums gleich viel zählen, zeigt sich an diesem Beispiel im Resultat doch eine hierarchische Position, die innerhalb der moralischen Gemeinschaft Unterschiede anerkennt. Bei der Tötungsfrage, die Regan in seiner Kritik an Singer behandelt, wird dieser Unterschied noch deutlich werden.

Implikationen des Präferenz-Utilitarismus

Die Position Singers spielt in der Tierethik eine prägende Rolle. An etlichen Stellen haben wir deshalb bereits auf besondere Aspekte und Implikationen seines Ansatzes hingewiesen. Singer konkretisiert seinen Ansatz aber natürlich auch selbst. Seine Argumente für konkrete Anwendungsfelder entwickelt er im Rahmen der Kritik des Speziesismus. Die Überwindung der speziesistischen Praxis ist der zentrale Punkt und die wichtigste Implikation seines Präferenz-Utilitarismus. Aber was heißt das konkret? Das Prinzip der Gleichheit reicht über die menschliche Spezies hinaus. Und die Tatsache, dass Tiere nicht zu unserer Art gehören, berechtigt uns nicht, sie auszubeuten und ihre Interessen zu missachten. Im Abschnitt »Gleichheit für Tiere?« (Singer 2013: 98 ff.) setzt sich Singer mit der Frage der Nutzung von Tieren als Nahrung und mit Tierversuchen auseinander. Diese beiden zentralen Bereiche und die sie betreffenden Implikationen des Präferenz-Utilitarismus sollen nun umrissen werden.

Tiere als Nahrung

Wer Tierethik betreibt, kommt nicht umhin, sich mit der Nutztierhaltung zu beschäftigen. Auch Singer tut dies und sieht durch die Nutzung von Tieren zu Nahrungszwecken eine elementare Grundfrage der Tierethik berührt: Tiere werden genutzt, um menschliche Bedürfnisse und Interessen zu befriedigen, ein Gebrauch von Tieren, der in der Nutztierhaltung so weit gehen kann, dass Tiere nur noch als Mittel der Verwertung oder Ressourcen behandelt werden. Wenn Tiere zu den Mitgliedern der moralischen Gemeinschaft zählen, dann wird die Nutzung von Tieren als Nahrung fragwürdig, und es ist angezeigt, ihre Interessen abzuwägen. Es verwundert also kaum, wenn Singer der Meinung ist, der Kern des moralischen Problems in der Nutztierhaltung liege darin, dass ein relativ geringes Interesse der Menschen am Fleischverzehr gegen das Leben und Wohl der betroffenen Tiere abgewogen werden müsse. Da das Prinzip der gleichen Interessenabwägung nicht erlaubt, dass größere Interessen für kleinere Interessen geopfert werden, liegt die Antwort auf die Frage nach der Nutzung von Tieren als Nahrung auf der Hand. Die Interessen der Menschen können die Interessen der Tiere im Kontext der Nutztierhaltung nicht aufwiegen: »Das Argument gegen die Nutzung von Tieren als Nahrung ist dort am stärksten, wo Tiere zu einem elenden Leben gezwungen werden, damit ihr Fleisch zum niedrigsten Preis verfügbar gemacht wird.« (Singer 2013: 108)

Es lässt sich nicht abstreiten, dass Tiere unter den gegenwärtigen Bedingungen industrieller Tierhaltung leiden und schmerzhafte Eingriffe keineswegs die Ausnahme, sondern vielmehr gängig sind (vgl. Abschnitt 4.2). Wer aus Tieren hergestellte Produkte kauft, die unter diesen Umständen produziert wurden, der toleriert bzw. unterstützt die Methoden der Produktion, durch die empfindungsfähige Tiere für die gesamte Dauer ihres Lebens unter beengenden, unzuträglichen Bedingungen gehalten werden, so Singer. In der Produktion und im Kaufverhalten sieht Singer eine speziesistische Praxis, die tierliche Interessen jenen der Menschen unterordnet bzw. tierliche Interessen erst gar nicht berücksichtigt. Um den Speziesismus zu vermeiden, müssen diese Praktiken gestoppt werden und auch die Gewohnheit, tierische Produkte zu essen.

Die Forderung nach einer veganen Lebensweise steht bei Singer vor dem Hintergrund, dass die Versorgung urbanisierter Gesellschaften mit Tierprodukten kaum mit Formen der Landwirtschaft zu realisieren ist, die Tieren kein Leid zufügen. Die entscheidende Frage ist für ihn aber ohnedies nicht, ob tierische Produkte ohne Leiden produziert werden *könnten*, sondern ob Produkte, die wir kaufen, tatsächlich ohne Leiden produziert *wurden*. Unter den gegenwärtigen, herkömmlichen Bedingungen landwirtschaftlicher Produktion ist dies nicht der Fall.

Neben der Alternative, sich vegan zu ernähren, sieht Singer die Möglichkeit, die Menge verzehrter tierischer Produkte erheblich einzuschränken, durchaus positiv, da auch auf diese Weise tierliches Leid reduziert wird. Auch ist ihm jeder Schritt in Richtung einer verbesserten Tierhaltung lieb, und er verweist auf die Möglichkeit, bei der Kaufentscheidung darauf zu achten, unter welchen Bedingungen die Tiere gehalten werden. Ein einfaches Beispiel, das nicht von Singer stammt, aber deutlich macht, worum es geht, ist der Nummerncode, der auf Schaleneier aufgedruckt wird und solche Kaufentscheidungen erleichtert: 3 = Käfighaltung (in der EU verboten) oder Kleingruppenhaltung, 2 = Bodenhaltung (ohne Auslauffläche), 1 = Freilandhaltung (mit Auslauffläche), 0 = Bio-Haltung (mit Auslauffläche). Grundsätzlich ist aber klar, dass eigentlich nur eine vegane Lebensweise der Praxis des Speziesismus ein Ende bereiten kann und der Verzicht auf tierische Produkte der Weg zur Vermeidung des Übels ist, solange die Interessen der Tiere in der landwirtschaftlichen Tierhaltung nicht oder nur unzureichend berücksichtigt werden.

Tierversuche

Der Speziesismus und die damit verbundene Missachtung tierlicher Interessen liegen bei Tierversuchen offen zutage und sind einfach ersichtlich. Hier ist ganz klar, dass Tiere (und keine Menschen) für wissenschaftliche Zwecke eingesetzt werden und meistens ausschließlich Menschen davon profitieren. Wenn der Nutzen für Menschen das tierliche Leid rechtfertigen soll und es verboten ist, Menschen für wissenschaftliche Zwecke zu instrumentalisieren, dann muss man auch zugeben, dass menschliche und nicht-menschliche Lebewesen *ungleich* behandelt werden, obwohl ihre Interessen im Rahmen der Ethik Singers gleich berücksichtigt werden müssen. Besonders deutlich wird diese Missachtung, wenn man die Ungewissheit des Ausgangs von Tierversuchen in Anschlag bringt. Denn es ist natürlich keineswegs gewiss, dass ein angestrebter Nutzen durch Tierversuche tatsächlich erreicht wird. Hier handelt es sich um einen *zu erwartenden Nutzen*, der vielleicht nie eintritt, wohingegen die Nachteile für Tiere im Versuch gewiss und real sind.

Singer ist aber kein grundsätzlicher Gegner von Tierversuchen. Wenn ein Tier oder auch ein Dutzend Tiere in Experimenten leiden, um Tausende Menschen zu retten, dann hält er es aufgrund einer Interessenabwägung für richtig, dass die wenigen Tiere leiden (Singer 2013: 113 f.). Diesen Fall hält Singer aber für eher hypothetisch. Dass ganze Tausendschaften von empfindungsfähigen Wesen durch wenige Experimente mit wenigen Tieren profitieren, ist äußerst unwahrscheinlich. Trotzdem nimmt er den Punkt ernst, dass wenige Tierversuche auf der Basis einer Interessenabwägung erlaubt sein könnten. Auch wenn der Nutzen eines tatsächlichen Experiments niemals mit Gewissheit eintritt, kann ein Utilitarist nicht behaupten, dass es falsch ist, ein Experiment durchzuführen, wenn der Nutzen und die Wahrscheinlichkeit, ihn zu erzielen, entsprechend groß und das Leid der Tiere entsprechend gering sind (vgl. hierzu die Ausführungen zur Schaden-Nutzen-Analyse, S. 228 ff.).

Wir haben gesehen, dass Singer Tierversuche zum größten Teil, aber nicht grundsätzlich ablehnt. Auch dies ist eine Implikation seines konsequentialistischen Ansatzes. Die Bedingungen für die Durchführung von Tierexperimenten werden allerdings wesentlich verschärft. Unter der Perspektive, dass alle Interessen der Betroffenen unabhängig von der Spezies Berücksichtigung finden sollen, führt Singer ein *hypothetisches* Beispiel an, das ihm nicht nur Freunde beschert hat und als Lackmustest bezeichnet werden kann: Bei jedem Tierversuch kann man sich fragen, ob wir bereit wären, die Individuen einer bestimmten Spezies durch Individuen einer anderen zu ersetzen, die vergleichbar leiden. Was, wenn wir nun ein Tier durch Menschen ersetzen? Wären wir dann auch bereit, das Experiment durchzuführen?

»Wenn Forscher nicht bereit sind, verwaiste Menschen mit schwerwiegenden und unheilbaren Hirnschäden zu verwenden, dann scheint ihre Bereitschaft, nichtmenschliche Lebewesen zu verwenden, eine Diskriminierung allein auf der Grundlage der Spezies zu bedeuten.« (Singer 2013: 114)

Dieses Zitat spricht aus, was es heißt, mit der Kritik am Speziesismus Ernst zu machen. Man würde es sich gut überlegen, ob es wirklich nötig ist, Produkte auf den Markt zu bringen, die im Tierversuch getestet werden müssen, für die es aber bereits getestete Alternativen auf dem Markt gibt. Überhaupt, so Singer, wäre es ratsamer, die Geldmittel, die jetzt in die Forschung an Tieren fließen, in die klinische Erprobung an freiwilligen Testpersonen und in die Entwicklung anderer Forschungsmethoden zu stecken, die niemandem, weder Tier noch Mensch, Leid zufügen (Singer 2013: 115).

2.3 Regans Tierrechtsansatz

Rechte statt Verrechnung

Tom Regan (*1938) hat 1983 in seinem Buch *The Case for Animal Rights* wohl die prominenteste und wirkmächtigste Tierrechtsposition innerhalb der Tierethik formuliert (Regan 2004). Er begründet moralische Rechte für Tiere, die in einem nicht aufwägbaren Anspruch bestehen, ihren inhärenten Wert zu respektieren. Befragt nach der Grundfrage der Tierethik und dem gesellschaftskritischen Potenzial dieser Theorie, lässt Regan kaum Fragen offen. Er tritt für eine rigorose und konsequente Position ein, die als *Abolitionismus* (von engl. *abolition* = Abschaffung) in die tierethische Literatur eingegangen ist. Die Tierrechtsposition Regans fordert die Abschaffung der landwirtschaftlichen Nutzung von Tieren für die Lebensmittelproduktion, der Verwendung von Tieren in Tierversuchen, der Jagd und der Verwendung von Tieren im Sport und zur Unterhaltung (Regan 1985: 13). Der zentrale Baustein auf dem Weg hin zu dieser Forderung ist das Prinzip des Respekts gegenüber Lebewesen mit inhärentem Wert. Dieses besagt, dass jedes Mitglied der moralischen Gemeinschaft das moralische Recht hat, respektvoll behandelt zu werden. Zu dem Resultat, dass auch Tiere Mitglieder dieser moralischen Gemeinschaft sind, kommt Regan über eine komplexe Argumentation. Mithilfe eines faszinierenden Bauplans entwickelt Regan ein vielstöckiges Argumentationsgebäude, das er Baustein für Baustein zusammensetzt. Dabei bewegt er sich wie Singer im Rahmen des moralischen Individualismus und findet schließlich in der Eigenschaft, »Subjekt-eines-Lebens« (*subject-of-a-life*) zu sein, die Bedingung für die Anerkennung des inhärenten Werts von Lebewesen und ihrer Aufnahme in die moralische Gemeinschaft.

Das Selbstverständnis seiner Theorie ist deontologisch und nicht konsequentialistisch. Deontologisch ansetzende Theorien bestreiten, dass der Wert der Folgen von Handlungen der allein ausschlaggebende Gesichtspunkt im Hinblick auf die moralische Richtigkeit von Handlungen sein kann. Die moralische Qualität einer Handlung bemisst sich in deontologisch ansetzenden Theorien an der Einhaltung moralischer Pflichten und korrespondierender Rechte, die Konsequenzen der Handlung spielen eine untergeordnete Rolle. Dieser Zuschnitt der Tierrechtsethik wird vor allem über Regans Abgrenzung vom Utilitarismus deutlich, die am Anfang der Auseinandersetzung mit seiner Position stehen soll. Neben dieser Kritik sind die zentralen Elemente seiner Argumentation das Verständnis des inhärenten Werts, die Ablehnung indirekter Pflichten, das Prinzip der Nicht-Schädigung, das Kriterium, *Subjekt-eines-Lebens* (*subject-of-a-life-criterion*) zu sein, und das *Prinzip des Respekts* (*respect principle*). Für das Verständnis seiner Theorie und der von ihm vertretenen Ausweitung der moralischen Gemeinschaft auf Tiere sind diese fünf Punkte zentral. Als Bausteine braucht sie Regan für sein Argument und um die moralische Gemeinschaft auf Tiere in einer Tierrechtsposition auszuweiten. Beginnen wir mit seiner Kritik des Utilitarismus und seiner Abgrenzung von Singer, die sein Ethikverständnis deutlich machen.

Regans Kritik des Utilitarismus

Will man das komplexe Theoriegebäude Regans rekonstruieren, tut man gut daran, bei dem grundsätzlichen Anliegen und den moralischen Intuitionen anzusetzen, die Regan verteidigt. Kurz gesagt geht es ihm darum, zwei moralischen Intuitionen Rechnung zu tragen. Einerseits ist dies die Intuition, dass es in der Moral wesentlich darum geht, Individuen vor Schaden zu schützen, und andererseits die Annahme, dass diese nicht den Interessen anderer geopfert werden sollen. Diese Intuitionen sind Common Sense und plausibel. Am Unbehagen mit dem Gedankenexperiment eines Landstreichers, das in der Utilitarismuskritik immer wieder vorgebracht wird, lässt sich dies deutlich machen: Stellen wir uns einen Landstreicher ohne Familie und Freunde vor. Sein Leben ist trist und einsam, aber er ist gesund. Seine Organe sind in bestem Zustand. Und diese Organe könnten fünf Personen retten, sofern diese seine Leber, seine Nieren, seine Lungen und sein Herz implantiert bekommen. Der Landstreicher ist mit den bedürftigen Personen weder verwandt noch befreundet, er kennt sie gar nicht. Sollte er seine Organe nicht spenden? Oder ist es nicht sogar eine moralische Pflicht, dafür zu sorgen, dass die Erkrankten seine Organe erhalten und er sich opfert? Das Nutzenkalkül spricht hier eine klare Sprache: Ein Leben gegen fünf Leben! Aber ist damit alles gesagt?

Regan geht gegen ebendiese Rechnung des Utilitarismus vor und richtet seine Kritik gegen das *Aggregationsprinzip* des Utilitarismus, das ein zentrales und konstitutives Element jeder utilitaristischen Theorie bildet (vgl. S. 62). Es besagt, dass die Frage danach, welche Handlung in moralischer Hinsicht besser ist, mit der Bildung der jeweiligen Summe positiver und negativer Konsequenzen und ihrer Abwägung beantwortet werden muss. Jene Handlung ist vorzuziehen, die das größte Übergewicht von guten gegenüber schlechten Folgen herbeiführen wird. Je nach Theorie können dabei unterschiedliche Folgen relevant sein. So können etwa das Wohlergehen, erfüllte Präferenzen, Glück, Freude etc. im Vordergrund stehen. Die moralische Qualität ergibt sich durch die unparteiische Gesamtbetrachtung, wie wir sie schon bei Singer kennengelernt haben (vgl. S. 59). Dort war es die Perspektive des *unparteiischen Beobachters*, welche die moralische Qualität verbürgt. Regan stellt sich gegen dieses konsequentialistische Nutzenkalkül und das Aggregationsprinzip des Utilitarismus und fasst das moralische Unbehagen daran in seiner Kritik, die wir nun in Grundzügen nachzeichnen, genauer.

Wie in der Darstellung Singers deutlich wurde, verlangt das utilitaristische Prinzip, dass gleiche Interessen gleich berücksichtigt werden. Egal ob es das Interesse eines Tiers oder eines Menschen ist, ein Interesse zählt aus der unparteiischen Beobachterperspektive als eins und nicht als mehr als dieses eine. Das Aggregationsprinzip des Utilitarismus sieht vor, dass die Handlung mit der besten Nutzenbilanz auch moralisch zulässig ist. Deshalb kann es Fälle geben, in denen die Interessen von Mitgliedern der moralischen Gemeinschaft von Interessen anderer Mitglieder aufgewogen werden können. Der Extremfall ist das Beispiel des Landstreichers, in dem das Opfer eines Mitglieds der moralischen Gemeinschaft gerechtfertigt oder sogar geboten scheint, weil die Nutzenbilanz stimmt. Regan meint nun, dass von einer Gemeinschaft moralisch geschützter Wesen gar nicht die Rede sein kann, wenn Individuen mit moralischem Status dem Nutzenkalkül geopfert werden können. Um dafür ein Beispiel zu geben, das Regan selbst verwendet (Regan 1983: 208 f.): Stellen wir uns vor, dass ein empfindungsfähiges, aber nicht selbstbewusstes Lebewesen X in seinem Leben eine Punktezahl von +25 Einheiten Freude und -4 Punkte Leid erreichen wird, was eine Nutzenbilanz von +21 ergeben würde. Stellen wir uns weiter vor, dass wir, wenn wir X töten würden, ein hinreichendes Interesse daran hätten, ein anderes Lebewesen Y ins Leben zu bringen, das eine Punktezahl von +21 oder mehr erreichen wird. Wenn X nun getötet und Y ins Leben gebracht würde, besteht hier kein Problem. Vielmehr wäre es sogar geboten, Y ins Leben zu bringen und X zu töten, wenn dadurch die Nutzenbilanz besser ausfallen würde. Dies wäre der Fall, wenn Y in seinem Leben z.B. +30 Einheiten Freude zu erwarten hat.

An diesem Beispiel wird deutlich, dass empfindungsfähige, nicht selbstbewusste Lebewesen im Utilitarismus nicht um ihrer selbst willen zählen. Sie werden bloß als »ersetzbare Behälter« (*replaceable receptacles*) gesehen, deren Freude und Leid zählen und Wert haben (Regan 2004: 208 f.). Sie selbst aber zählen nicht. Nur die positiven und negativen Zustände haben *intrinsischen* Wert für die Kalkulationen, nicht jedoch die Individuen selbst, die diese Zustände erfahren. Als austauschbare Behälter verstanden, hat allein ihr Inhalt (Wohlergehen, Freude, Leid) Bedeutung.

Diese Position beschreibt den hedonistischen oder klassischen Utilitarismus, der nur Freude und Leid als zentrale Kategorien seiner Axiologie anerkennt. Regan kritisiert an dieser Position, dass sie das Wesentliche vergisst, nämlich den *Schutz des Individuums* (Regan 2004: 205 f.), das die positiven und negativen Zustände erfährt. Denn im hedonistischen Utilitarismus wäre der Behälter nur Beiwerk, der geschützt oder zerstört wird, damit möglichst viele positive Konsequenzen entstehen, wie das Landstreicherbeispiel deutlich gemacht hat. Die Individuen selbst haben keinen Wert, und ebendiese Konsequenz hält Regan für fatal und falsch, wie das Beispiel des Landstreichers zeigen soll.

Auch Singers Schritt zum Präferenz-Utilitarismus überzeugt Regan nicht. Wie wir gesehen haben, geht es auch in dieser Spielart des Utilitarismus nicht nur um die Maximierung des Wohlergehens, sondern um die Erfüllung von Präferenzen, die nach

Quantität und nicht nach Qualität unterschieden werden (vgl. S. 65 ff.). Welche Präferenzen ein Individuum in qualitativer Hinsicht hat, ist irrelevant. Allein die Stärke und Anzahl der Präferenzen sind ausschlaggebend. Allerdings macht Singer, wie wir bei der Darstellung seines Ansatzes bereits angedeutet haben, im Hinblick auf die Tötungsfrage einen relevanten Unterschied zwischen bewussten und *selbst*bewussten Lebewesen. Er argumentiert, dass die Tötung von selbstbewussten Lebewesen moralisch problematisch ist, da sie Präferenzen haben, die auf die Zukunft gerichtet sind, und sie außerdem die Präferenz haben weiterzuleben. Dieser Unterschied überzeugt Regan jedoch nicht (Regan 2004: 209 f.). Denn obwohl Singer argumentiert, dass ein wichtiger Unterschied zwischen bloß empfindungsfähigen und selbstbewussten Lebewesen darin besteht, dass Letztere Präferenzen haben können, die auf die Zukunft und ihr eigenes Leben gerichtet sind, bleibt das grundlegende Problem Regan zufolge bestehen. Auch diese Präferenzen unterschiedlicher Individuen können gegeneinander aufgewogen und Individuen der moralischen Gemeinschaft zugunsten anderer geopfert werden (Regan 2004: 208). Das Aggregationsprinzip des Utilitarismus bleibt. Auch diesen Punkt kann ein Gedankenexperiment aus *The Case for Animal Rights* verdeutlichen: Angenommen, ein selbstbewusstes Lebewesen A hat eine Lebensbilanz von +80 Punkten für befriedigte Präferenzen und -15 für frustrierte Präferenzen und damit +65 Punkte in der Nutzenbilanz stehen. Würde A frühzeitig getötet, würde es nur +50 Punkte erreichen können. Stellen wir uns weiter vor, wir könnten nun ein Wesen B ins Leben rufen, das in seinem Leben den Wert von +93 Punkten erreichen wird, und dass kein Platz für A und B zugleich ist. Die Konsequenz wäre, dass A getötet werden sollte, wenn dadurch B ins Leben gerufen werden könnte, schließlich geht es nur um die Erfüllung von Präferenzen.

Die Implikation des Aggregationsprinzips, so Regan, ist überaus problematisch und steht gegen die wohlüberlegte moralische Intuition, dass moralisch schutzwürdige Wesen nicht aufgrund von Nutzenüberlegungen geopfert werden sollten (Regan 2004: 211). Vielmehr ist es gerade der Sinn moralischen Schutzes, dass solche Kalkulationen *nicht* angestellt und Individuen vor Rechenschiebereien dieser Art geschützt werden. Das Grundproblem des Utilitarismus ist also, dass das Individuum in der Verrechnung aufgehen kann. Um der kontraintuitiven Implikation des Utilitarismus zu entgehen und Individuen der moralischen Gemeinschaft vor dem Nutzenkalkül zu schützen, führt Regan das Konzept des inhärenten Werts ein.

Inhärenter Wert

Regan macht den Punkt stark, dass es in unserer Moral offenbar nicht nur darum geht, Präferenzen oder Interessen zu gewichten und zu verrechnen. Der auf den ersten Blick plausible utilitaristische Ansatz, ein Interesse als eines zu zählen, egal bei wem, verliert seine Plausibilität, sobald Interessen aggregiert und gegeneinander abgewogen werden, weil das Individuum selbst (i.S. eines Mitglieds der moralischen Gemeinschaft) nicht vor Verrechnungen geschützt werden kann. Deshalb spricht Regan davon, dass man an dieser Stelle eigentlich gar nicht von moralischem Respekt sprechen kann. Für das zu Respektierende der Individuen, das Regan beim Utilitarismus nicht respektiert sieht, führt er den Begriff des *inhärenten Werts* ein. Um zu erklären, was damit gemeint ist, hilft die Abgrenzung des *inhärenten Werts* vom *instrumentellen* bzw. *intrinsischen Wert* (Regan 2004: 235 f.): Von instrumentellem Wert ist bei Regan die Rede, wenn etwas *für* eine Akteurin einen Wert hat, um ein Ziel zu erreichen. So hat die Pfanne beim Palatschinkenbacken einen Wert für mich, da ich ohne sie keine oder nicht so schöne Palatschinken machen könnte. Für einen Bauern hat die Kuh einen instrumentellen Wert, da sie Milch gibt, die er verkaufen kann, wodurch er seinen Lebensunterhalt bestreiten kann. Von einem *intrinsischen* Wert spricht Regan in Bezug auf positive oder negative Erfahrungen empfindungsfähiger Lebewesen. Freude oder die Befriedigung von Präferenzen und Interessen haben intrinsischen Wert *für* das Wesen, welches diese Erfahrungen macht. Die Freude, die ich habe, wenn mir die Palatschinken gut gelingen, ist von intrinsischem Wert für mich. Die Freude, die der Bauer hat, wenn er mit dem erwirtschafteten Geld aus dem Milchverkauf den Stall tiergerechter umbaut, hat intrinsischen Wert für ihn. Von diesen beiden Werten ist der *inhärente* Wert eines Individuums zu unterscheiden. Dieser lässt sich nicht auf den intrinsischen Wert reduzieren (Regan 2004: 236). Wäre dies der Fall, so würde die utilitaristische Nutzenkalkulation kein moralisches Unbehagen mit sich bringen, da intrinsisch wertvolle Erfahrungen gegeneinander aufgerechnet werden könnten und der inhärente Wert in dieser Verrechnung aufgehen könnte. Dies ist aber gerade nicht der Fall, was unsere moralischen Intuitionen deutlich machen. Die Summe der positiven Erfahrungen – intrinsischer Wert – ist deshalb nicht mit dem Wert des Individuums gleichzusetzen. Wäre dies der Fall, so würden jene Individuen, die mehr Freude in ihrem Leben erfahren, mehr Wert haben als jene, die weniger Freude – im Sinne von intrinsisch wertvollen Erfahrungen – haben. Sie haben vielleicht ein schöneres Leben, weil sie mehr intrinsisch Wertvolles erleben, ihr inhärenter Wert als Individuen bleibt davon aber unberührt.

Mit seiner Unterscheidung des instrumentellen Werts, des intrinsischen Werts von Erfahrungen und des inhärenten Werts jener, die diese Erfahrungen machen oder nicht, eröffnet Regan der Debatte wichtige Dimensionen. Der instrumentelle und der intrinsische Wert sind akteurrelativ und situationsabhängig. Sie sind kontingent, insofern sie im Laufe eines Lebens weniger werden oder auch ganz verloren gehen können. So könnte ich die Freude am Palatschinkenbacken verlieren, wodurch ein intrinsischer Wert beim Palatschinkenbacken verloren wäre. Die Pfanne würde ich nicht mehr brauchen und ihr instrumenteller Wert für mich würde ebenso abnehmen. Beim inhärenten Wert verhält es sich anders. Dieser kann weder abnehmen noch verloren gehen. Der inhärente Wert ist unabhängig vom Nutzen oder den Interessen anderer und lässt sich nicht auf andere Werte reduzieren. Um in der Metapher der Behälter zu bleiben: Nicht allein der Inhalt der Behälter (intrinsisch wertvolle Erfahrungen) ist von Bedeutung, sondern die Behälter haben selbst einen Wert, der nicht auf den Inhalt des Behälters reduzierbar ist.

Dieser Wert kommt allen Mitgliedern der moralischen Gemeinschaft zu und bedeutet, dass sie das *moralische Recht* haben, *um ihrer selbst willen* geachtet zu werden. Aber weshalb sollte der inhärente Wert allen Mitgliedern der moralischen Gemeinschaft in gleichem Ausmaß zukommen? Würde man davon ausgehen, dass der inhärente Wert größer oder kleiner sein kann, dann stellt sich die Frage, anhand welcher Kriterien dieses Mehr oder Weniger zugeschrieben werden sollte. Zum Beispiel könnte man im Sinne eines Perfektionismus davon ausgehen, dass besonders tugendhafte Menschen mehr inhärenten Wert hätten als lasterhafte. Diese Position lehnt Regan dezidiert ab. Egal ob ich ein rechtschaffener oder ein krimineller Mensch bin, mein inhärenter Wert geht nicht verloren, noch wird er größer, noch kleiner. Unsere Idee von Gerechtigkeit lässt dies nicht zu, da ihr gemäß alle Wesen mit inhärentem Wert diesen in gleichem Maße haben. Weder durch eigenes Zutun noch durch Einwirkung von anderen kann der inhärente Wert von Individuen der moralischen

Gemeinschaft gesteigert werden oder verloren gehen. Der inhärente Wert ist zudem unabhängig von den Interessen anderer und der Nützlichkeit für andere. Kurz, der inhärente Wert ist logisch unabhängig vom instrumentellen und intrinsischen Wert (Regan 2004: 236). Deshalb ist der inhärente Wert auch nicht davon abhängig, ob das Individuum bewundert oder verachtet wird. Ob mich Leute mögen oder nicht, bewundern oder verachten, hat keine Auswirkung auf meinen inhärenten Wert: Weiterhin kommt mir das moralische Recht zu, um meiner selbst willen geachtet zu werden. Deshalb handelt es sich um einen egalitaristischen und nicht-perfektionistischen Ansatz, der jedem moralischen Akteur inhärenten Wert zuschreibt. Diese Wertdimension drückt aus, dass etwas nicht nur wertvoll *für* jemanden sein kann, sondern auch *Eigenwert* hat. Wer aber hat nun inhärenten Wert? Regan behandelt diese Frage in Auseinandersetzung mit dem Geltungsbereich des Nicht-Schädigungsprinzips.

Das Prinzip der Nicht-Schädigung

Mit diesen Differenzierungen im Gepäck widmet sich Regan der Frage, ob nur und ausschließlich moralische Akteure (*moral agents*) einen inhärenten Wert haben oder auch moralische Objekte (*moral patients*), die nicht selbst moralisch handeln können. Moralische Objekte, zu denen Regan die Tiere zählt, wären dann aufgrund des Moralprinzips als *Empfänger der Moral* (*receiving ends*) geschützt. Diese Frage hängt bei Regan eng mit jener nach indirekten und direkten Pflichten gegenüber moralischen Objekten zusammen. Wie wir oben gesehen haben, bestehen direkte Pflichten gegenüber einem Wesen selbst, während indirekte Pflichten bedeuten, dass z.B. ein Tier nur deshalb geschützt wird, weil ich eine Pflicht gegenüber seinem Besitzer habe, sein Eigentum nicht zu zerstören. Im Bereich der moralischen Akteure ist klar, dass wir uns wechselseitig direkt verpflichten. Aber wie verhält es sich mit moralischen Objekten, die selbst keine Pflichten haben können, jedoch Adressaten moralischer Pflichten sein können? In seiner Auseinandersetzung mit den Ansätzen, die indirekte Pflichten gegenüber moralischen Objekten begründen, argumentiert Regan, dass die indirekte Rücksichtnahme auf moralische Objekte kein plausibler Ansatz ist. Wie wir im Folgenden zeigen werden, argumentiert Regan mit Rückgriff auf das Prinzip der Nicht-Schädigung. Wie wir dabei sehen werden, bezieht sich die Rede von *Schädigungen* auf Tiere, die ein Wohlbefinden haben (*experiential welfare*) und akutes oder chronisches physisches oder psychisches Leiden, Deprivation oder Verlust von Quellen der Freude oder Zufriedenheit erfahren können (Regan 2004: 94 ff.). Solche Tiere, aber auch andere Wesen, die diese Fähigkeiten haben, werden bei Regan unter den Schutz des Prinzips der Nicht-Schädigung gestellt, da sie in einem moralisch relevanten Sinn geschädigt werden können.

Regan vertritt die Überzeugung, dass es sich bei dem Prinzip der Nicht-Schädigung um ein *Prima-facie*-Prinzip handelt, von dem sich eine *Prima-facie*-Pflicht, nicht zu schädigen, ableiten lässt (Regan 2004: 186 f.). *Prima facie* gilt eine Pflicht, weil sie nicht kategorisch gilt und durch eine andere Pflicht übertrumpft werden kann, wobei die Rechtfertigungspflicht bei jenen liegt, die die *Prima-facie*-Pflicht einer anderen Pflicht unterordnen wollen. In moralischen Beziehungen zwischen moralischen Akteuren ist diese Pflicht, nicht zu schädigen, eine *direkte* Pflicht, und wir schulden sie allen, die in den Geltungsbereich des Prinzips der Nicht-Schädigung fallen. Die Frage ist nun, ob dieses Prinzip in Form einer *direkten Prima-facie*-Pflicht auch auf moralische Objekte anwendbar ist.

Die Antwort gibt Regan im Rekurs auf moralische Intuitionen. Wenn man die moralische Intuition teilt, dass Individuen grundsätzlich nicht geschädigt werden sollen, dann beschreibt dies eine *direkte* Pflicht gegenüber diesen Individuen, egal ob moralische Akteure oder moralische Objekte. Handlungen, die Individuen schädigen, weil sie z.B. ihr Wohlbefinden einschränken, sind moralisch falsch, da die *Individuen selbst Schaden* nehmen. Regan sieht in dieser Intuition einen wichtigen Grund, an dieser Stelle nicht zwischen moralischen Akteuren und moralischen Objekten zu unterscheiden. Denn wer die Meinung vertritt, dass wir gegenüber moralischen Objekten indirekte Pflichten haben, müsste auch der Meinung sein, dass das Prinzip der Nicht-Schädigung nicht auf alle potenziell geschädigten Individuen (moralische Objekte und moralische Akteure) gerichtet ist, sondern allein auf die verletzten Gefühle der moralischen Akteure, denen wir direkt verpflichtet sind; dies ist eine gänzlich kontraintuitive Position. Um dies zu veranschaulichen: Wenn ein Hund getreten wird, dann wäre es gänzlich kontraintuitiv zu sagen, dass es nicht um den Schaden des Hunds gehen würde, der tatsächlich geschädigt wird, sondern um den Schaden seines Herrchens, das nur indirekt geschädigt wird. Es geht bei diesem Prinzip nicht darum, wie andere über die Schädigung von moralischen Objekten denken, sondern um die Geschädigten.

Wenn wir nun aber anerkennen, dass das Prinzip der Nicht-Schädigung in der direkten Pflicht zur Vermeidung von Schaden seinen Ausdruck findet, wird die Reichweite des Prinzips klar. Denn Schaden lässt sich freilich auch bei moralischen Objekten wie Tieren vermeiden, daran besteht kein Zweifel. Zu argumentieren, dass es sich hierbei um eine andere Art von Schaden handle, da nicht moralische Akteure, sondern moralische Objekte betroffen sind, ist nicht vereinbar mit dem Grundsatz, Gleiches gleich und Ungleiches ungleich zu behandeln, so Regan (2004:

183). Die konsistente Interpretation des Prinzips der Nicht-Schädigung bringt es also mit sich, dass eine direkte Pflicht gegenüber moralischen Objekten aus diesem Prinzip folgt. Damit ist klar, dass moralische Akteure wie moralische Objekte in moralischer Hinsicht geschädigt werden können und zur moralischen Gemeinschaft gehören, da ihnen gegenüber direkte moralische Pflichten bestehen. Dies führt Regan zum Schluss, dass die Reichweite des Prinzips der Nicht-Schädigung nur willkürlich auf moralische Akteure begrenzt werden kann. Es muss auf alle ausgeweitet werden, deren Wohlbefinden beeinträchtigt werden kann (Regan 2004: 192); egal ob es sich um moralische Akteure oder moralische Objekte handelt. Es wäre pure Willkür, Tiere als moralische Objekte nicht unter den direkten Schutz des Prinzips der Nicht-Schädigung zu stellen, da sie in ihrem Wohlbefinden beeinträchtigt werden können. Daran knüpft sich bei Regan auch die Folgerung, dass moralische Objekte wie moralische Subjekte Empfänger *direkter* moralischer Pflichten sind und jede Moraltheorie, die indirekte Pflichten gegenüber moralischen Objekten begründet, in die Irre geht (Regan 2004: 193).

Diese Position versucht Regan mithilfe von Kriterien für ein angemessenes Moralprinzip zu stützen, die nur erfüllt sind, wenn das Prinzip der Nicht-Schädigung im obigen Sinne interpretiert wird und direkte Pflichten für moralische Objekte folgen. Diese Kriterien sind *Konsistenz, angemessene Reichweite, Präzision* und *Konformität* mit wohlüberlegten Intuitionen (Regan 2004: 189 f.): (i) *Konsistenz*: Würde das Prinzip der Nicht-Schädigung bei vergleichbarem Schaden von moralischen Akteuren und moralischen Objekten einmal Anwendung finden und einmal nicht, so würde sich eine grobe Inkonsistenz ergeben. (ii) *Angemessene Reichweite*: Als allgemeines Prinzip muss das Prinzip der Nicht-Schädigung eine Vielzahl von Fällen abdecken. Die Reichweite muss jedoch auch begrenzbar sein. Mit dem Anwendungsbereich auf alle moralischen Akteure und moralischen Objekte bestimmt Regan die Reichweite und sieht dieses Kriterium als formal erfüllt an. Wie wir sehen werden, wird das Kriterium, Subjekt-eines-Lebens zu sein, das materiale Kriterium abgeben. (iii) *Präzision*: Da in der Ethik keine Genauigkeit wie in der Geometrie erforderlich ist und das Prinzip der Nicht-Schädigung auf die allgemein verständliche Pflicht, Individuen nicht zu schädigen, zielt, sieht Regan auch dieses Kriterium durch die obige Interpretation als ausreichend erfüllt an. (iv) *Konformität mit wohlüberlegten Intuitionen*: Das Prinzip der Nicht-Schädigung reflektiert zentrale moralische Intuitionen, die unsere Moral bestimmen. Es zu verwerfen würde die Frage aufbringen, welches bessere Prinzip wesentliche moralische Intuitionen abdecken könnte.

Regan vertritt also die Meinung, dass die Reichweite des Prinzips der Nicht-Schädigung nicht auf moralische Akteure allein zu begrenzen ist und wir deshalb direkte Pflichten der Schadensvermeidung gegenüber moralischen Objekten haben. Die Pflicht, Individuen nicht zu schädigen, ist damit eine direkte Pflicht gegenüber allen Wesen, die geschädigt werden können. Hierzu gehören seiner Meinung nach zumindest alle Individuen, die Überzeugungen und Wünsche haben, intentional handeln können und/oder erfahrbares Wohlbefinden haben. Damit erweitert Regan die moralische Gemeinschaft auf moralische Akteure *und* moralische Objekte, die unter das Prinzip der Nicht-Schädigung fallen.

Nun hat Regan alles, was er braucht, um für einen inhärenten Wert von moralischen Objekten zu argumentieren. Wenn der inhärente Wert moralischer Akteure immer in gleichem Maße gegeben ist und Schädigungen von moralischen Akteuren nicht nur intrinsisch wertvolle Erfahrungen, sondern auch den inhärenten Wert von Individuen betreffen, dann trifft dies auch für moralische Objekte zu, solange sie in einem relevant ähnlichen Sinn geschädigt werden können. Dass dies der Fall ist, wurde verdeutlicht, und Regan setzt sich im dritten Kapitel von *The Case for Animal Rights* intensiv damit auseinander, wie Tiere zu Schaden kommen können. Damit ist nun auch gesagt, dass moralische Akteure und moralische Objekte denselben inhärenten Wert haben, weil der inhärente Wert kein gradueller sein kann, sondern entweder vorhanden ist oder nicht. Da sich zumindest die moralische Pflicht, nicht zu schädigen, direkt auf moralische Objekte bezieht, ist klar, dass auch sie (die geschädigt werden können) Mitglieder der moralischen Gemeinschaft sind und inhärenten Wert haben. Deshalb sind alle Mitglieder der moralischen Gemeinschaft gleich, insofern sie moralische Akteure oder moralische Objekte sind und deshalb den gleichen inhärenten Wert haben. Nun fehlt in Regans Ansatz nur noch ein inhaltliches Kriterium, um die moralische Gemeinschaft zu bestimmen. Dieses wird abschließend über das Subjekt-eines-Lebens-Kriterium gegeben.

Inhärenter Wert und das Subjekt-eines-Lebens-Kriterium

Um inhaltlich zu spezifizieren, welchen Wesen inhärenter Wert zukommt, formuliert Regan das *Subjekt-eines-Lebens-Kriterium* und bestimmt damit die moralische Gemeinschaft mithilfe konkreter Eigenschaften ihrer Mitglieder. Dies macht ihn zum moralischen Individualisten nach der obigen Definition. Alle Wesen, die relevante Eigenschaften haben, um dieses Kriterium zu erfüllen, haben inhärenten Wert und können nicht als bloße Behälter für intrinsisch wertvolle Erfahrungen behandelt werden. Wurde bislang die moralische Gemeinschaft formal bestimmt, geht es nun um eine inhaltliche Bestimmung, welche Wesen inhärenten Wert haben. Hierfür bietet Regan eine Fülle von Aspekten, die *Subjekte-eines-Lebens* auszeichnen: Subjekte-eines-Lebens haben Überzeugungen und Wünsche, Wahrnehmungen, Erinnerung, eine Idee der (eigenen) Zukunft, ein emotionales Leben mit Gefühlen der Freude und des Leids, Präferenzen und Wohlergehensinteressen, die Fähigkeit, Handlungen zu initiieren, um ihre Wünsche und Ziele zu erreichen, eine psychologische Identität, individuelles Wohlergehen usw. Das Subjekt-eines-Lebens-Kriterium macht die Ähnlichkeit zwischen moralischen Akteuren und moralischen Objekten deutlich, da die relevanten Eigenschaften durchaus geteilt werden können. Aber ist das Subjekt-eines-Lebens-Kriterium geeignet, um inhärenten Wert zuzuschreiben? Regan sieht folgende Gründe, die dafür sprechen: (i) Alle Individuen mit inhärentem Wert müssen relevante Eigenschaften teilen. Da sowohl bei moralischen Akteuren als auch bei moralischen Objekten die Eigenschaften vorkommen können, die sie zu Subjekten-eines-Lebens mit inhärentem Wert machen, entspricht das Subjekt-eines-Lebens-Kriterium dieser Anforderung. (ii) Da der inhärente Wert entweder gegeben ist oder nicht, muss auch das Kriterium nach einem Entweder-oder funktionieren. Auch diese Anforderung erfüllt das Kriterium, da die genannten Eigenschaften vorhanden sind oder nicht. (iii) Ein Kriterium für die Zuschreibung eines inhärenten Werts muss es möglich machen, die Grenze der moralischen Gemeinschaft zu bestimmen. Auch diese Anforderung erfüllt das Subjekt-eines-Lebens-Kriterium, da es über die Inklusion und Exklusion mithilfe der genannten Eigenschaften entscheidet. Damit liegt nun ein Kriterium vor, mit dem die Grenze der Ausweitung der moralischen Gemeinschaft bestimmt werden kann.

Während Regan in frühen Texten Subjekte-eines-Lebens als Wesen definiert, die z.B. über Bewusstsein, Zukunftsvorstellungen, Wünsche und Erinnerungsvermögen verfügen, spricht er in jüngeren Texten davon, dass bereits Empfindungsfähigkeit ein hinreichendes Kriterium ist, um Mitglied der moralischen Gemeinschaft zu sein (Regan 2007: 86–88). Prägend für Regans Tierrechtsposition bleibt allerdings das ursprüngliche Subjekt-eines-Lebens-Konzept. Ein Subjekt-eines-Lebens zu sein ist in seiner Theorie das hinreichende Kriterium, um Mitglied der moralischen Gemeinschaft zu sein.

Das Prinzip des Respekts

Abschließend soll nun noch das *Prinzip des Respekts* (*respect principle*) vorgestellt werden. Es zielt darauf ab, dass jedes Individuum mit inhärentem Wert so behandelt wird, dass dieser inhärente Wert respektiert wird, wie Regan formuliert (2004: 248). Das bedeutet vor allem, dass Individuen nicht so behandelt werden dürfen, als ob sie keinen inhärenten Wert besäßen. Dies wäre etwa der Fall, wenn sie bloß als Mittel für fremde Zwecke verwendet und auf ihren instrumentellen Wert reduziert würden oder ihr Wert auf den intrinsischen Wert ihrer Erfahrungen beschränkt würde. Anders gesagt, der inhärente Wert wird nicht respektiert, wenn Individuen mit inhärentem Wert als bloße Behälter für intrinsisch wertvolle Erfahrungen behandelt werden oder ihr Wert am Nutzen für andere bemessen wird. Aus diesem Blickwinkel wird deutlich, dass es nicht zulässig sein kann, Individuen mit inhärentem Wert so zu behandeln, dass sie als bloße Mittel für fremde Zwecke eingesetzt werden. Der inhärente Wert wird nicht respektiert, wenn Individuen Schaden zugefügt wird, um Vorteile für andere zu gewinnen, selbst wenn die aggregierten positiven Effekte den Schaden auf- oder überwiegen. Damit schließt das Prinzip des Respekts an die Utilitarismuskritik an, mit der Regan moniert, dass die Verrechnung von Nutzen und Schaden den inhärenten Wert der Individuen vernachlässigt. Ebendieses Problem überwindet er mit dem Prinzip des Respekts, wie nun deutlich werden soll.

In Regans Ansatz kann das Recht, respektvoll behandelt zu werden, nicht gegen noch so optimale Konsequenzen abgewogen oder verrechnet werden, da es sich bei inhärentem und intrinsischem bzw. instrumentellem Wert um inkommensurable Wertkategorien handelt (Regan 2004: 236). Aufgrund der Inkommensurabilität und der logischen Unabhängigkeit von inhärentem und instrumentellem bzw. intrinsischem Wert können Ansprüche, die sich aufgrund des inhärenten Werts ergeben, nicht gegen den instrumentellen bzw. intrinsischen Wert aufgewogen werden. Das ist auch der Grund, weshalb der Nutzen von Tieren (instrumenteller Wert) und die Befriedigung von Interessen (intrinsischer Wert) den inhärenten Wert nicht übertrumpfen können; dies ist eine logische Unmöglichkeit. Vielmehr besteht ein Anspruch des Individuums, dass sein inhärenter Wert respektiert wird, egal welche intrinsischen oder instrumentellen Werte mit im Spiel sind. Da dieser Anspruch nicht durch den instrumentellen Wert für andere oder durch den intrinsischen Wert von Erfahrungen anderer eingeschränkt werden darf, ist dieser Anspruch durch nichts aufzuwiegen.

Von hier aus ist es nur noch ein kleiner Schritt zu moralischen Abwehrrechten für Tiere, wenn sie das Subjekt-eines-Lebens-Kriterium erfüllen. Das Prinzip des Respekts bringt es mit sich, dass diese Tiere weder auf ihren Nutzen für andere reduziert noch als Behälter für verrechenbare intrinsisch wertvolle Erfahrungen behandelt werden dürfen. Dies wäre mit dem Prinzip des Respekts nicht vereinbar. Da nun jede Abwägung des inhärenten Werts mit anderen Werten dem Prinzip des Respekts widerspricht, haben Subjekte-eines-Lebens moralische Rechte, die darin bestehen, nicht gegen fremde Interessen abgewogen werden zu können, sollte auch noch so großer instrumenteller oder intrinsischer Wert dadurch entstehen.

Damit hat Regan der eingangs formulierten Intuition Genüge getan, dass Mitglieder der moralischen Gemeinschaft nicht einem utilitaristischen Nutzenkalkül geopfert werden dürfen, und er hat auch erklärt, weshalb.

Zusammenfassend sind für Regan die folgenden Punkte entscheidend: Was für den (Präferenz-)Utilitaristen Wert hat, ist die Befriedigung der Interessen eines Individuums, nicht das Individuum, um dessen Interessen es sich handelt. Regan lehnt das utilitaristische Summenspiel über die Anzahl und das Ausmaß der insgesamt erfüllten oder frustrierten Interessen oder Präferenzen ab. Jene Wesen, die moralischen Schutz verdienen, dürfen nicht als bloße Ressourcen betrachtet werden, sondern sollen in ihrem inhärenten Wert respektiert werden. Regans Theorie zufolge ist es nicht möglich, das Wohl eines einzelnen Mitglieds der moralischen Gemeinschaft dem Wohl der Allgemeinheit zu opfern. Der Anspruch seines Arguments ist es, den gleichen inhärenten Wert aller Subjekte-eines-Lebens anzuerkennen. Egal ob gesunder Erwachsener, Säugling, Maus, Fisch – alle haben inhärenten Wert, wenn sie das Subjekt-eines-Lebens-Kriterium erfüllen. Alle besitzen diesen Wert gleichermaßen. Deshalb haben alle das gleiche Recht, mit Respekt behandelt zu werden. Dies bedeutet, dass Subjekte-eines-Lebens auf eine Weise behandelt werden sollen, die sie nicht auf den Status von Dingen oder Ressourcen für andere reduziert. Mein Wert als Subjekte-eines-Lebens ist unabhängig von meiner Nützlichkeit für andere. Und der Wert anderer als Subjekte-eines-Lebens ist unabhängig von ihrer Nützlichkeit für mich. Für beide gilt: Wenn wir unser Gegenüber auf eine Art behandeln, die keinen Respekt für den unabhängigen, inhärenten Wert des anderen zeigt, handeln wir unmoralisch und verletzen das moralische Recht eines Individuums. Und dies gilt auch für alle Tiere, die das Subjekt-eines-Lebens-Kriterium erfüllen und Subjekte-eines-Lebens sind.

Implikationen des Tierrechtsansatzes

Wie wir bereits mehrfach angedeutet haben, hat der abolitionistische Tierrechtsansatz von Regan weitreichende Folgen. Seine Argumentation auf der konkreten, praktischen Ebene ist dabei keineswegs trivial, sondern nimmt differenziert unterschiedliche Bereiche der Mensch-Tier-Beziehung in den Blick, geht auf mögliche Gegenargumente ein und versucht, diese zu widerlegen. Im letzten Kapitel von *The Case for Animal Rights* geht es insbesondere um die Bereiche der landwirtschaftlichen Nutztierhaltung, die Jagd und um Tierversuche. Diese drei Bereiche und die weitreichenden Argumente, die Regan für sie entwickelt, sollen hier kurz veranschaulicht werden. Dabei sind vor allem das Prinzip der Nicht-Schädigung und das Prinzip des Respekts für den Tierrechtsansatz von zentraler Bedeutung.

Nutztierhaltung

Regan wendet sich zunächst den Formen der Nutztierhaltung zu, wie sie in den 1980er Jahren gängig waren. An der von ihm beschriebenen Situation hat sich nicht wirklich grundsätzlich etwas geändert, seine Diagnosen können über weite Strecken auch heute noch als Ausgangspunkt einer Diskussion des Themas dienen. Tiere werden zum Zweck des menschlichen Verzehrs von Fleisch massenhaft gezüchtet und geschlachtet bzw. für die Produktion von Lebensmitteln herangezogen und dabei keineswegs respektvoll in Regans Sinne behandelt und gehalten (vgl. S. 201 f.). Denn das Prinzip des Respekts zu beachten steht gegen die Praxis, dass Tiere als Behälter mit Interessen oder als Wesen behandelt werden, die nur relativen Wert aufgrund fremder Interessen haben. Genau das passiert aber in der Nutztierhaltung. Regan widmet sich nun Argumenten, die für die Verteidigung der Nutztierhaltung angeführt werden. Er versucht jedoch nicht nur zu zeigen, dass das Prinzip des Respekts missachtet wird, sondern auch, dass das Argument eines größeren Schadens durch die Abschaffung zwecks ihrer Aufrechterhaltung ins Leere läuft.

Die erste Gruppe von Argumenten, welche die Legitimität der Abschaffung infrage stellen, fasst er unter dem Titel »Geschmack und kulinarische Herausforderung« (Regan 2004: 334) zusammen. Hier steht das Argument im Vordergrund, dass Fleisch gut schmeckt und es ein Küchenvergügen ist, gute Fleischgerichte zuzubereiten. Beides würden wir verlieren, wenn Fleisch nicht mehr produziert werden darf. Deshalb, so das Argument, gegen das sich Regan wendet, sollten wir Tiere in der landwirtschaftlichen Produktion nutzen dürfen. Dieses Argument ist freilich mehr eine philosophische Aufwärmübung. Erstens: Das Recht von Tieren, nicht geschädigt zu werden, erlaubt es nicht, dass dieses Recht aufgrund von Geschmacksvorlieben verletzt werden kann. Nur weil es jemandem schmeckt oder er das Kochen genießt, können wir nicht einfach Individuen mit inhärentem Wert opfern. Wer dieser Meinung ist, geht davon aus, dass Tiere gar keinen inhärenten Wert haben. Zweitens: Es liegt nicht am Fleisch, ob wir beim Essen und beim Kochen bemerkenswerte Erlebnisse haben. Es gibt fleischlose Alternativen, die *nicht* dazu führen, dass Essen nicht mehr schmecken und Kochen keine Freude mehr machen würde. Drittens: Sofern tatsächlich das Essen nicht mehr schmecken und das Kochen ohne Fleisch keine Freude mehr machen würde, wäre dieser Schaden im Vergleich zur systematischen Schädigung der Tiere in der Nutztierhaltung vernachlässigbar. Tiere, deren Leben lange vor einem natürlichen Tod durch Schlachtung beendet wird, werden massiv geschädigt. Hier rekurriert Regan auf das Beraubungsargument, dem zufolge ein Wesen geschädigt wird, wenn ihm alle Aussicht auf zukünftige positive

Ereignisse genommen werden, es also seiner Zukunft beraubt wird. Weniger Fleisch zu essen hilft hier nicht, da es keine Frage der Menge ist, ob etwas moralisch falsch ist, sondern eine Frage danach, ob ein Recht verletzt wird. Dass sich *sehr viele Menschen* über den Geschmack von Fleischgerichten aus *sehr wenigen Tieren* freuen, ist ebenso kein Argument, da gerade in der Verrechnung der positiven Konsequenzen mit den negativen ein Problem liegt, das Regan am Utilitarismus kritisiert und in seinem Ansatz vermeidet.

Als zweites wendet sich Regan dem Argument des Nährwerts und der Gewohnheit zu (*nutrition and habit*). Er anerkennt, dass Fleisch nahrhaft und eine reichhaltige Proteinquelle ist. Wäre es die einzige Proteinquelle, die wir zum Leben hätten, dann würde uns der Verzicht auf Fleisch tatsächlich schlechterstellen. Dies ist aber nicht der Fall. Essenzielle Aminosäuren sind lebensnotwendig, Fleisch ist es nicht, auch wenn uns dies die Fleischindustrie glauben machen möchte, so Regan.

Die dritte Gruppe von Argumenten nennt Regan Gewohnheits- und Bequemlichkeitsargumente (*habit and convenience*). Solche Argumente bestehen vor allem darin, Bekanntes und Angenehmes mit dem moralisch Richtigen zu identifizieren. Regans Antwort kann man an dieser Stelle kurz so zusammenfassen: Natürlich können Gewohnheiten oder Bequemlichkeit moralisches Unrecht nicht rechtfertigen.

Spannend ist Regans Argument gegen die ökonomischen Interessen. Könnten nicht ökonomische Interessen von Akteuren der ernährungswirtschaftlichen Wertschöpfungskette, allen voran jene der Landwirtinnen, gegen den Vegetarismus sprechen? Sicherlich, wenn niemand mehr Fleisch essen würde, dann ließe sich in der Tiermast auch nichts mehr verdienen. Aber haben wir deshalb eine Pflicht, Tiere zu essen, um so einen Industriezweig aufrechtzuerhalten? Wohl kaum, und Regan unterstreicht, dass niemand einen Anspruch darauf hat, dass seine Produkte auch gekauft werden müssen. Ob jemand meine Produkte kauft, ist Teil meines Unternehmerrisikos, das nicht mit einer Pflicht zum Kauf bestimmter Produkte abgesichert werden kann. Auch die ökonomischen Konsequenzen des Vegetarismus können also nicht gegen diese Ernährungsweise und für die Nutztierhaltung in Anschlag gebracht werden.

Zudem bleibt das grundsätzliche Problem der Nutztierhaltung selbst. Hier werden Tiere zu austauschbaren (*replaceable*) und ersetzbaren (*renewable*) Ressourcen degradiert, was Ausdruck eines fehlenden Respekts ist, den wir Tieren schulden. Sie sind bloße Mittel für fremde Zwecke, und ihr Wohl und Wehe ist nur relevant, sofern dies für den Landwirt, oder allgemeiner für den Produktionsprozess, von Bedeutung ist. Deshalb sind Landwirte Teil einer ungerechten Praxis, die eingestellt werden sollte, auch wenn sich das ökonomisch schwierig gestalten dürfte oder sogar unmöglich erscheint. Der Vegetarismus wird im Tierrechtsansatz zur Pflicht.

Weiter widmet sich Regan der Frage, ob Tiere genutzt und geschädigt werden dürfen, weil sie Eigentum von Landwirten sind. Folgt man dem Argument der Verteidiger der Nutztierhaltung, so geht es niemanden etwas an, wie eine Landwirtin ihre Tiere behandelt, da es sich um ihr Eigentum handelt. Dem hält Regan entgegen, dass Tiere mit inhärentem Wert natürlich Schutz verdienen und dem Verfügungsrecht von Eigentümern moralische und legale Grenzen zu setzen sind. Zudem argumentiert er für die Erhebung von Tieren in den Status von Rechtssubjekten (vgl. S. 85 ff.), was dazu führen würde, dass Tiere ungleich stärker geschützt würden. Nun könnte man natürlich fragen, ob dies nicht dazu führen würde, dass sich die Haltung von Tieren in der Landwirtschaft vollständig erledigen würde und über kurz oder lang keine Tiere mehr da wären, die es zu schützen gilt. Regan selbst stellt hier zur Diskussion, ob dies eine Konsequenz des Rechtssubjektstatus von Tieren wäre. Er macht dabei einen interessanten Schwenk, wenn er schreibt, dass die gegenwärtige Nutztierhaltung die Rechte von Tieren verletzt, aber die Nutztiere nicht verschwinden müssen. Es geht *nur* darum, dass sie gerecht behandelt werden. Damit lässt er offen, ob es eine landwirtschaftliche Produktion mit Tieren geben kann, die im Rahmen des Tierrechtsansatzes legitim ist (Regan 2004: 349). Wie diese jedoch aussehen könnte, bleibt bei Regan offen. Vielleicht kann man sich aber an der Idee von Sue Donaldson und Will Kymlicka orientieren (vgl. S. 177 ff.), um diese Frage zu beantworten.

Schließlich nimmt Regan noch das Argument in den Blick, dass Geflügel vielleicht doch gehalten und genutzt werden könnte, da es sich dabei nicht um Subjekte-eines-Lebens handele. Sein Gegenargument lautet, dass man hier nicht so sicher sein kann, ob es sich bei Hühnern, Enten, Perlhühnern oder Truthähnen nicht doch um Subjekte-eines-Lebens handelt, man also aufgrund des Vorsichtskriteriums Zurückhaltung walten lassen und diese Tiere ebenso – sozusagen zur Sicherheit – als Subjekte-eines-Lebens behandeln sollte.

Die Implikationen des Tierrechtsansatzes kann man an dieser Stelle so zusammenfassen: Da bei der Nutztierhaltung in ihrer aktuellen Form routinemäßig die Rechte von Tieren verletzt werden, ist diese Praxis ebenso verwerflich wie der Kauf tierischer Produkte aus diesem Wirtschaftszweig. Deshalb ist der Vegetarismus und möglicherweise sogar der Veganismus aus der Perspektive des Tierrechtsansatzes geboten und die vollständige Abschaffung der kommerziell betriebenen Tierproduktion die naheliegende Konsequenz.

Jagd, Fallenstellen und gefährdete Tierarten

Tiere zu jagen und sie mit Fallen zu fangen ist aus der Perspektive des Tierrechtsansatzes rundherum abzulehnen (vgl. hierzu Kap. 4.2, S. 188 ff.). Die Freude, mit der Natur eins zu sein oder Kameradschaft bei der Jagd zu erleben, die als Gründe vorgeschlagen werden, können die gewaltsame Tötung von Tieren nicht rechtfertigen. Der Versuch, die Jagdpraxis über die Freude der Jäger zu rechtfertigen, ist im Rahmen des Tierrechtsansatzes nicht sinnvoll, da wir die bejagten Tiere nur als reine Behälter mit Interessen und nicht als Individuen mit inhärentem Wert sehen müssten. Weil sie aber inhärenten Wert haben, kann die Tötung nicht über die Aggregation der Freude der Jäger gerechtfertigt werden.

Ein weiteres Argument, das Regan aufgreift und das für die Jagd und das Fallenstellen sprechen könnte, besteht darin, dass auch die Natur nicht im Tierschutzverein ist und Tiere wechselseitig übereinander herfallen. Wenn dies die Tiere in der Natur tun, weshalb sollten wir Menschen es dann nicht auch tun? Gegen dieses Argument wendet Regan kurzerhand ein, dass Tiere eben keine moralischen Akteure sind, Jäger und Fallensteller hingegen schon. Moralische Ansprüche richten sich nur gegen die Letzteren, weshalb das Argument ins Leere läuft.

Was bedrohte Tierarten betrifft, so macht Regan klar, dass der Tierrechtsansatz Individuen – nicht Arten oder Rassen – schützt. Wenn wir z.B. die Wahl hätten, entweder die zwei letzten Individuen einer Art zu retten oder das Individuum einer florierenden Art, dessen Tod jedoch mehr Schaden verursachen würde als jener eines der beiden Individuen der bedrohten Art, wäre das Individuum der florierenden Art zu schützen. Dass es um Individuen und nicht um die Artzugehörigkeit geht, macht wiederum den Theorierahmen des moralischen Individualismus deutlich. Wenn bedrohte Tierarten erhalten werden sollen, um damit menschliche Interessen zu befriedigen, wird ihnen der Respekt vorenthalten, den sie verdienen. Im Umgang mit Wildtieren empfiehlt der Tierrechtsansatz schlicht: *Let them be!* (Regan 2004: 361)

Tierversuche

Ein Thema, das Regan offenbar am Herzen liegt, ist das Thema Tierversuche. Er widmet sich ihm sehr ausführlich, systematisch und detailliert. Dabei strukturiert er drei Felder wissenschaftlicher Arbeit, in denen Tiere verwendet werden, die er anschließend untersucht: (i) Ausbildung in Biologie und Medizin; (ii) toxikologische Studien, die mögliche Schäden durch neue Produkte und neue Medizin bei Tieren im Tierversuch ans Licht bringen sollen, damit Schaden von Menschen abgewendet werden kann; (iii) Grundlagen- und anwendungsorientierte Forschung. So viel sei schon vorweg gesagt: Die Praxis in keinem der drei Bereiche ist mit dem Tierrechtsansatz vereinbar. Obwohl Regan die Gewinnung von Wissen als wichtig erachtet, sieht er sie nicht als gerechtfertigt, wenn dabei Individuen mit inhärentem Wert geschädigt werden. Die drei Felder des Tierversuchs und ihre Probleme sollen im Folgenden skizziert werden.

Verwendung von Tieren in der Ausbildung: Als Erstes wendet sich Regan dem Sezieren lebender Säugetiere zu. Er beschreibt, wie lebende Säugetiere zu Ausbildungszwecken seziert werden, um Lernende mit der Erfahrung der Vivisektion vertraut zu machen. Diese Erfahrung kann freilich nicht den Schaden der Tiere rechtfertigen. Schon allein der Gedanke der Verrechnung von Schäden und Nutzen macht die Tiere zu reinen Behältern und ersetzbaren Ressourcen, worin ja dem Tierrechtsansatz zufolge der Kardinalfehler besteht. Das Argument, dass man statt Säugetieren auch andere Tiere wie z.B. Frösche verwenden könnte, hält Regan nicht für überzeugend, da diese anatomisch und physiologisch durchaus Eigenschaften haben, die mit jenen von Säugetieren vergleichbar sind, welche Subjekte-eines-Lebens sind. Wir wissen nicht genug, um sicher zu sein, dass ein Frosch kein Subjekt-eines-Lebens ist (Regan 2004: 367). In jedem Fall sollte man hier ein Vorsichtskriterium walten lassen und von Tierversuchen zu Lehrzwecken absehen. Das argumentative Fundament bildet wiederum der Grundsatz des Tierrechtsansatzes, dass Individuen mit inhärentem Wert keiner Verrechnungslogik unterworfen werden dürfen, selbst wenn dadurch Nutzen entstehen würde.

Toxikologie: Tiere werden im großen Stil für Tests von Produkten verwendet, um zu gewährleisten, dass bei deren Verzehr oder Verwendung nur ein vertretbares Risiko besteht. Zu diesen Produkten gehören therapeutische Produkte, aber auch Chemikalien, Insektizide, Pestizide, Kühlflüssigkeit, Tinte, Haarsprays usw. Der LD50-Test (letale Dosis), mit dem jene Dosis einer toxischen Substanz bestimmt wird, bei der fünfzig Prozent der Versuchstiere sterben, ist hier ein etablierter Maßstab, der mit Einschränkungen auch heute noch angewendet wird. Das bedeutet jedoch nicht, dass die überlebenden Tiere keinen Belastungen ausgesetzt wären. Sie erhalten die gleiche Dosis, die eben bei der Hälfte der Tiere letal wirkt.

Regan kritisiert toxikologische Studien insbesondere mit zwei Argumenten. Erstens hinterfragt er deren wissenschaftliche Validität. Es gab und gibt immer wieder Beispiele für Substanzen, die bei Tieren im Test keine toxische Wirkung hatten, solche Wirkungen jedoch bei Menschen hervorriefen (Regan 2004: 371). Viel wichtiger ist jedoch sein zweites Argument, dass wir bereits viel über toxische Substanzen wissen und auch darüber, welche Stoffe nicht toxisch sind. Auf dieser Grundlage kann man argumentieren, dass diese Tests nicht erforderlich sind und wir mit dem vorhandenen Wissen das Risiko neuer Produkte abschätzen können.

Im Zuge seiner Auseinandersetzung mit dem Tierversuch in der Toxikologie macht Regan auch deutlich, dass das Argument für Toxizitätsstudien falsch dargestellt wird. In der Regel rekurrieren Verteidiger der Toxizitätsstudien darauf, dass doch niemand die Markteinführung von ungetesteten Produkten wollen könne. Schließlich wäre es Wahnsinn, durch ein neues Haarwaschmittel argen gesundheitlichen Risiken ausgesetzt zu werden! Stimmt, sagt Regan, aber die Frage ist nicht, was passiert, wenn das Produkt auf dem Markt ist, sondern ob die Herstellung und Vermarktung gerechtfertigt sind, wenn dadurch Tiere zu Schaden kommen. Ein Argument dagegen besteht darin, dass es bereits vergleichbare Produkte gibt und Menschen nicht wesentlich schlechtergestellt sind, wenn keines dieser neuen Produkte auf den Markt gebracht wird. Umgekehrt würden Tiere sehr wohl schlechtergestellt, wenn die Produkte in toxikologischen Studien getestet würden, und das moralische Recht, nicht geschädigt zu werden, würde so verletzt. Um Regans Punkt noch einmal deutlich zu machen: Wer argumentiert, dass ein öffentliches Interesse verletzt wird, wenn Produkte auf den Markt kommen, die nicht getestet sind, trifft nicht den Punkt des Tierrechtsansatzes. Das moralische Unrecht liegt nicht darin, dass ungetestete Produkte auf den Markt kommen würden, sondern darin, dass wir Tests verwenden, die Rechte von Individuen mit inhärentem Wert verletzen. Deshalb sind die Alternativen nicht allein, *entweder* weiterhin Tests zu machen *oder* ungetestete Produkte auf den Markt zu bringen. Die dritte Alternative ist es zu verbieten, dass Produkte auf den Markt gelangen, die im Tierversuch auf ihre Toxizität getestet wurden (Regan 2004: 375). Diese letzte Alternative folgt aus dem Tierrechtsansatz, und die Wahl dieser Option würde dazu führen, dass mehr Mittel in die Erforschung von alternativen Tests investiert würden.

Wenn es speziell um die Toxizität von neuen Medikamenten geht, liegt der Fall ähnlich. Der Tierrechtsansatz steht hier klar gegen die Testung neuer Medikamente, weil die Übertragung von Risiken auf andere, die sich nicht freiwillig zur Übernahme von Risiken bereit erklärt haben, moralisch nicht legitimierbar ist und diese auch keine Pflicht haben, ein solches Risiko zu übernehmen. Um hier ein Bespiel zu geben: Wenn ich eine Sportart (z.B. Paragleiten) ausübe, die mit einem spezifischen Risiko verbunden ist, nämlich vom Himmel zu fallen, und es sicherer für mich wäre, einen Helm zu tragen, dann hat niemand die Pflicht, sich für den Test von Helmen zur Verfügung zu stellen. Moralisch relevant ist hieran, dass es nicht vertretbar ist, jemanden ohne Zustimmung einem Risiko auszusetzen, um das Risiko anderer zu reduzieren, die sich einem Risiko freiwillig aussetzen. Wenn Individuen mit inhärentem Wert geschädigt werden, um das Risiko anderer zu minimieren, dann verstößt dies gegen ihr Recht, mit Respekt behandelt und nicht geschädigt zu werden.

Eine Möglichkeit bleibt jedoch: Wenn eine Person zustimmt, bei einer toxikologischen Studie mitzumachen, dann ist die Durchführung der Studie an dieser Person durchaus vertretbar. Da unter der Voraussetzung der gegebenen Zustimmung das Prinzip des Respekts gewahrt bleibt, sind solche Studien in Ordnung. Regan sieht allerdings das Folgeproblem, dass sich die Freiwilligen aufgrund des Anreizes von Kompensationsleistungen vornehmlich aus den benachteiligten Gesellschaftsgruppen rekrutieren könnten, was wiederum dazu führen würde, dass die ohnehin Benachteiligten noch weiter ausgenutzt werden. Er kommt deshalb zu dem Schluss, dass Tests mit Freiwilligen gefährlich und problematisch sind. Sie an Menschen oder Tieren unter Zwang durchzuführen ist moralisch verwerflich. Vielmehr sollte man nach validen Alternativen suchen und forschen. Nur weil in der Vergangenheit Menschen von toxikologischen Studien profitiert haben, rechtfertigt dies nicht, dass Tiere in solchen Studien verwendet werden dürfen. Denn nur wenn die Rechte von Individuen nicht verletzt werden, können Nutzenerwägungen angestellt werden. Da die Rechte von Tieren hier jedoch verletzt werden, handelt es sich um ein moralisches Unrecht, das abgeschafft werden sollte.

Grundlagen- und angewandte Forschung: Neben Ausbildung und Toxikologie widmet sich Regan auch der Grundlagen- und angewandten Forschung. Hier ist es ihm wichtig, dass der Tierrechtsansatz nicht forschungsfeindlich ist. Der Erwerb von Wissen ist durchaus ein wichtiges Anliegen. Der Tierrechtsansatz steht also nicht grundsätzlich gegen jede Forschung und hält z.B. die sorgfältige Therapie von kranken Menschen und Tieren sowie die Weiterentwicklung der Medizin durch entsprechende Forschung für wertvoll. Es geht ihm allein darum zu zeigen, dass aus Sicht des Tierrechtsansatzes die wissenschaftliche Forschung eine massive Neuausrichtung braucht. Was dabei strikt abgelehnt wird, ist die Schädigung von Versuchstieren, um Nutzen zu erreichen. Denn welcher Nutzen es auch immer ist, der durch solche Studien oder Experimente erreicht wird, er wird die tragische Ungerechtigkeit, dass Tiere mit inhärentem Wert geschädigt werden, nicht aus der Welt schaffen (Regan 2004: 287).

Das grundsätzliche Argument Regans bleibt also auch hier dasselbe: Die fundamentale Differenz zwischen dem Utilitarismus und dem Tierrechtsansatz besteht darin, dass die aggregierten Konsequenzen im Utilitarismus Versuche an Tieren rechtfertigen können, die Subjekte-eines-Lebens sind. Diese Logik der Abwägung wird am Tierversuch, wie er aktuell legal möglich ist, sehr deutlich (vgl. hierzu S. 228 ff.). Der Tierrechtsansatz vertritt hier eine Position ohne Kompromisse. Weder Menschen noch

Tiere mit inhärentem Wert dürfen als bloße Behälter für Interessen behandelt werden, deren Wert im Nutzen für andere liegt. Deshalb fordert der Tierrechtsansatz, wie ihn Regan vertritt, dass Tierversuche zur Ausbildung, in Toxizitätsstudien und in der wissenschaftlichen Forschung eingestellt werden. Eine Wissenschaft, die Rechte von Menschen oder Tieren verletzt, ist nicht akzeptabel.

3. Neuere Reaktionen auf die moderne Tierethik

3.1 Zwei kritische Reaktionen auf die moderne Tierethik

Die Klassiker der modernen Tierethik gehen davon aus, dass die Grundfrage der Tierethik »Was dürfen wir mit Tieren tun und was nicht?« beantwortet werden kann, wenn wir in etwa die folgende Anweisung befolgen: Kläre zuerst die allgemeinen ethischen Prinzipien für die moralische Beurteilung von Handlungen und überlege dann, wer oder was in den Bereich der Anwendung dieser Prinzipien fällt. Das Resultat lautet, dass auch Tiere in den Bereich der Anwendung fallen, weil Tiere ebenso wie Menschen einen moralischen Status haben. Ein moralischer Status kommt Tieren als Individuen zu, die bestimmte moralisch relevante Eigenschaften oder Fähigkeiten haben. Wenn wir an den allgemeinen ethischen Prinzipien festhalten wollen, die wir für Menschen geltend machen, müssen wir konsequenterweise Tiere in die moralische Gemeinschaft einbeziehen. Wir müssen den Kreis derer, die zur moralischen Gemeinschaft gehören, ausweiten. Diese Ausweitung bleibt kein abstraktes Ideal, sondern stellt konkrete Forderungen an unseren Alltag, an unsere Lebensführung, an Wissenschaft, Wirtschaft und Politik – kurzum, an alle Bereiche, in denen wir mit Tieren Umgang haben.

Auf diese Argumentation gibt es zwei ganz unterschiedliche kritische Reaktionen. Die erste Reaktion ist kritisch gegenüber der ganzen Idee der Tierethik und knüpft an den traditionellen moralischen Differenzialismus an. Diese Reaktion ist kritisch-*destruktiv*, weil sie die modernen Ansätze der Tierethik für verfehlt hält. Da der traditionelle Differenzialismus aber gerade in der Kritik steht, kann er philosophisch nicht mehr diskussionslos fortgeführt werden. Man kann sagen, dass sich in der Philosophie die Beweislast verschoben hat. Einer bekannten Argumentationsfigur zufolge haben in Rechtsstaaten diejenigen den Beweis für die Notwendigkeit einer Veränderung zu erbringen, die etwas verändern möchten. Wer eine Neuerung einbringen möchte, trage die Beweislast für die Nützlichkeit dieser Neuerung. Der Grund für diese umstrittene Regel findet sich einerseits in der Idee der Rechtsstaatlichkeit selbst und andererseits in der Idee einer objektiven Vernünftigkeit des Rechts gegenüber subjektiven Interessen. Wenn wir aber unsere Aufmerksamkeit auf das grauen- und massenhafte Leid in der industriellen Tierhaltung richten, können wir hier einen Zustand wahrnehmen, der nicht nur schlecht geregelt ist und wenig objektive Vernünftigkeit erkennen lässt, sondern gegen den auch eine Reihe von moralischen Einwänden erhoben werden können. Die Situation, in der sich Tiere in unserer Hand befinden, und die Entwicklung der moralischen Prinzipien, auf denen Rechtsstaaten beruhen, machen es uns als nachdenkliche und rationale, als fürsorgliche und emotionale Wesen schwer, uns mit Zuversicht auf viele traditionelle Einstellungen und Praktiken gegenüber Tieren zu verlassen. Aus diesem Grund ruht die Beweislast nicht auf den Schultern derer, die der Ansicht sind, dass wir direkte Pflichten Tieren gegenüber haben, sondern bei jenen, die dies bestreiten. Vor der modernen Tierethik musste man den moralischen Differenzialismus lediglich erklären, nicht aber verteidigen, mit der

Umkehrung der Beweislast reichen Erklärungen alleine nicht mehr aus, gefordert ist eine Verteidigung.

Die zweite kritische Reaktion akzeptiert weitgehend die Intentionen der klassischen Tierethik. Diese Reaktion ist kritisch-*konstruktiv*. Sie hält am Impetus der modernen Tierethik fest, kritisiert allerdings die Abstraktheit, den Individualismus, den Rationalismus, die Unparteilichkeit, die Fixierung auf Gleichheit sowie die Konfliktorientiertheit der klassischen Tierethik. Die Kritik spricht von einer Engführung, von paradoxen Ergebnissen, ja vom Versagen der klassischen Ansätze. Ganz unterschiedliche philosophische Ansätze stimmen in dieser Kritik überein. Betrachten wir zur Illustration dieses Unbehagens eine stark überzeichnete Tierrechtsposition. Unser Verteidiger der Tierrechte argumentiert, dass Tiere Rechte haben, weil sie Schmerzen empfinden und leiden können. Da Tiere Rechte haben, dürfen sie natürlich nicht leiden, aber auch nicht getötet, ihrer Freiheit beraubt oder ausgebeutet werden. Wie wir aus der Geschichte und der Natur des Menschen wissen, führt jeder Umgang, den Menschen mit Tieren pflegen, zu Schmerz, Leid, Freiheitsentzug oder Ausbeutung. Deshalb müssen wir jede Form der wirtschaftlichen, wissenschaftlichen oder freizeitlichen Nutzung von Tieren abschaffen und sie in Ruhe lassen. Diese Position haben wir bereits als »Abolitionismus« kennengelernt (vgl. S. 46). Nun kann man offenbar einwenden, dass die soeben skizzierte, überzeichnete Position eine Folge der gewählten Formulierung der Grundfrage der Tierethik sei, nämlich: Was dürfen wir mit Tieren tun und was nicht? Warum stellt sich nicht vielmehr die Frage, was wir mit Tieren tun *sollen*? Auch die Fokussierung auf die Empfindungsfähigkeit und insbesondere auf die Leidminderung erscheint zu selektiv. Tiere haben andere Fähigkeiten als Empfindungen, und die Konzentration auf Leid und Schmerz verhindert, dass wir wahrnehmen und merken, was Wohlergehen bei Tieren überhaupt sein könnte. Die Frage, was wir *mit* Tieren oder *für* sie tun können oder sogar sollen, geht weit über die Vermeidung und Minderung von Leid und Schmerz hinaus (Kallhoff/Siep 2003). Der Abolitionismus hat darüber hinaus eine höchst irritierende Konsequenz für Menschen, die sich für Tiere engagieren. Die Quelle dieses Engagements sind oftmals konkrete Beziehungen zu Tieren. Und nun soll das Ziel des Engagements die Separation von allen Tieren sein? Darüber hinaus scheint dieses Ziel blind gegenüber der Tatsache, dass Menschen und Tiere eine Welt teilen und zusammenleben müssen; nur schon das Zusammenleben von Tier und Mensch in Großstädten verweist auf die Problematik des Abolitionismus (Donaldson/Kymlicka 2013: 171–181).

Schließlich muss man fragen, ob unsere Beziehung zu Tieren wirklich keinen moralischen Unterschied für unser Tun und Lassen machen kann. Spüren wir nicht einen ganz anderen moralischen Druck, wenn wir erfahren, dass die Kühe des nachbarlichen Bauernhofs allesamt im Feuer umgekommen sind, als wenn wir lernen, dass wilde Gnus auf ihren Wanderungen ums Leben kommen (Palmer 2010: 44–62)? Und schließlich stellt sich die Frage, ob das Prinzip des Verteidigers nicht vor der komplexen Wirklichkeit versagt. Nicht jedes Tier, das wir halten, wird dadurch der Freiheit beraubt; Tiere können an derart schweren und schmerzlichen Krankheiten leiden, dass Euthanasie ratsam erscheint; Tiere können andere auf derart massive Weise bedrohen, dass eingeschritten werden muss; Menschen sind unter extremen Umständen (im hohen Norden oder in Halbwüsten) auf die Arbeit mit Tieren angewiesen usw. Kann das Prinzip der Rechtsbeachtung tatsächlich frei von jeder kontextuellen Rücksicht durchgehalten werden? Im ersten Kapitel dieser Einführung haben wir die metaethische Frage aufgeworfen, wie überhaupt Ethik betrieben werden sollte (vgl. S. 20 f.). Dort haben wir argumentiert, dass Handlungen im Zentrum der Ethik stehen (und nicht Charaktereigenschaften oder das gute Leben). Dies bedeutet aber nicht, dass unsere realen und ideellen Beziehungen zu Tieren nicht ethisch relevant sein könnten. Und es beantwortet auch nicht die bereits dort aufgeworfene Frage, ob es nicht vielmehr darum gehe, konkrete Situationen zu beschreiben und konkrete Probleme zu lösen, als allgemeine Prinzipien zu verteidigen und anzuwenden.

Im Folgenden wollen wir uns zuerst mit der ersten kritischen Reaktion auf die moderne Tierethik befassen und uns zwei aktuellen Versuchen einer Verteidigung des traditionellen moralischen Differenzialismus zuwenden, nämlich dem Kontraktualismus (Vertragstheorie) (3.2) und der Kritik an der Idee von Tierrechten (3.3). Im Anschluss daran findet sich eine alternative, von Regans klassischem Ansatz abweichende Verteidigung von Tierrechten (3.4) Schließlich muss man auch hervorheben, dass nicht alle Positionen, die den traditionellen moralischen Differenzialismus verteidigen, der Tierethik gegenüber skeptisch eingestellt sind. Im Anschluss daran wollen wir auf die zweite kritische Reaktion eingehen und aktuelle Entwicklungen in der Tierethik diskutieren, die konkrete Kontexte gegenüber abstrakten Prinzipien, Beziehungen zu Tieren statt individueller Fähigkeiten, Differenz statt Gleichheit starkmachen (3.5). Wir stellen einige dieser Positionen vor, wobei wir unseren Fokus primär auf das Problem des moralischen Individualismus legen.

3.2 Kontraktualismus als Verteidigung des moralischen Differenzialismus

Die Motivation für den traditionellen moralischen Differenzialismus war metaphysisch. Menschen sind von ganz anderer Art als Tiere, und dies macht einen moralischen Unterschied. So konnte sich Aristoteles auf seine Theorie berufen, dass Menschen im Unterschied zu Tieren eine rationale Seele haben, und Thomas von Aquin konnte diesen Gedanken mit der Gottesebenbildlichkeit des Menschen in Verbindung bringen. Metaphysische Begründungen der Mensch-Tier-Differenz haben es heutzutage schwer. Schließlich würden wir im Bereich der politischen Philosophie auf die Frage, warum wir staatliche Herrschaft für legitim halten (falls wir das tun), auch nicht antworten, dass staatliche Herrschaft in der Natur des Menschen liege oder von Gott verordnet worden sei. Vielmehr würden wir antworten, dass es für uns notwendig oder nützlich sei, in Gemeinschaften zu leben, die Herrschaft ausüben. Dafür nehmen wir Einschränkungen unserer natürlichen Freiheit in Kauf.

Diese Überlegung geht auf den sogenannten politischen Kontraktualismus (von engl. *contract* = Vertrag) zurück. Ausgangspunkt solcher Vertragstheorien bei Thomas Hobbes (1588–1679), John Locke (1632–1704) oder Jean-Jacques Rousseau (1712–1778) war stets ein Naturzustand, in dem Menschen ohne staatliche Gemeinschaft oder Herrschaft leben (Kersting 2005). In diesem Naturzustand können sie sich weder ihres Lebens noch ihrer natürlichen Rechte oder ihrer Entfaltung gewiss sein. Deshalb beschließen die Bewohner und Bewohnerinnen des Naturzustands in einem Vertrag die Gründung einer politischen Gemeinschaft, in der sie die Ausübung von Gewalt und die Aufstellung von Gesetzen des Zusammenlebens der staatlichen Herrschaft übertragen. Diese Theorie besagt nicht, dass Staaten tatsächlich so entstanden sind, es geht nicht um historische Verträge. Vielmehr ist der Vertrag eine Begründungs- und Legitimationsfigur. Nur solche politischen Zusammenschlüsse und Herrschaftsformen sind gerechtfertigt oder legitim, denen wir vernünftigerweise zustimmen könnten. Wir stimmen dieser Form der Herrschaft zu, weil sie in unser aller Interesse ist; das bedeutet im Interesse jedes Beteiligten, denn das Interesse aller zusammen wird ja erst durch den Vertrag festgelegt. Dabei verpflichten wir mit dem Vertrag andere und uns selbst zur Einhaltung der Vertragsbestimmungen. Eine staatliche Herrschaft, die nicht mit einer solchen Zustimmung rechnen kann, wäre keine legitime Form der Herrschaft.

Eine ähnliche Überlegung lässt sich auf die Moral anwenden. Die Moral schränkt meine Freiheit ein, ich kann nicht tun und lassen, was ich will. Beispielsweise kann ich Versprechen nicht einfach brechen und ich sollte Menschen in Not helfen. Wenn ich das nicht tue, sanktionieren mich die anderen (ich werde schief angeschaut, man empört sich über mich, man vertraut mir nicht mehr usw.). Darf meine Freiheit auf diese Weise eingeschränkt werden? Ist die Einschränkung legitim? Wie im politischen Fall geht der ethische Kontraktualismus davon aus, dass eine Übereinkunft berechtigt ist, der alle zustimmen könnten. Es geht bei dieser Begründungsfigur also nicht darum, wozu man wirklich zugestimmt hat, sondern wozu man vernünftigerweise zugestimmt haben könnte. Auch hier ist das Motiv für die Zustimmung das vernünftige Eigeninteresse.

Offenbar haben Vertragstheorien ein Problem: Wenn erst der Vertrag verbindliche Regeln des Zusammenlebens aufstellt, woher stammt dann die Regel, sich überhaupt an den Vertrag zu halten? Der politische Kontraktualismus kann auf das Eigeninteresse der Akteure oder aber auf eine vorstaatliche Moral verweisen, die entweder durch einen Vertrag begründet wird oder auf andere Art und Weise. Der moralische Kontraktualismus hingegen muss behaupten, dass der Vertrag aus Eigeninteresse der Akteure geschlossen wird, er kann auf keine vorgängigen moralischen Prinzipien zurückgreifen, weil er diese ja erst begründen möchte.

Vertragstheorien sind post-theologische und post-metaphysische Theorien, weil sie nicht auf eine moralische oder politische Natur des Menschen zurückgreifen und weil sie die politische Ordnung nicht durch die Natur oder Gott legitimieren. Deshalb sind Vertragstheorien in der Neuzeit besonders wichtig geworden (Kersting 2005). Denn die Neuzeit wird häufig dadurch charakterisiert, dass Politik und Moral sowie die entsprechenden politischen und moralischen Rechte und Pflichten als etwas verstanden werden, das von Menschen erschaffen, von Menschen errungen und durchgesetzt wird. Das treibende Motiv ist dabei die rationale Selbsterhaltung. Menschen haben, wie andere Lebewesen auch, ein Interesse an Selbsterhaltung und sind klug genug, Mittel und Prinzipien dafür zu finden. Alles in allem, so der Grundgedanke, werden sie sich auf Prinzipien des Zusammenlebens einigen, die ihre Freiheit einschränken, die ihrer Selbsterhaltung und ihrem Gedeihen aber dienlich sind.

Der Kontraktualismus spielt auch in der heutigen Philosophie eine wichtige Rolle. Die politische Philosophie in der zweiten Hälfte des 20. Jahrhunderts wurde maßgeblich durch John Rawls' Klassiker *Eine Theorie der Gerechtigkeit* (1971) geprägt (zum moralischen Kontraktualismus vgl. Stemmer 2000). Rawls möchte Gerechtigkeitsprinzipien für eine politische Gemeinschaft aufstellen. Dazu erfindet er die folgende Situation, die an den Naturzustand der klassischen Vertragstheoretiker erinnert und die Rawls als »Urzustand« (*original position*) bezeichnet. Man stelle sich vor: Ohne zu wissen, welche Rolle sie in einer Gesellschaft übernehmen werden, versuchen eine Handvoll Menschen, Prinzipien für eine gerechte Gesellschaft zu konstruieren. Ihnen stehen dabei zahlreiche Informationen über die Beschaffenheit der Welt (z.B. dass es ausreichend Güter gibt, aber nicht für alle alles, was sie sich wünschen) und des Menschen (z.B. dass Menschen individuelle Lebenspläne verfolgen) zur Verfügung. Auf welche

Prinzipien würden sie sich einigen? Der springende Punkt ist dabei die Unwissenheit über die gesellschaftliche Stellung. Rasse, Geschlecht, Alter, Wohlstand, Gesundheitszustand, Umwelt, Glaube usw. sind den Personen unbekannt. Dass diese Fragen hinter dem – wie Rawls dies nennt – »Schleier des Unwissens« (*veil of ignorance*) nicht geklärt sind, garantiert die Unparteilichkeit. (Diese Figur übernimmt die Position, die in Singers Ethik der unparteiische Beobachter spielt.) Da aber jede Person weiß, dass sie in der Gesellschaft eine dieser Rollen übernehmen wird, hat sie auch ein Interesse daran, nicht schlecht wegzukommen. Der »Schleier der Unwissenheit« bringt also zugleich auch das vernünftige Eigeninteresse aller Beteiligten zum Ausdruck. Nun versuchen sie, generelle Gerechtigkeitsprinzipien aufzustellen.

Vertragstheorien treffen zwei wichtige philosophische Voraussetzungen. Erstens gehen sie von einer Reziprozität der Vertragspartner aus, und zweitens müssen Vertragspartner überhaupt in der Lage sein, eine Übereinkunft treffen zu können. Die erste Voraussetzung besagt, dass es möglich sein muss, dass sich die Vertragspartner auf gleicher Augenhöhe begegnen, sie müssen gleichermaßen in der Lage sein, Rechte und Pflichten zu übernehmen. Die zweite Voraussetzung kann man als Kriterium der »linguistischen Rationalität« bezeichnen. Sie besagt zweierlei: erstens, dass die Vertragspartner rational sein müssen, denn sie müssen in der Lage sein, die Folgen, die Vorteile und Nachteile von Prinzipien zu erkennen, und zweitens, dass sie der Sprache mächtig sein müssen, denn wie sonst könnten sie ihre Absichten und Überlegungen ausdrücken und eine Übereinkunft aufstellen?

Es ist offensichtlich, dass diese beiden Voraussetzungen Tiere ausschließen. Denn Tiere können keine Rechte oder Pflichten übernehmen und sie sind nicht in der Lage, die Folgen von Prinzipien zu erwägen oder sprachliche Vereinbarungen zu treffen.

Folglich gehören Tiere nicht zur moralischen Gemeinschaft. Deshalb lautet die Antwort des Kontraktualisten auf die Grundfrage der Tierethik, dass man mit Tieren tun und lassen kann, was man möchte. Nur Wesen, welche die Bedingungen der Reziprozität und der linguistischen Rationalität erfüllen, sind Mitglieder der moralischen Gemeinschaft. Genau diese Position hat der Philosoph Peter Carruthers (*1952) in unterschiedlichen Arbeiten exemplarisch entwickelt (Carruthers 1992, 2014). Carruthers vertritt dabei keinen metaphysischen Differenzialismus und keine religiöse Sonderstellung des Menschen. Er geht davon aus, dass Menschen und Tiere das Produkt der Evolution und dass ihre Fähigkeiten durch natürliche Selektion geformt worden sind. Nur hat die Evolution eben Menschen mit Selbstbewusstsein und Sprachfähigkeit ausgestattet, deshalb erfüllen sie die beiden Voraussetzungen der Reziprozität und der linguistischen Rationalität. Carruthers geht davon aus, dass eine moralische Vertragstheorie das Ziel habe zu zeigen, welche moralischen Regeln nötig sind, um eine Gemeinschaft zu stabilisieren. Er argumentiert, dass aufgrund des moralischen Vertrags zwar *alle* Menschen, aber *keine* Tiere zur moralischen Gemeinschaft gehören. Denn Tiere sind unfähig, Übereinkünfte zu treffen, und der Umstand, dass sie nicht zur moralischen Gemeinschaft gehören, beeinträchtigt die soziale Stabilität nicht. Was ist von dieser Überlegung zu halten?

Das Grundproblem mit dem Design von Vertragstheorien besteht darin, dass in ihre Ausgangssituation möglicherweise schon zu viele Voraussetzungen eingebaut werden. Vertragstheorien beruhen auf der Annahme, dass die Vertragspartner in der Ausgangssituation sowohl gleich als auch frei und unabhängig sind. Vertragstheorien verwechseln die Frage, wer den Vertrag schließt, mit der Frage, für wen der Vertrag geschlossen wird. In der politischen und gesellschaftlichen Realität muss man aber zwischen der Frage, wer Regeln bestimmt, und der Frage, für wen die Regeln gelten, unterscheiden (Nussbaum 2010). Im Anschluss daran könnte man einwenden, dass Tiere zu den Wesen gehören, für die man den Vertrag schließt, auch wenn sie selbst keine Verträge schließen können. Dasselbe würde ja auch für Kleinkinder, Demente und Behinderte gelten. Könnte man nun nicht einfach jemanden beauftragen, in der Vertragssituation die Interessen der Tiere wahrzunehmen und als ihre Anwältin zu fungieren? Wenn man aber, so Carruthers' Entgegnung, eine solche Anwältin beauftragen würde, bei der Wahl moralischer Regeln die Interessen von Tieren zu vertreten, ergäbe sich das Problem, dass die Personen in der Vertragssituation ja schon vor Vertragsschluss davon überzeugt sein müssten, dass Tiere moralisch zählen. Aber erstens steht diese Frage ja zur Debatte und zweitens kann sie vor dem Vertragsschluss nicht entschieden werden.

Nun sind aber auch Kleinkinder, Demente und Behinderte nicht frei, unabhängig und den anderen gleich – die moralische und rechtliche Gleichheit wird erst durch den Vertrag hergestellt. Sie erfüllen die Bedingungen der Reziprozität und der linguistischen Rationalität nicht. Warum sollten sie zur moralischen Gemeinschaft gehören? Carruthers argumentiert, das Ziel des Vertrags sei soziale Stabilität. Wenn wir Kleinkindern, Dementen oder Behinderten den moralischen Status absprechen würden, dann hätte dies Empörung und Aufruhr zur Folge, was die soziale Stabilität gefährden würden. Also sollten beiden Gruppen, d.h. rationalen und nicht-rationalen menschlichen Akteuren, moralischer Status und Rechte, aber nicht Pflichten zugeschrieben werden.

Diese Antwort setzt bereits die Reziprozität außer Kraft, denn Kleinkinder, Demente und Behinderte haben Rechte, aber keine Pflichten. Also muss jemand als ihr Anwalt in der Vertragssituation fungieren. Nun stellt sich aber dasselbe Problem wie im

Fall der Tiere. Erstens steht ja zur Debatte, ob nicht-rationalen Menschen ein moralischer Status zukommen soll, und zweitens kann dies *vor* dem Vertragsschluss nicht entschieden werden. In beiden Fällen würde es reichen, wenn wir Tieren und nicht-rationalen Menschen den Status von Eigentum zukommen lassen. Wir würden dann vereinbaren, dass der Staat unser Eigentum zu schützen hat bzw. es nicht ohne Entschädigung einziehen darf. Wir dürfen unser Eigentum aber behandeln, wie es uns beliebt. Tiere, die wir kaufen oder die uns zulaufen, und nicht-rationale Menschen, mit denen wir z.B. verwandt sind oder die uns zulaufen oder die wir kaufen, wären unter den Voraussetzungen dieses Kontraktualismus unser Eigentum. Carruthers kann also nicht allen Menschen moralischen Status garantieren, denn das Argument der gesellschaftlichen Stabilität reicht nicht aus.

Wir teilen aber die moralische Intuition, dass es falsch wäre, Kleinkinder zu zeugen, um sie zu verkaufen, sexuell zu missbrauchen oder am Sonntag zu braten. Warum sollten wir das aber moralisch abstoßend finden? Carruthers argumentiert nicht, wie er es aufgrund seines Kontraktualismus ja auch könnte, dass wir keinen Grund haben, das moralisch verwerflich zu finden, sondern er möchte zeigen, warum wir das verwerflich finden sollten. Er möchte kein ethischer Revisionist sein, sondern unsere bereits existierenden moralischen Intuitionen mithilfe des Vertragsmodells stützen. Deshalb sollten Kleinkinder oder Demente auch nicht als Eigentum aus dem Vertrag hervorgehen. Wie wir gesehen haben, kann das Argument der sozialen Stabilität aber nur überzeugen, wenn wir auch Tieren eine Vertretung bei der Vertragsschließung zugestehen.

Ebenfalls finden wir es falsch, Tiere aus Spaß oder aus Neugierde zu quälen. Wenn Tieren aber kein moralischer Status zukommen soll, wie es Carruthers' Kontraktualismus will, könnte man die Ablehnung der Tierquälerei als einen aus falschem Mitleid geborenen moralischen Irrtum kritisieren, dem wir keine Beachtung schenken müssen. Doch diese Kritik wäre revisionistisch, denn sie beurteilt eine weitverbreitete moralische Einstellung als fehlgeleitet. Carruthers möchte, wie gesagt, den Status quo verteidigen, er nimmt die Herausforderung der Beweislast auf sich. Dazu greift er auf das uns bereits bekannte Konzept der indirekten Pflichten zurück (vgl. S. 36 ff.).

Obwohl man Tiere für beliebige menschliche Zwecke nutzen kann, sollte man sie ohne Grausamkeit behandeln, aber nicht um der Tiere selbst willen, sondern um der Menschen willen. Thomas von Aquin griff dabei auf die Idee Gottes zurück und Kant auf die Würde des Menschen, um indirekte Pflichten gegen Tiere zu begründen. Da Carruthers aber dieser Weg nicht offensteht, muss er argumentieren, dass eine solche Handlung, obwohl sie nicht für sich betrachtet falsch ist, andere Menschen schockieren und verstören könnte. Das ist freilich sehr kontraintuitiv. Wenn wir einem Kind erklären, warum es die Katze nicht quälen soll, sagen wir, dass es der Katze wehtut, wir sagen nicht, dass es andere Leute verstören könnte. Dem könnte man entgegenhalten, dass wir uns über unsere moralischen Gründe systematisch täuschen oder Kinder systematisch belügen. Dass wir uns moralisch systematisch täuschen sollten, ist freilich wenig glaubhaft, weil wir dem Kontraktualismus zufolge unsere Moral ja selbst konstruiert und vereinbart haben. Warum sollten wir Kinder systematisch belügen? Wenn wir sie nicht belügen würden, dann könnten sie ja einsehen, dass es für sich genommen nicht falsch ist, Tiere zu quälen, und vor allem würde die unangemessene Reaktion des Schocks und der Verstörung abgebaut werden.

Noch hoffnungsloser wird Carruthers' Argumentation, wenn wir uns vorstellen, dass der Bösewicht Ernst Stavro Blofeld ein Hochsicherheitsgefängnis baut, in dem er Katzen systematisch zu Tode foltert. Niemand wird das je herausfinden, keine Katze wird je entwischen. Da Blofelds Aktivitäten niemanden schockieren oder verstören, stellen sie auch kein moralisches Problem dar. Ja, Blofeld könnte sogar als Held gefeiert werden, weil er sich über unbegründete, moralische Vorurteile hinwegsetzt. Carruthers' Position ist hier deutlich schwächer als jene von Kant. Blofeld würde in Kants Augen nämlich die Würde der Menschheit in seiner eigenen Person missachten, wenn er Tiere grausam behandelte. Auf diese moralische Ressource, nämlich die Selbstachtung, kann der Kontraktualist aber nicht zurückgreifen. An dieser Stelle behilft sich Carruthers mit der bekannten Überlegung, dass Grausamkeit gegen Tiere von einem grausamen Charakter zeugt und dass ein solcher Charakter nicht wünschenswert sein kann, weil er uns zu Grausamkeit gegen Mitmenschen disponiert. Das vermag kaum zu überzeugen. Erstens muss es einen Grund geben, dass Grausamkeit gegen Tiere ein Problem ist, nicht aber gegen Pilze, und dieser Grund scheint in der Ähnlichkeit der grausamen Handlung gegen Tiere und Menschen zu liegen. Und zweitens üben wir ja nicht nur die Gutherzigkeit und Grausamkeit an Tieren, wir *praktizieren* sie.[4]

3.3 Tierrechte: Kritik einer Idee

In diesem Abschnitt sollen Einwände gegen die Idee der Tierrechte diskutiert werden. Diese werden dann einer Kritik unterzogen. Viele Tierrechtspositionen verfolgen eine Argumentationsstrategie, die man als bedingte Strategie bezeichnen kann. Grob gesagt geht diese Strategie von einem – sicher nicht unplausiblen – Gleichheitsprinzip aus. Wenn zwei Wesen einander in allen moralisch wichtigen Eigenschaften ähnlich sind, dann haben entweder beide Rechte oder keines Rechte. Nun gestehen wir allen Menschen Rechte zu, nicht nur erwachsenen, weißen, männlichen, heterosexuellen Menschen, sondern auch weiblichen, farbigen, homosexuellen, ganz kleinen, komatösen, schwerbehinderten und senilen Menschen. Wenn nun alle Menschen Rechte haben sollen und Tiere nicht, muss es mindestens eine moralisch relevante Eigenschaft geben, die allen Menschen zukommt und Tieren nicht. Das Problem besteht hier darin, dass sich mehr oder minder plausible Kandidaten für solche Eigenschaften (Vernunft, Pflichtgefühl, Selbstbewusstsein, Kooperation, Vertragsfähigkeit usw.) leider nicht bei allen Menschen finden lassen, etwa bei ganz kleinen, komatösen, schwerbehinderten und senilen Menschen. Wollen wir aber auch diese Fälle – die sogenannten »Randfälle« (*marginal cases*) – einschließen, dann erscheint es fast unmöglich, eine Eigenschaft zu finden, die wir nicht auch bei Tieren finden. Das ist das »Argument der Randfälle« (*argument from marginal cases*). Die offensichtliche Ausnahme stellt die Eigenschaft des Menschseins dar, die allen Menschen als Menschen zukommt. Allein, warum sollte diese Eigenschaft moralisch relevant sein? Da es nicht einsichtig ist, warum das Menschsein für sich genommen moralisch relevant sein soll (relevanter als das Schweinsein oder das Sperlingsein), kann diese Eigenschaft nicht den Ausschlag dafür geben, nur allen Menschen Rechte zuzugestehen, aber keinem einzigen Tier. Wer einfach behauptet, das Menschsein sei wichtig, sitzt lediglich einem überkommenen Vorurteil auf und bringt keine Gründe vor. Ebenso irrelevant für das Zugestehen von Rechten sollte ja die Tatsache sein, dass jemand farbig oder weiblich ist. In Analogie zu »Rassismus« oder »Sexismus« spricht man hier von »Speziesismus«.

Die bedingte Argumentationsstrategie für Tierrechte besagt also vereinfacht formuliert dies: Wenn wir allen Menschen Rechte zusprechen, dann müssen wir auch Rechte für (einige) Tiere erlauben. Auf die bedingte Strategie kann man auf zwei Arten antworten, wenn man den exklusiven Anspruch auf Rechte bei

Menschen verteidigen will. Entweder findet man eine moralisch wichtige Eigenschaft, die nur Menschen zukommt, oder man findet eine solche Eigenschaft, die nur einigen Menschen zukommt. Im ersten Fall haben *alle* Menschen und im zweiten Fall haben *einige*, aber nicht alle Menschen Rechte. In beiden Fällen bleiben Tiere rechtlos.

Man könnte wie folgt argumentieren (Cohen 2001; 2007). Der Begriff des Rechts ist historisch in der menschlichen Welt entstanden; und das mit gutem Grund, denn er ergibt nur Sinn in der moralischen Welt des Menschen. Das ist deswegen der Fall, weil nur Menschen die Fähigkeit haben, freie moralische Urteile zu fällen. Aufgrund dieser Fähigkeit können Menschen überhaupt erst moralische Forderungen stellen und auf moralische Forderungen reagieren. Erst wenn moralische Forderungen überhaupt aufgestellt, erkannt und beantwortet werden können, ergeben sich Rechte. In der Welt der Tiere werden solche Forderungen nicht aufgestellt, weil Tiere eben keine freien moralischen Urteile bilden können. Ratten können eben keine moralischen Forderungen stellen; in der Welt der Ratten gibt es keine moralische Richtigkeit. Solche gibt es nur in einer Gemeinschaft von Wesen, die fähig sind, moralische Urteile zu fällen. Nur hier kann der Begriff eines Rechts wirklich geltend gemacht werden. Einer Ratte Rechte zuschreiben zu wollen ist also ein Kategorienfehler, so als würde man einem Auto Durst zuschreiben.

Der Kern der Argumentation besteht darin, dass nur Menschen Rechte zukommen, weil nur Menschen die moralisch relevante Fähigkeit haben, freie moralische Urteile zu fällen. Anders gesagt: Diese Fähigkeit ist die notwendige und hinreichende Bedingung für das Rechtehaben.

Diese Argumentation ist anscheinend nicht speziesistisch, weil sie nicht darauf besteht, dass Menschen als Menschen Rechte zukommen, sondern von einer moralisch relevanten Fähigkeit oder

Eigenschaft ausgeht. Sie ist natürlich individualistisch, weil für den moralischen Status Eigenschaften von Individuen zählen. Wie steht es aber mit dem »Argument der Randfälle«? Kleinkinder, schwerbehinderte, komatöse und senile Menschen verfügen nicht über die Fähigkeit des freien moralischen Urteils. Sie sind also nicht in der Lage, moralische Forderungen aufzustellen, noch ihnen gemäß oder im Verstoß gegen sie zu handeln. Hier kann man entweder sagen, dass diesen »Randfällen« Rechte zukommen, weil sie zur Spezies *Homo sapiens* gehören und weil bestimmte Mitglieder dieser Spezies freie moralische Urteile fällen können (Cohen 2001: 281 ff.), oder man urteilt, dass diesen »Randfällen« in Tat und Wahrheit keine Rechte zukommen und wir nur die Rechte der Menschen schützen wollen, die sich um Mitglieder dieser »Randfälle« sorgen (Frey 1997). Die erste Position ist inklusiv (weil *alle* Menschen Rechte haben), die zweite ist exklusiv (weil *einige* Menschen Rechte haben).

Die inklusive Position ist widersprüchlich, wie man auf viele unterschiedliche Weisen zeigen kann. Ihr Problem ist der Einbezug von Mitgliedern der Spezies *Homo sapiens*, die nicht über die relevante moralische Fähigkeit verfügen. Die inklusive Position besagt, dass die Fähigkeit zum freien moralischen Urteil die notwendige Bedingung für das Rechtehaben ist. Aber wenn diese Bedingung notwendig sein soll, dann muss mit der Bedingung natürlich auch das Rechtehaben bei Menschen wegfallen, die diese Bedingung nicht erfüllen. Das bedeutet, dass Kleinkinder, schwerbehinderte, komatöse und senile Menschen nicht zur Gruppe der Rechtsträger gezählt werden können, weil ihnen die notwendige Eintrittsbedingung dafür fehlt. Sollte die Bedingung aber nicht notwendig sein, können wir auch Wesen in den Kreis der Rechtsträger aufnehmen, denen die Fähigkeit zum freien moralischen Urteil fehlt, und somit auch alle möglichen Tiere. Zudem fehlt dem Argument ein Kriterium für die Gruppenzugehörigkeit. Gesunde erwachsene Menschen gehören zu vielen Gruppen: Wirbeltiere, Primaten, Menschenaffen, *Homo sapiens*, Frauen, Männer, Weiße, Schwarze. Warum ist *Homo sapiens* die relevante Gruppe? Offenbar haben ja nicht alle Mitglieder von *Homo sapiens* diese Fähigkeit. Warum ist die Spezies *Homo sapiens* die relevante Bezugsgruppe? Menschen sind biologisch gesehen auch Menschenaffen. Vermutlich übertrifft die Anzahl der heute lebenden Menschen jene der heute lebenden Menschenaffen. Nun kann man folgern, dass in der Gruppe der Menschenaffen jene Mitglieder statistisch in der Mehrheit sind, die über die Fähigkeit zum freien moralischen Urteil verfügen. Folglich könnte man alle Mitglieder der Gruppe der Menschenaffen zum Kreis der Rechteträger zählen, auch wenn sie, wie Kleinkinder und Gibbons, unfähig sind, freie moralische Urteile zu fällen. Offenbar steckt in dieser Argumentation – wie in Rawls' Urzustand – doch ein versteckter Speziesismus, weil er ohne Begründung die Spezies *Homo sapiens* als relevante Bezugsgruppe auszeichnet. Wenn wir aber beispielsweise die Gruppe der Säugetiere als relevante Bezugsgruppe wählen, dann ergibt sich, dass die meisten Mitglieder keine freien moralischen Urteile fällen können. Also ist das freie moralische Urteilen keine normale Eigenschaft dieser Gruppe. Darum fehlt Menschen als Mitgliedern dieser Gruppe die Fähigkeit zum freien moralischen Urteil. Was für ein Durcheinander!

Vielleicht dürfen wir nicht die Statistik bemühen, um herauszufinden, was für eine Gruppe normal ist. Man könnte stattdessen teleologisch argumentieren. In jeder Spezies gibt es einen Lebenszyklus, und die Reifeform des Erwachsenen stellt die Norm für eine Spezies dar. Die Reifeform des Froschs ist nicht die Kaulquappe und die Reifeform des Bären nicht der hilflose Nesthocker. Wenn man über Fähigkeiten von Fröschen und Bären spricht, achtet man auf die Fähigkeiten der Reifeformen, nicht der Jungtiere. In diesem Sinne könnte man sagen, dass Kleinkinder zwar noch keine freien Urteile fällen können, dass sie aber gemäß der Norm ihrer Spezies heranwachsen werden, u.a. um die Fähigkeit auszubilden, solche Urteile zu fällen (falls sich keine schweren Zwischenfälle ereignen). Der Grund, dass sie zu dieser Form heranwachsen, liegt in ihrer Zugehörigkeit zur Spezies *Homo sapiens* und nicht zur Gruppe der Säugetiere oder Menschenaffen, denn diese Norm trifft weder auf Ratten noch auf Gibbons zu.

Allein, der bereits angeführte Einwand bleibt, dass das freie moralische Urteil keine notwendige Bedingung für die Zugehörigkeit zur moralischen Gemeinschaft ist. Außerdem bewegen wir uns nun im Bereich der Metaphysik, weil die eben dargestellte Auffassung besagt, dass biologische Arten wirklich existierende Dinge sind, die teleologisch auf eine Norm hin strukturiert sind. Das ist eine umstrittene Auffassung. Und wenn wir uns in den Bereich der Metaphysik begeben, dürfen wir auch die Idee in Zweifel ziehen, dass es *freie* Urteile gibt. Die Willens- oder Entscheidungsfreiheit ist eine metaphysische Lehre, die besagt, dass ein Wesen unter denselben Umständen auch anders hätte handeln können. In genau diesem Sinne nämlich müssen Urteile gemäß der Lehre der Willensfreiheit frei sein, um überhaupt moralische Urteile zu sein. Dieser Lehre widersprechen aber verschiedene Formen des Determinismus, die besagen, dass der Wille nicht frei, sondern bestimmt ist. Es könnte also sein, dass keinem Wesen Rechte zugestanden werden sollten, weil kein Wesen in der Lage ist, *freie* Urteile im Sinne der Willensfreiheit zu fällen. Schließlich würden zwar Kleinkinder unter die Speziesnorm fallen, nicht aber komatöse, schwerbehinderte und senile Menschen, weil diese »Randfälle« in der Regel jene Entwicklung nicht mehr vor sich haben, die auf das freie moralische Urteil abzielt. Aus diesem Grund besitzen sie auch keine Rechte. Der inklusive Ansatz droht somit also in seinem Anspruch zu scheitern, alle und nur Menschen einzubeziehen.

Wenden wir uns nun dem exklusiven Ansatz zu, der gar nicht den Anspruch stellt, alle Menschen einzubeziehen. Rechte haben nur jene Menschen, die in der Lage sind, freie, moralische Urteile zu fällen – Tiere, Kleinkinder, komatöse usw. Menschengruppen hingegen nicht. Dieser Ansatz widerspricht vermutlich unserer Intuition, ja er empört uns geradezu. Der Ausschluss von Kleinkindern oder Schwerbehinderten aus der Gemeinschaft der Rechtsträger empört uns, weil diese Menschen damit prinzipiell unserer freien Verfügung ausgesetzt wären. Wir könnten sie behandeln, wie es uns nützlich erscheint. Mit anderen Worten, wir könnten sie wie Tiere behandeln und beispielsweise für medizinische Versuche benutzen. Die größere biologische Ähnlichkeit zwischen Mitgliedern von rechtlosen »Randfällen« und mit Rechten ausgestatteten Menschen (im Unterschied zur biologischen Ähnlichkeit mit Ratten oder Mäusen) würde, medizinisch betrachtet, für diese Art der Nutzung sprechen (Greek/Greek 2000).

Wenn wir einen kurzen Blick auf das Beispiel der Menschenrechte werfen, so hat diese Empörung einen guten Grund. Gemäß der Standardversion der Geschichte der Menschenrechte verläuft diese in drei Etappen. Im 17. und 18. Jahrhundert hat sich in der Philosophie die Idee von natürlichen und universellen Rechten entwickelt, die allen Menschen zukommen. Im Verlauf der politischen Revolutionen im 18. und 19. Jahrhundert werden diese nur postulierten Rechte in die politische Wirklichkeit umgesetzt, aber nicht universell, sondern nur partiell, weil in unterschiedlichem Ausmaß Menschengruppen außen vor bleiben. Nach der Katastrophe des Zweiten Weltkriegs werden die Menschenrechte explizit deklariert (*Allgemeine Erklärung der Menschenrechte* vom 10.12.1948), internationalisiert, institutionalisiert und ausgeweitet. In diesem dritten Schritt fallen die Universalität und die politische Umsetzung endlich zusammen. Diese Standarderzählung übersieht einen wichtigen Faktor: Nach 1945 wurde die Geschichte der Menschenrechte nicht einfach fortgeführt, sondern die Katastrophe der Weltkriege hat die Menschen und die Idee der Menschenrechte erschüttert (Menke/Pollmann 2007: 16 ff.). Deshalb heißt es in der Präambel der *Allgemeinen Erklärung der Menschenrechte*, die Nichtanerkennung und Verachtung der Menschenrechte haben zu »Akten der Barbarei« geführt und »das Gewissen der Menschheit mit Empörung erfüllt«. Die Empörung über die grauen- und massenhafte Misshandlung von Menschen motiviert die *Allgemeine Erklärung*. Zu dieser Erfahrung gehört nicht nur die Empörung über die Barbarei, sondern auch die Erfahrung, dass Staaten Menschenrechte nicht nur schützen, sondern auch zutiefst bedrohen können. In Staaten leben Minderheiten, die aus dem Schutzbereich der Menschenrechte ausgeschlossen werden können. Darüber hinaus haben, wie insbesondere Hannah Arendt deutlich gemacht hat, die Begründungsbegriffe für die Menschenrechte – Gott, Natur, Vernunft – ihre Tragfähigkeit verloren (Arendt 1949). Wichtiger als die metaphysische Begründung der Menschenrechte wurde ihre politische Funktion, alle menschlichen Individuen und insbesondere auch Minderheiten und Randgruppen vor Missbrauch zu schützen.

Wir können nun diesen kleinen Exkurs in die Geschichte der Menschenrechte auf unser Thema, auf die Debatte um Tierrechte, anwenden. Oben haben wir die Argumentation angetroffen, dass der Begriff des Rechts historisch in der menschlichen Welt entstanden sei. Am Beispiel der Menschenrechte haben wir soeben gesehen, dass diese historisch die Empörung über die grauen- und massenhafte Misshandlung von Menschen, insbesondere von Minderheiten, zur Grundlage haben. Die Funktion der Menschenrechte, Minderheiten zu schützen, kann nun ausgeweitet werden. Rechte sind Reaktionen auf grauen- und massenhafte Misshandlungen mit dem Ziel, solches in Zukunft zu verhindern. Da Tieren in der industriellen Produktion, auf der Jagd und im Labor massenweise Misshandlungen widerfahren, die uns empören, bedürfen auch sie des Schutzes.

Die fortschreitende Ausweitung von grundlegenden Rechten – Frauenrechte, Bürgerrechte, Kinderrechte – suggeriert eine Logik der Ausweitung der moralischen Gemeinschaft, als müssten wir nun die menschliche Welt verlassen und Rechte für Tiere fordern. Der Philosoph Ernst Tugendhat hält dem entgegen, dass wir hier eine Grenze erreicht haben:

»Dadurch, dass wir in mehreren Stufen gelernt haben, dass der Sinn von Moral es verlangt, den partikularen eigenen Standpunkt zu überschreiten, von der Gruppe, der Nation, der Rasse schließlich zur Menschheit, folgt mitnichten, dass diese letzte Grenze [*zu den Tieren*] auch noch ohne Verlust an moralischem Gewicht überschritten werden kann [...].« (Tugendhat 1997: 107)

Der Verlust an moralischem Gewicht besteht darin, dass wir Tieren Rechte in der Theorie ohne guten Grund zuschreiben müssten und dass wir Rechte von Tieren in der Praxis nicht wirklich achten können. Das kann man bezweifeln. Wie wir gesehen haben, droht im Gegenteil die Beschränkung von Rechten auf Menschen unter dem Druck der bedingten Argumentationsstrategie dazu, dass sie theoretisch an moralischem Gewicht verlieren. Der Grund liegt darin, dass der inklusive Ansatz (der alle und nur Menschen in die Gemeinschaft der Rechteträger heben möchte) sich schwerlich konsistent verteidigen lässt und deshalb zu einem exklusiven Ansatz (der zwar nur Menschen, aber nicht alle Menschen aufnehmen kann) mutieren muss. Doch gerade der exklusive Ansatz bedroht das moralische Gewicht von Rechten.

3.4 Interessen: Wie man Tierrechte begründen kann

Die radikalste Position unter den Klassikern stellt die Tierrechtsposition von Tom Regan dar (vgl. S. 79 ff). Regan selbst spricht von einer radikalen egalitaristischen Tierrechtsposition (Regan 2001). Man muss die genannten Aspekte – Radikalität, Egalitarismus, Rechte – auseinanderhalten. Regans Ansatz schreibt Lebewesen (Menschen und Tieren) *Rechte* zu, sofern sie bestimmte Kriterien erfüllen. Regan gebrauchte ursprünglich das komplexe und umstrittene Kriterium des Subjekt-eines-Lebens-Sein (vgl. S. 93 ff.). In jüngeren Arbeiten spricht er davon, dass alle und nur empfindungsfähige Wesen Mitglieder der moralischen Gemeinschaft sind (Regan 2003; 2007). Damit wird die Empfindungsfähigkeit zum entscheidenden (weniger komplexen, aber nicht weniger umstrittenen) Kriterium der Mitgliedschaft (vgl. auch Cochrane 2013b; Donaldson/Kymlicka 2013; Francione 2008; MacMahan 2005; Singer 2013). Der Ansatz ist *egalitär*, weil er allen Wesen mit Empfindungsfähigkeit in gleichem Maße Rechte zuspricht. Es gibt kein Mehr oder Weniger im Rechtehaben. Alle empfindungsfähigen Wesen müssen folglich mit Achtung behandelt werden. Dies bedeutet, dass man auch Tiere nicht als bloße Mittel gebrauchen darf. Gibt man beispielsweise Schweinen im Sinne der Beachtung des Tierwohls mehr Platz, mehr Auslauf, mehr Sozialkontakte oder besseres Futter, dann bekämpft man nur einige Symptome, ändert aber nichts am grundsätzlichen Unrecht, vielmehr sollte man gar keine Schweine mehr halten. Der Ansatz ist in der Konsequenz *radikal*, weil er die Abschaffung jeglicher Nutzung von Tieren fordert. Radikalität versteht Regan als konsequente Befürwortung eines Ansatzes. Das bedeutet zwei Dinge, nämlich radikal konsequent im Sinne der Befürwortung und im Sinne der Folgen. Wir sind in der Regel nicht nur ein bisschen oder nur meistens gegen Sklaverei oder Vergewaltigung, sondern ganz und gar. Ebenso befürwortet Regan die Abschaffung der Nutzung von Tieren zu unseren Zwecken ganz und gar. Natürlich hat dies in der Praxis weitreichende Folgen: Die Nutzung von Tieren für Kleidung, Unterhaltung, Forschung und Ernährung wird als Verletzung ihrer Rechte betrachtet und muss abgeschafft werden. Das ist die Position des Abolitionismus. Sie ist radikal im selben Sinne wie die konsequente Abschaffung der Sklaverei in den USA, denn diese sollte erstens alle Sklaven und Sklavinnen betreffen und zweitens keine graduelle Sklaverei zulassen. Auch hatte sie für die Südstaaten weitreichende Folgen, sowohl kriegerische als auch wirtschaftliche und gesellschaftliche. Oft wird der Ausdruck »radikal« etwas anders verwendet. Eine Position gilt als radikal, wenn sie den gesellschaftlichen Status quo massiv verändern möchte und nur von einer Minderheit vertreten wird. Hier bedeutet Radikalität nicht konsequente Befürwortung einer Position, sondern die Verortung einer Position relativ zu den geltenden Wertvorstellungen und Mehrheitsverhältnissen in einer Gesellschaft. Manchmal wird »radikal« aber auch verwendet, um den Vertreterinnen und Vertretern einer Position generelle Gewaltbereitschaft und kriminelle Energie zu unterstellen. In diesem Sinne ist bisweilen von »radikalen Tierschützern« die Rede. Der amerikanische Abolitionist John Brown (1800–1859) war radikal in jedem Sinn des Worts. Als überzeugter Gegner der Sklaverei in all ihren Formen lehnte er sich gegen die herrschenden Wertvorstellungen seiner Mitbürger auf und stellte eine kleine Truppe zusammen, um gegen die Staatsautorität einen Sklavenaufstand zu entfachen. Das Vorhaben misslang, und Brown wurde hingerichtet.

Es ist wichtig, in der Tierethik Tierrechte, Egalitarismus und Abolitionismus auseinanderzuhalten. Sie werden bei Regan in ein Paket geschnürt, das ist jedoch nicht zwingend. Eine erste Frage lautet, ob Tiere überhaupt Rechte haben. Dann stellt sich die

Frage, ob sie im gleichen Sinne Rechte haben wie Menschen. Wiederum eine andere Frage ist es, ob aus einer Tierrechtsposition der Abolitionismus folgen muss. Bisweilen wird behauptet, dass eine Verteidigung von Tierrechten keineswegs zwangsläufig zum Abolitionismus führe. Rechte regeln jedoch das Zusammenleben. Die Rechte der Frau oder die Rechte des Kinds haben auch nicht dazu geführt, dass Männer, Frauen und Kinder getrennt leben. Deshalb folgt der Abolitionismus nicht zwangsläufig aus der Idee der Tierrechte. In diesem Abschnitt soll die Grundlage für eine nicht-egalitäre, nicht-abolitionistische Tierrechtsposition skizziert werden.

Regans Theorie der Tierrechte beruht auf einer *objektiven* Auffassung eines inhärenten Werts (vgl. S. 85 ff.). Die objektive Auffassung des Werts ist die eines an sich wertvollen Merkmals in der Welt, unabhängig davon, ob dieses Merkmal von jemandem wertgeschätzt wird oder nicht. Doch sind solch objektive Werte nicht seltsam? Werte scheinen doch vielmehr das Ergebnis von intersubjektiven Akten der Wertschätzung zu sein, die letztlich auf subjektiven Wertschätzungen beruhen. Ohne Wesen, die etwas wertvoll finden, gibt es keine Werte. Gewiss ist, dass wir manche Dinge wertschätzen. Einige sind uns wertvoll, weil sie für uns nützlich sind, und andere, weil wir sie für sich genommen schätzen. So schreibt man Medikamenten einen Wert zu, weil sie der Gesundheit helfen, man schätzt den eigenen Laptop, weil er ein wertvolles Instrument ist, oder man hat die Pfanne, weil man sie zum Kochen benötigt. Diese Dinge haben einen instrumentellen Wert. Die Gesundheit, ein gutes Essen oder Kinder hingegen schätzt man nicht allein deswegen, weil sie einem nützlich sind, sondern man schätzt sie selbst. Sie haben aufgrund unserer Wertschätzung einen inhärenten Wert. Was sollen demgegenüber *objektiv* bestehende Werte sein? Das ist mysteriös. Und da wir den Unterschied zwischen instrumentellen und inhärenten Werten auch auf der Grundlage von Wertschätzungen treffen können, erscheint die Idee eines objektiven Werts überflüssig für die Erklärung der Existenz inhärenter Werte. Das Problem mit der kontraktualistischen Auffassung, wenn wir sie auf Tiere anwenden, besteht darin, dass sie als reichlich konstruiert erscheint. Wir konstruieren intersubjektive verpflichtende Werte, indem wir uns einen Urzustand konstruieren, in dem wir nicht wissen, welcher Spezies wir angehören werden.

Nun existiert zwischen der objektiven und der subjektiven Auffassung von Werten, die Rechte begründen sollen, Platz für eine stärker relationale Auffassung von Tierrechten, die einerseits von objektiven Merkmalen ausgeht, welche sich bei Lebewesen finden, und andererseits von unseren subjektiven Einstellungen, die wir diesen Lebewesen entgegenbringen können und sollen. Es handelt sich um den Interesse-basierten Ansatz für Tierrechte, den wir im Anschluss an das Buch *Animal Rights Without Liberation* von Alasdair Cochrane (*1978) exemplarisch darlegen können (Cochrane 2012; vgl. auch Garner 2013).

Der Interesse-basierte Ansatz ist sowohl sentientistisch als auch tierrechtlich. Er ist sentientistisch, weil er davon ausgeht, dass nur empfindungsfähige Tiere Interessen haben. Er ist zugleich tierrechtlich, weil Interessen eine der beiden Voraussetzungen für Rechte sind, die andere Voraussetzung sind Pflichten. Der Grundgedanke lautet, dass ein Wesen Rechte besitzt, wenn es über Interessen verfügt, die alles in allem ausreichen, um einem anderen Wesen eine Pflicht aufzuerlegen. In einem intuitiven Beispiel erklärt: Wenn ich jemandem (Mensch oder Tier) begegne, der am Rande des Verdurstens ist, und ich über ausreichend Wasser verfüge, so habe ich eine Pflicht, dem Verdurstenden zu helfen, indem ich von meinem Wasser abgebe.

Beginnen wir mit den Interessen. Welche Arten von Dingen können Interessen haben? Es gibt Dinge, die beschädigt werden können und mit denen wir etwas tun können, ohne dass dies *für* diese Dinge einen Unterschied macht. Ein Steinbrocken kann aus einem Fels brechen, wir können ihn wieder zurücklegen, er kann zerbrechen, nass werden usw. Doch für den Steinbrocken macht dies keinen Unterschied, es geht ihn nichts an. Einer Katze hingegen können wir Schaden zufügen oder ihr helfen, und dies macht einen Unterschied für die Katze. Wenn wir ihr die Pfote brechen, verursacht ihr dies Schmerzen, wenn wir ihr zu essen geben, wenn sie hungrig ist, wird ihr das guttun. Der Unterschied zwischen dem Stein und der Katze besteht offensichtlich darin, dass der Stein keine Empfindungen hat, die Katze hingegen schon. Sie empfindet bei der Verletzung Unlust und bei der Fütterung Lust. Sie strebt danach, dasjenige zu vermeiden, was ihr Unlust bereitet, und jenes zu erreichen, was ihr Lust bereitet. Nun können wir sagen, dass die Katze Interessen hat, weil sie in der Regel meidet, was ihr Unlust bereitet, und sucht, was ihr Lust bereitet. Das trifft auf alle empfindungsfähigen Wesen zu, nicht aber auf Dinge, die nichts empfinden können. Wenn die Empfindungsfähigkeit fehlt, dann fehlen Interessen. Die Schmerzempfindung ist ein deutliches Zeichen für Empfindungsfähigkeit. In Übereinstimmung mit unseren Alltagsüberzeugungen und mit der Forschung können wir annehmen, dass Wirbeltiere wie Vögel oder Säugetiere (einschließlich des Menschen) Schmerzen empfinden können. Derzeit wird diskutiert, ob Fische in der Lage sind, Schmerzen zu empfinden; es gibt hinreichend Evidenzen dafür, dass dies der Fall ist (Wild 2012). Gehen wir also getrost davon aus, dass Säuger, Vögel und Fische empfindungsfähig sind und folglich Interessen haben, Steine, Wolken, Bäche, Mineralien, Pilze, Pflanzen und Bäume hingegen nicht.

Nun hat ein Wesen, das über Interessen verfügt, auch ein Wohlergehen. Es kann einer Katze, einem Huhn oder einer Forelle in ihrem Leben mehr oder weniger gut gehen. Hat das Tier in seinem bisherigen und in seinem vorhersehbaren Leben viele und intensive unangenehme Empfindungen, dann gebricht es ihm offensichtlich an Wohlergehen. Empfindungsfähige Lebewesen können Leben haben, die gut oder schlecht für sie verlaufen können, und zwar genau deshalb, weil ihre Interessen verletzt oder berücksichtigt werden können (Bernstein 1998: 13). Die Interessen und das Wohlergehen eines Tiers sind der Grund dafür, dass wir uns um Tiere sorgen und uns um sie kümmern können. Dass empfindungsfähige Tiere ein Wohlergehen haben, ist also die notwendige, aber auch hinreichende Bedingung dafür, dass sie einen moralischen Status haben. Dies ist der Grund dafür, dass wir uns Tieren gegenüber vergehen können, wenn wir ihre Bedürfnisse vernachlässigen, sie quälen oder ihre Gesundheit beeinträchtigen.

Diese Überlegung hat Ähnlichkeiten mit dem Utilitarismus von Peter Singer (vgl. S. 58 f.). Der Vorwurf gegen Singer lautet, dass Tiere nur als »Behälter« für positive und negative Empfindungen betrachtet und entsprechend in einem Nutzenkalkül verrechnet werden können (vgl. S. 83). Trifft dies auf den Interessebasierten Ansatz ebenfalls zu? Nein. Erstens geht es nicht um die Lust und Unlust für sich genommen, sondern um die Wesen, die Subjekte von Lust und Unlust sind. Wenn wir empfindungsfähige Wesen als Ausgangspunkt nehmen, haben wir es immer mit einem ganzen Lebewesen als Subjekt zu tun, das Empfindungen hat, und nicht mit der Abstraktion von lustvollen oder schmerzhaften Empfindungen für sich genommen. Zweitens betrifft die Idee des Wohlergehens den Verlauf, den das Leben eines Tiers nehmen kann. Ein solches Leben kann insgesamt eher schlecht oder eher gut verlaufen. Wenn wir uns aber auf den Lebensverlauf eines Tiers beziehen, dann steht wiederum das ganze Tier im Fokus der Aufmerksamkeit, nicht dessen positive oder negative Empfindungen. Diese sind lediglich ein Maß für die Qualität des Lebensverlaufs eines Tiers. Tiere sind also keine bloßen »Behälter« für Empfindungen, sondern sie sind die Subjekte, die Empfindungen haben und deren Leben auf bestimmte Weise verlaufen kann. Die Idee unabhängiger Empfindungen ist eine metaphysische Abstraktion. Was zählt, sind nicht die Empfindungen für sich genommen, sondern der Unterschied, den Empfindungen für ein Lebewesen und seinen Lebensverlauf machen.

Mithilfe der Begriffe von Interessen und Wohlergehen haben wir argumentiert, dass empfindungsfähige Tiere moralisch berücksichtigt werden müssen. Das erscheint relativ unkontrovers und wird von vielen Menschen zugestanden. Entsprechend haben zahlreiche Staaten Tierschutzgesetze erlassen, die Vergehen oder Unterlassungen Tieren gegenüber unter Strafe stellen. Dies allein sagt jedoch noch nichts darüber aus, wie stark Tiere berücksichtigt werden müssen. Wenn Tiere Rechte haben, dann müssen diese natürlich stark berücksichtigt werden. Machen wir also den nächsten Schritt im Interesse-basierten Ansatz.

Reicht das Wohlergehen bereits dafür aus, um Tiere zu Kandidatinnen für Rechte zu machen? Bisweilen ist von »Tierrechten« in einem weiten Sinne die Rede. Allein weil Tiere einen moralischen Status haben und weil sie moralisch zu berücksichtigen sind, wird bisweilen gesagt, dass sie »Rechte« haben. Dies ergibt insofern Sinn, als diese Berücksichtigung in positiven Gesetzen (wie dem Tierschutzgesetz) kodifiziert werden kann. In diesem Sinne wäre sogar der Ansatz von Singer eine Tierrechtstheorie. Aber moralische und juristische Rechte in einem engeren oder stärkeren Sinn gehen über die moralische Berücksichtigung hinaus. Sie schützen beispielsweise die körperliche Integrität, die Freiheit, das Leben usw. von Individuen prinzipiell vor Zugriffen und können *prima facie* durch Nutzen- oder Interessenerwägungen nicht aufgewogen werden. Es geht um Rechte in diesem stärkeren und engeren Sinne. Solche Rechte lassen sich nicht allein durch den moralischen Status begründen, weil die moralische Berücksichtigung (*moral considerability*) allein noch nicht sagt, wie groß die moralische Bedeutung (*moral significance*) eines Wesens ist, d.h. wie stark man es zu berücksichtigen hat (Goodpaster 1978). Dem Ansatz von Regan könnte man deshalb vorwerfen, dass er auf der Grundlage der moralischen Berücksichtigung ohne Zwischenschritt auf die moralische Bedeutung von Tieren in der Form von Rechten schließt.

Bisweilen wird argumentiert, dass man einen Anspruch auf Rechte in einem starken Sinne nur dann haben kann, wenn man seine Interessen geltend machen kann. Da Tiere über keine Sprache verfügen, um ihre Interessen geltend zu machen, und vermutlich auch nicht über ihre Interessen nachdenken, wurde oft argumentiert, dass sie keine Kandidaten für Rechte sein können. Doch dies trifft auch auf ganz kleine, komatöse, schwerbehinderte oder senile Menschen zu. Sie können ihre Rechte nicht selbst geltend machen. Da dies aber an ihrer statt getan werden kann und da diese Menschen sicher Interessen haben, kommen auch sie als Kandidaten für Rechte infrage. Ebenso können die Interessen von Tieren durch jemanden vertreten und dadurch geltend gemacht werden (Feinberg 1974). Darüber hinaus kann man sich die Frage stellen, ob empfindungsfähige Tiere ihre Interessen nicht durch ihr Verhalten wenn nicht geltend machen, so doch zumindest zum Ausdruck bringen können. Eine hungrige Katze bringt ihr Interesse, gefüttert zu werden, in ihrem artspezifischen Verhalten ebenso zum Ausdruck wie ein Schaf, das sich in einem Maschendrahtzaun verheddert hat und sich nicht mehr selbst zu befreien vermag, oder ein Kleinkind, das aus Hunger schreit.

Ein Interesse muss also direkt oder in Stellvertretung geltend gemacht werden, um ein Kandidat für ein Recht sein zu können. Ein Recht hat nun die Struktur, dass A ein Recht gegenüber B hat. Dass A ein Recht hat, bedeutet demzufolge: (i) A hat Empfindungen und demzufolge Interessen und ein Wohlergehen, die geltend gemacht werden können. (ii) Ein Interesse von A ist alles in allem ein hinreichender Grund dafür, B zu verpflichten (Raz 1988: 166; Cochrane 2013; Garner 2013). Damit A ein Recht haben kann, muss es auch eine Adressatin geben, die verpflichtet werden kann (eine Pflichtenträgerin). Aber nicht alle Wesen sind geeignete Adressaten von Rechten. Ein Adressat von Rechten entspricht dem moralischen Akteur von Regan (vgl. S. 88 ff.). Ein solcher Adressat muss erstens Interessen erkennen können, zweitens nach moralischen Regeln handeln können und drittens in der Lage sein zu handeln bzw. durch sein Handeln kein anderes und größeres Unrecht begehen oder geschehen lassen. Das trifft für die Seite des (wenn man so will) Absenders nicht zu.

Eine Adressatin kann verpflichtet werden, bestimmte Handlungen zu unterlassen oder bestimmte Handlungen auszuführen. Hat sie Unterlassungspflichten, so korreliert dies mit negativen Rechten, d.h. mit einem Recht von einem Pflichtenträger, nicht auf bestimmte Weise behandelt zu werden. Demgegenüber verlangt ein positives Recht, dass man auf bestimmte Weise behandelt wird. Das Recht auf Freiheit etwa kann in erster Linie negativ verstanden werden, nämlich als das Recht, nicht ohne triftigen Grund eingesperrt zu werden. Das Recht auf Schulbildung hingegen ist ein positives Recht, weil es mit der Pflicht korreliert, Strukturen für die Schulbildung zur Verfügung zu stellen.

Ein erstes Beispiel für ein Recht, das den Interessen von Tieren entspricht, ist das Recht, nicht ohne vernünftigen Grund Schmerzen leiden zu müssen. Empfindungsfähige Tiere haben Interesse daran, Schmerzen zu meiden. Das ist ein Anspruch, der uns Menschen gegenüber geltend gemacht werden kann, weil wir Pflichtenträger und -trägerinnen sind. Dieser Anspruch kann jedoch gegenüber anderen Tieren (Raubtieren etwa) nicht geltend gemacht werden, da diese Tiere keine Adressaten für Rechtsansprüche sind. Denn ihnen fehlt die Fähigkeit, Interessen zu erkennen und nach moralischen Regeln handeln zu können. Auch Menschen müssen diese Fähigkeit erst ausbilden und erlernen. Kleinkinder sind deshalb gleichfalls keine Adressaten.

Die Regel, die wir im Hinblick auf Schmerzen akzeptieren, kann man als goldene Regel – »Was Du nicht willst, das man Dir tu', das füg' auch keinem andern zu!« – oder als Regel der Leidensvermeidung – »Quäle nie ein Tier zum Scherz, denn es fühlt wie Du den Schmerz!« – formulieren. Da Schmerzen und Leiden, wenn sie ohne guten Grund zugefügt werden, das Wohlergehen eines Lebewesens stark beeinträchtigen und fundamentale Interessen verletzen, erlegen uns diese Regeln starke Pflichten auf. Wenn man davon ausgeht, dass Säugetiere, Vögel und Fische Schmerzen empfinden können (was durchaus plausibel ist), so ist das fundamentale Interesse dieser Tiere, keine Schmerzen leiden zu müssen, der Grund, warum man ihnen weder Schmerz noch Leid zufügen sollte. Die unnötige Schmerz- und Leidverursachung durch einen Pflichtenträger verletzt also ein Recht eines Tiers. Und zwar handelt es sich um ein negatives Recht. Wir sollen Handlungen unterlassen, die zu Leid und Schmerz bei Tieren führen, und wir sollen Handlungen von Pflichtenträgern verhindern, die diese Wirkung haben.

Es gibt nun keinen Grund, das negative Recht von empfindungsfähigen Tieren als ein schwächeres Recht zu betrachten als das entsprechende negative Recht von Kleinkindern. Da wir Kleinkinder z.B. nicht für schmerzhafte medizinische Versuche benutzen, sollten wir auch empfindungsfähige Tiere solchen Versuchen nicht aussetzen. Mit anderen Worten, durch den Begriff des Rechts wird der moralische Status des Tiers massiv verstärkt.

Betrachten wir ein zweites fundamentales Recht, nämlich das Recht auf Leben. Dieses Recht soll hier ebenfalls negativ verstanden werden, nämlich als das Recht, nicht durch einen Adressaten von Interessen getötet zu werden. Dabei spielt es keine Rolle, ob die Tötung schmerzlos erfolgt oder nicht. Das Recht auf Leben ist davon unabhängig. Darum handelt es sich um ein Recht, welches sich vom Recht auf Freiheit von Schmerz und Leid unterscheidet. Das erste Recht würde die schmerz- und qualvolle Tötung ja bereits untersagen. Aber warum sollten Tiere ein Interesse daran haben, nicht getötet zu werden? (vgl. die Ausführungen zu Regan, S. 103; für elaborierte Verteidigungen des Lebensrechts bei Tieren vgl. Simmons 2009; Harman 2011)

Beginnen wir mit der Frage, warum wir es eigentlich vermeiden sollten, einem Tier oder einem Menschen Schmerz zuzufügen. Was ist schlimm daran? Nun, wir verletzen ihre Körper, unterbrechen die Interessen, die sie gerade verfolgen, versetzen sie in Angst oder Panik, verschaffen ihnen starke negative Empfindungen, vielleicht führt die Verletzung sogar zu längerfristigem Leid usw.

Die Schädigung besteht nicht nur in den negativen Empfindungen, die Schmerzen verschaffen, sondern auch in der Unterbrechung der Interessensverfolgung, der Schädigung des Körpers und deren Folgen. Natürlich sind diese Schädigungen alle mit negativen Folgen assoziiert (Schmerz, Leid, Frustration, Stress usw.), und das ist es, was sie zu Schädigungen macht. Von einer Schädigung kann man einen Schaden unterscheiden. Einen Schaden kann ein Hausdach oder die finanzielle Situation eines Menschen erfahren. Das Dach kann dadurch defekt sein und seine Funktion nicht mehr erfüllen. Das Geld kann gestohlen werden und der Eigentümerin nicht mehr zur Verfügung stehen. Beides kann ganz unabhängig davon geschehen, ob die Eigentümer dies zum Zeitpunkt des Eintritts des Schadens wissen oder nicht.

Am Beispiel des Schmerzes durch eine Verletzung haben wir gesehen, dass dieser eine doppelte Schädigung bewirkt. Einerseits führt er in der Gegenwart zu negativen Empfindungen, die auch in der Zukunft fortbestehen können. Andererseits unterbricht und frustriert es die positiv besetzten Interessen, die ein Lebewesen in der Gegenwart verfolgt, und beeinträchtigt es in der Verfolgung positiv besetzter Interessen in der Zukunft. Wenn ich einem Hund, der mit anderen Hunden spielt, mit einem Gewehr ein Bein wegschieße, hat das negative Wirkungen in der Gegenwart (Schmerz) und in der Zukunft (Leid). Zugleich unterbricht diese Handlung die Interessen, die er gerade verfolgt (Spiel), und beeinträchtigt die Interessen, die er in Zukunft hat, auf vielfältige Weise. Zusammenfassend können wir sagen, dass die unnötige Zufügung von Schmerz das fundamentale Interesse eines Tiers verletzt, weil wir es damit buchstäblich und doppelt schädigen.

Nun kommt der entscheidende Schritt. Wir schädigen ein empfindungsfähiges Lebewesen auch dadurch, dass wir seine Chancen auf positive Empfindungen irreversibel zunichtemachen. Genau dies geschieht durch das Töten. Wir berauben das Tier seiner Zukunft (vgl. zum Beraubungsargument S. 99). Wenn ein empfindungsfähiges Tier getötet wird (schmerzlos oder nicht), wird ihm dadurch ein Schaden zugefügt, nämlich die irreversible Vernichtung der Chance auf positive Empfindungen. Dies trifft natürlich nur zu, wenn das Tier tatsächlich solche Chancen hat. Das Interesse eines Tiers, positive Empfindungen zu haben, ist demzufolge der Grund, warum wir es nicht töten (schmerzlos oder nicht) sollten.

Vereinfacht kann man sagen, dass man durch das Töten ein Tier deshalb schädigt, weil man seine Zukunft irreversibel zunichtemacht. Dabei spielt es keine Rolle, ob sich das Tier der Chance auf positive Empfindungen in der Zukunft bewusst ist oder nicht. Wie wir gesehen haben, kann etwas auch ein Schaden sein, wenn der Geschädigte sich dessen noch nicht bewusst ist. Der Schaden, der dem Tier durch die Tötung zugefügt wird, betrifft jedoch auch seine Interessen an positiven Empfindungen. Ein Interesse besteht ja im Streben nach positiven und in der Vermeidung von negativen Empfindungen. Die in der Gegenwart verfolgten positiven Interessen werden jäh unterbrochen, die Chance auf in der Zukunft liegende positive Empfindungen wird vernichtet. Diese Schädigung wiegt besonders schwer, weil sie irreversibel ist und den Träger der Interessen, das Tier als Lebewesen, zerstört. Denn nach dem Tod ist das Tier als Lebewesen, als Subjekt von Empfindungen und Interessen, vernichtet. Was übrig bleibt, ist die Leiche des Tiers, welche jedoch kein Subjekt von Empfindung ist und der auch andere Merkmale von Lebewesen fehlen.

Gegen dieses Argument für ein Lebensrecht kann man einwenden, dass man einem Wesen durch den Tod nur dann etwas wegnimmt, wenn dieses Wesen um seine Zukunft weiß. Es muss ein Bewusstsein oder eine Vorstellung seiner Zukunft haben und diese Zukunft mit alten oder neuen Interessen (Absichten, Plänen, Interessen, Präferenzen, antizipierten Glücksmomenten usw.) füllen können. Schließlich muss es eine Vorstellung seines Lebens als Ganzes haben, von der Geburt bis zum Tod, damit man ihm das Leben durch Tötung wegnehmen kann. Andernfalls hat man dem Lebewesen durch die Tötung aus seiner Perspektive auch nichts weggenommen, da ohne eine solche Vorstellung einer mit Interessen gefüllten Zukunft und Vergangenheit für das Wesen nichts existiert, das weggenommen werden könnte. Es erscheint nun plausibel, dass *einzig* Menschen über eine solche Vorstellung verfügen und dass deshalb nur Menschen ein Recht auf Leben haben. Das Problem besteht freilich darin, dass nicht *alle* Menschen über eine solche Vorstellung verfügen. Die schon sattsam bekannten menschlichen »Randfälle« scheinen keine entsprechende Vorstellung zu haben, insbesondere fehlt sie Kleinkindern. Folglich hätten sie kein Lebensrecht. Diesem Einwand kann mit dem Hinweis darauf begegnet werden, dass Kleinkinder fähig sind, eine solche Vorstellung auszubilden; sie sind es zwar noch nicht in der Gegenwart, sie werden es aber in Zukunft sein. Das bedeutet, dass Kleinkinder ein X vor sich haben (nämlich die Ausbildung einer Vorstellung vom eigenen Leben), das ihnen in der Gegenwart ein Lebensrecht verschafft, obwohl sie sich dieses X in der Gegenwart weder bewusst sind noch bewusst sein können. Dann leuchtet es aber nicht ein, warum wir bei Tieren nicht sagen können, dass ihnen durch die Tötung ein X weggenommen wird, das ihnen ein Lebensrecht verschafft (nämlich die in der Gegenwart verfolgten positiven Interessen sowie die Chance auf in der Zukunft liegende positive Empfindungen), obwohl sie sich X in der Gegenwart weder bewusst sind noch bewusst sein können. Wer die menschlichen »Randfälle« im Boot des Lebensrechts haben will, wird nicht umhinkommen, Tiere mit an Bord zu nehmen (das ist das Problem der inklusiven Auffassung, dass *alle* und nur Menschen Rechte haben). Wer die »Randfälle« mit den Tieren auf dem Meer der Verfügbarkeit treiben lässt, wird der historischen Idee von fundamentalen Rechten (Grund- und Menschenrechten) das moralische Gewicht nehmen (das ist das Problem der exklusiven Auffassung, der zufolge zwar nur Menschen, aber auch nur *einige* Menschen Rechte haben).

Der Interesse-basierte Ansatz ist eine Tierrechtsposition. Da dieser Tieren allein negative Rechte zugesteht, Menschen aber zusätzlich auch positive Rechte, ist er nur beschränkt egalitaristisch. Wie wir im Kap. 4.2 sehen werden, kann man argumentieren, dass die negativen Rechte von Tieren stärker eingeschränkt werden können als die entsprechenden negativen Rechte von Menschen. Auch das ist eine Einschränkung des Egalitarismus. Schließlich folgt aus der bisherigen Diskussion des Interesse-basierten Ansatzes kein Abolitionismus, weil bislang nicht klar ist, ob es bei allen Tieren ein Interesse an Freiheit gibt, und weil fraglich ist, ob Kooperationen mit Tieren auf der Grundlage von Rechten undenkbar sind (mehr dazu auf S. 179). Das bedeutet freilich nicht, dass der Interesse-basierte Ansatz nicht radikal ist. Nehmen wir das negative Recht auf Leben ernst, hat dies weitreichende Konsequenzen für unseren Umgang mit Tieren. Die Antwort auf die Grundfrage der Tierethik – Was dürfen wir mit Tieren tun und was nicht? – fällt aus dieser Perspektive weitaus restriktiver aus als die heute weitgehend akzeptierten Antworten (mehr dazu auf S. 188 ff.).

3.5 Kritik an den klassischen Ansätzen der modernen Tierethik

Nachdem wir die erste kritische Reaktion auf die moderne Tierethik untersucht haben, wollen wir uns der zweiten kritischen Reaktion zuwenden. Die erste Reaktion ist kritisch-*destruktiv*, weil sie die Intention der modernen Tierethik zurückweist. Die zweite Reaktion schließt an die Intentionen der modernen Tierethik an, sie weist allerdings viele Hintergrundannahmen zurück. Insbesondere wird der moralische Individualismus des Extensionsmodells kritisiert. Die ethische Strategie der modernen Tierethik besteht ja weitgehend darin, die moralische Gemeinschaft über die menschliche Gemeinschaft hinaus zu erweitern, und zwar deshalb, weil sich bei individuellen Tieren moralisch relevante Eigenschaften oder Fähigkeiten finden lassen, die eine solche Erweiterung fordern.

Das Unbehagen an dieser Strategie hat viele unterschiedliche Gründe. Man kann es am besten in der Metapher der Distanz fassen. Es geht um zu viel und um zu wenig Distanz. Betrachten wir zuerst das *Zuviel* an Distanz. Wenn wir die Strategie des Extensionsmodells fassen, dann tun wir so, als würden wir nicht bereits zahlreiche komplexe Beziehungen zu Tieren unterhalten. Wir sorgen für Tiere, haben Verantwortung für sie, kümmern uns um ihren Lebensraum, wir leben mit ihnen zusammen. Diese Beziehungen sind offenbar auch moralisch relevant. Für den Hund, mit dem ich lebe, habe ich eine andere Art der Verantwortlichkeit als für einen beliebigen Hund. Auf den Massentod von Tieren in der Wildnis (Lemminge oder Gnus) reagieren wir anders als auf den Massentod von Tieren in Stallungen. Die Beziehung zwischen Mensch und Tier scheint einen moralischen Unterschied zu machen. Vielleicht kommt es nicht so sehr auf objektive Eigenschaften von Tieren an, sondern auf relationale Eigenschaften zwischen Mensch und Tier. Das Extensionsmodell abstrahiert von diesen Relationen und es abstrahiert von konkreten und variierenden Kontexten, in denen diese Beziehungen eine Rolle spielen. Schließlich macht es einen Unterschied für mich, wie es Tieren ergeht und wie mit Tieren umgegangen wird. Tatsächlich zeichnet ein sorgsamer und verständiger Umgang mit Tieren aller Art einen guten Menschen aus; und wenn unser Ziel in der Ethik eher darin besteht, ein guter Mensch zu sein, als nur gut zu handeln, dann ist es auch wichtig, welche meine Einstellung zu Tieren und ihrem Wohlergehen ist.

Allerdings kann man den modernen tierethischen Ansätzen auch ein *Zuwenig* an Distanz vorwerfen. Ein Angriffsziel der modernen Ansätze bildet der Differenzialismus. Traditionell wurde zwischen Menschen und Tieren ein großer Unterschied gemacht. Im Gefolge der modernen Biologie und Evolutionstheorie hat sich dieser Abstand zusehends verringert. Der Mensch wird als Tier unter Tieren gesehen, er wird – wie man bisweilen sagt – »naturalisiert«. Die moderne Tierethik betont dementsprechend die Ähnlichkeiten zwischen Mensch und Tier: Beide empfinden Lust und Leid, beide haben Interessen, beide sind Subjekte-eines-Lebens, beide haben ein Interesse am Weiterleben.

Dennoch sollen dem Menschen Tieren gegenüber besondere Pflichten auferlegt werden können, die Tiere zu tragen nicht in der Lage sind. Offenbar sind wir gerade als moralische und normative Wesen von allen anderen Tieren verschieden. Dieser Unterschied ist natürlich wichtig für das Anliegen der Tierethik, schließlich sollen wir unsere Praktiken mit Tieren auf der Grundlage ethischer Erwägungen überdenken und verändern.

Dieses Unbehagen fordert – wie die Ethikerin Lori Gruen es ausgedrückt hat – eine »alternative Ethik für unsere Beziehungen mit Tieren« (Gruen 2015). Gruen illustriert diese alternative Ethik an einem bekannten Beispiel aus der Moralpsychologie (Gruen 2015: 29–30). Der amerikanische Psychologe Lawrence Kohlberg (1927–1987) hat in einer Reihe von Arbeiten sechs Stufen der moralischen Entwicklung unterschieden (Kohlberg 1996). Im präkonventionellen Stadium orientieren sich Kinder am Kriterium von Belohnung und Bestrafung (Stufe 1) und des Nutzens für sie (Stufe 2); im konventionellen Stadium orientieren sie sich an Lob und Zustimmung (Stufe 3) und an durch Autoritäten gesetzten Ordnungen (Stufe 4); im postkonventionellen Stadium erfolgt die Orientierung am Nutzen und an den Ansprüchen einer Gemeinschaft (Stufe 5) und schließlich an allgemeingültigen und demzufolge universalisierbaren Prinzipien (Stufe 6). Offenbar stellt die abstrakte Prinzipienethik die höchste Entwicklung der Moral dar. Diese Sichtweise wurde von prominenten Philosophen aufgenommen und um die eigene Theorie als höchster Stufe erweitert (Apel 1988: 306–369). Kohlberg konfrontierte z.B. Jungen zwischen 10 und 16 Jahren mit dem bekannt gewordenen »Heinz-Dilemma«. Die Ehefrau von Heinz leidet an schwerem Krebs, der mithilfe eines Medikaments behandelt werden könnte, das ein lokaler Pharmazeut entwickelt hat. Allerdings verlangt dieser eine derart horrende Summe, dass Heinz sich das Medikament nicht leisten kann. Er leiht sich Geld, bekommt jedoch nur die Hälfte zusammen; er bespricht mit dem Pharmazeuten eine Ratenzahlung, der sich dieser verweigert. Heinz bricht schließlich in das Haus des Pharmazeuten ein und entwendet das Medikament. Die Jungen bewerteten Heinz' Handlung aus verschiedenen Gründen als Unrecht, da er bestraft werden wird oder weil er gegen das Gesetz verstößt. Ältere Jungen bewerten die Tat hingegen als richtig, weil man mit seinen Nächsten solidarisch sein muss oder weil Leben mehr wert ist als Eigentum. Erst mit der letzten Antwort befinden wir uns auf der Stufe der Moralentwicklung, weil hier (zu Unrecht oder nicht) universalisierbare Prinzipien die Antwort motivieren.

Die Psychologin Carol Gilligan hat Kohlbergs Theorie aus feministischer Sicht scharf kritisiert. Erstens würde hier durch die Studienanordnung einseitig eine westlich-maskuline Sichtweise bevorzugt. Zweitens lasse sich an weiblichen Versuchspersonen eine andere Moralauffassung zeigen. Während Kohlberg die männliche Gerechtigkeitsmoral als höchste Stufe betrachte, könne dieser Moral eine weibliche Fürsorgemoral (*ethics of care*) entgegengehalten werden. Diese beruhe nicht auf abstrakten, universalisierbaren Gerechtigkeitsprinzipien, sondern auf relationalen, kontextsensitiven Emotionen.

Es wäre ein Irrtum, diese unterschiedlichen Ansätze mit dem Gegensatz »männlich« und »weiblich« zu identifizieren. Vielmehr zeigt sich in dieser Debatte ein metaethisches Problem, das wir bereits angetroffen haben. Im ersten Kapitel dieses Buchs haben wir gesagt, die Tierethik sei eine praktische Ethik und in einer solchen Ethik gehe es um die Frage der Anwendung von allgemeinen ethischen Grundsätzen auf Handlungen (vgl. S. 17). Doch besteht die Aufgabe der Ethik wirklich darin, allgemeine Prinzipien für das moralische Handeln zu finden? Wir können diese Position »Prinzipienmoral« nennen. Sie geht von universalistischen, abstrakten und tendenziell absoluten Grundsätzen aus.

Oder geht es nicht vielmehr um Haltungen und Einstellungen in konkreten Situationen und angesichts konkreter Probleme? Diese Position könnte man als »Beziehungsmoral« bezeichnen. Sie geht von partikularistischen, konkreten und tendenziell kontextsensiblen Einstellungen aus.

Gruen etwa entwickelt den Begriff der »verflochtenen Empathie« (*entangled empathy*), um zugleich die Beziehung zu anderen (Verflechtung) und den emotionalen Aspekt (Empathie) dieser Beziehung hervorzuheben (Gruen 2014; 2015). Für Gruen besteht die verflochtene Empathie in der Fähigkeit zu einer fürsorglichen Wahrnehmung, die sowohl emotionale Reaktionen als auch Vorstellungskraft und Reflexion beinhaltet. Diese Wahrnehmung richtet sich auf das Wohlergehen eines anderen in einer bestimmten Situation. Wir versetzen uns mithilfe dieser Wahrnehmung in die Lage des anderen und erkennen so unsere Verflochtenheit mit ihm und können beurteilen, was er braucht, was seine Interessen, Wünsche und Verletzlichkeiten und Sensibilitäten sind. Erst so können wir verstehen, was von uns gefordert ist und inwiefern wir Verantwortung tragen (Gruen 2014: 398 f.; 2015: 3, 65 ff.). Und dieser andere kann natürlich auch ein Tier sein. Es geht in der Beziehungsmoral stärker um den Erwerb, die Ausbildung und das Training einer komplexen Wahrnehmungsfähigkeit als um die Anwendung eines Moralprinzips. Man kann sogar ein generelles Argument dafür formulieren, warum eine solche Wahrnehmungsfähigkeit (das Merken) grundlegender sein muss als die Kenntnis und die Anwendung eines Moralprinzips (das Ableiten). Zuerst müssen wir ja erkennen, dass wir eine moralisch relevante Situation vor uns haben, dass wir aufgefordert sind, überhaupt ethisch zu reflektieren und ethisch zu handeln. Erst dann können wir so etwas wie allgemeine moralische Prinzipien überhaupt zur Anwendung bringen.

Dass »Merken wichtiger ist als Ableiten« (Marquard 2003: 14), ist kein trivialer Punkt. Gerade im Falle der Tierethik mussten wir zuerst überhaupt einmal merken, dass wir und die Tiere aufgrund der gesellschaftlichen und technischen Entwicklung in eine Situation geraten sind, in der sich das Wohlergehen vieler Tiere drastisch verschlechtert hat, und dass diese Verschlechterung Forderungen an uns stellt. Es ist deshalb nicht verwunderlich, dass die Tierethik ihre Wurzeln in der europäischen (insbesondere in der englischen) Romantik hat, in der diese Art der Wahrnehmungsfähigkeit mit ausgeprägt worden ist (vgl. S. 39 f.).

Im Folgenden wollen wir einige Ansätze vorstellen, die sich um eine Tierethik im Sinne einer Beziehungsethik bemühen. Dabei soll der Fokus insbesondere auf die Kritik am moralischen Individualismus der modernen tierethischen Ansätze gelegt werden.[5]

Der Vorrang der Praxis: Diamond und Crary

Eine frühe Kritik des moralischen Individualismus und damit der Idee, dass die Eigenschaften und Fähigkeiten ausschlaggebend sind, um Tiere in die moralische Gemeinschaft aufzunehmen, stammt von Cora Diamond (*1937). Sie argumentiert, dass menschliche Praktiken, nicht der Bezug auf bestimmte tierliche Eigenschaften, unseren Umgang mit Tieren bestimmen. Schon wenige Jahre nach dem Erscheinen von *Die Befreiung der Tiere* (1975) kritisiert Diamond Singer dafür, dass er mit seinem Argument gegen den Differenzialismus zu weit gehe und wichtige Unterschiede zwischen Menschen und Tieren außer Acht lasse. In ihrem Aufsatz »Fleisch essen und Menschen essen« (»Eating Meat and Eating People«, Diamond 1978; Diamond 2012) macht sie deutlich, dass die Suche nach biologischen oder kognitiven Ähnlichkeiten zwischen Menschen und Tieren auf einer Differenz zwischen *ihnen* – den Tieren – und *uns* – den Menschen – aufbaut, die nicht aufgelöst werden sollte. Dabei weist sie darauf hin, dass der Unterschied nicht auf der Ebene biologischer Eigenschaften oder Klassifikationen liegt. Selbst wenn wir biologisch gesehen den Menschen als ein Tier betrachten, so schwingt dabei stets eine vorausgesetzte und unvermeidliche Differenz zwischen Menschen und Tieren mit. Denn indem man sich im naturwissenschaftlichen Kontext darauf beruft, dass der Mensch ein Tier ist, zeigt man gleichzeitig auf, dass eine Unterscheidung wirksam ist, die es zu überbrücken gilt. Damit wendet sich Diamond gegen die Möglichkeit und Sinnhaftigkeit der uneingeschränkten Überwindung der anthropologischen Differenz und macht auf die Grundlagen des gewöhnlichen Lebens aufmerksam, auf denen ethisches Nachdenken aufbaut (Ammann/Hunziker 2012: 322). Die Überwindung der anthropologischen Differenz würde das Fundament zerstören, aufgrund dessen wir Tieren moralische Achtung entgegenbringen. In »Fleisch essen und Menschen essen« warnt Diamond vor Gleichmacherei und macht Unterschiede zwischen Menschen und Tieren deutlich, die für die Tierethik relevant sind und vor deren Hintergrund wir unserer moralischen Verantwortung als menschliche Akteure gerecht werden können:

»Wenn wir an die Menschen appellieren, um Leiden zu verhüten, und dabei im Rahmen unseres Appells versuchen, die Unterscheidung zwischen Mensch und Tier zu verwischen, und bloß dafür sorgen, daß sich die Menschen in ihrem Sprechen oder Denken auf ›verschiedene Spezies von Tieren‹ beziehen, ist keine Basis mehr vorhanden, von der aus angegeben werden könnte, was wir tun sollten, denn Angehörige einer von mehreren Spezies von Tieren haben als solche keine moralischen Verpflichtungen zu irgend etwas. Die moralischen Erwartungen der anderen Menschen verlangen etwas von mir als einem Wesen, das kein Tier ist.« (Diamond 2012: 105)

Diamond sieht die zentrale Differenz nicht in biologisch-naturwissenschaftlichen Eigenschaften, die Menschen und Tiere trennen würden. Diese sprechen, wie wir oben gesehen haben, gegen den Differenzialismus und für seine Überwindung, was Diamond auch anerkennt. Die Unterscheidungen von Menschen und Tieren werden vielmehr durch die normativ geregelte, menschliche Praxis erschaffen; in dieser Praxis werden sie erlernt, eingeübt und gelebt; sie bestimmen vorreflexiv unser Nachdenken über Tiere. Erst durch die aus unserer zwischenmenschlichen Praxis resultierende Unterscheidung zwischen uns und den Tieren wird die moralische Erwartung deutlich, die wir an Menschen, nicht aber an Tiere richten:

»Und wenn wir unter Vegetarismus etwas verstehen, was uns dazu befähigt, Kühen in die Augen schauen zu können, dann lesen wir mit Hilfe unserer Imaginationen so etwas wie Erwartungen dieser Art [*moralische Erwartungen*; HG/MW] auch in die Tiere hinein. Daran ist gar nichts auszusetzen. Dagegen ist tatsächlich etwas daran auszusetzen, wenn man versucht, diese Reaktion beizubehalten und zugleich ihre Grundlage zu zerstören.« (Diamond 2012: 105)

Wenn wir im Blick der Kuh eine Erwartung an uns gerichtet sehen, dann besteht diese Erwartung nicht aufgrund eines abstrakten Appells an die Leidvermeidung als Handlungsprinzip. Die Praktiken des menschlichen Lebens geben uns Orientierungen, bevor wir die Dinge bewusst reflektieren und deren Bedeutung theoretisch erfassen. Man muss nicht erst in einen eigenen Phänomenbereich des Moralischen eintauchen, um reflektieren zu können, was man tun soll. Die Moral ist integraler Bestandteil unseres alltäglichen Lebens und prägt unsere Wahrnehmungen, Erfahrungen, Perspektiven und Praktiken. Deshalb liest man bei Diamond, dass wir *ständig Moralisten sind* (Diamond 2012:

190–227) und dass der Moralphilosophie nicht in erster Linie eine Begründungs-, sondern eine Artikulationsaufgabe zukommt. Es geht in der Moral darum, unser moralisches Leben besser zu verstehen und uns neue Möglichkeiten des Selbstverständnisses zu erschließen (Ammann/Hunziker 2012: 324).

Wer sich von Diamond eine »klare Ansage« erwartet, wie wir uns Tieren gegenüber verhalten sollen, wird enttäuscht werden. Durch ihre Philosophie stellt sie gerade solche Klarheiten, wie wir sie beim moralischen Individualismus kennengelernt haben, infrage. Der Konzentration auf Eigenschaften in der Moralbegründung steht sie skeptisch gegenüber. Wenn man das Menschsein als moralisch signifikant auffasst, so beruht dies nicht darauf, dass es eine Eigenschaft gibt, die allen Menschen zukommt (Diamond 2012: 15). Das gemeinsame Menschsein in der gelebten Praxis ist für Diamond die Voraussetzung. So ist auch die Unterscheidung zwischen Tieren und Menschen eine, die in unserer Praxis angelegt und für unser Selbstverständnis wichtig ist. Die Bedeutung dessen, was ein Mensch und was ein Tier ist, wird praktisch vermittelt. Das illustrative Beispiel bei Diamond ist die Praxis, dass *wir* (Menschen) *sie* (Tiere) essen. Deshalb spricht Diamond davon, dass wir am Esstisch lernen, was Tiere sind, indem wir sie essen (Diamond 2012: 91). Und diese Differenz sieht Diamond als wichtig für die Tierethik an, um sich als Mensch gegenüber Tieren verantwortlich zu begreifen. Die Kritik Diamonds liegt also darin, dass wir nicht – wie man es bei Singer liest – zunächst über eine uns charakterisierende Menge an moralisch relevanten Eigenschaften nachdenken, die wir dann als Maßstab verwenden, um zu prüfen, ob Tiere dieser Menge entsprechen, und dann eine Antwort geben zu können, wie wir uns Tieren gegenüber verhalten sollen. So funktioniert unsere Moral nicht.

»Wir können nicht auf etwas zeigen und sagen: ›Dieses *Etwas* (unter welche Begriffe es auch fallen mag) ist jedenfalls leidensfähig, also sollten wir dafür sorgen, dass es nicht leidet.‹ [...] Daß ›dies‹ ein Lebewesen ist, dem ich kein Leid zufügen oder dessen Leiden ich zu verhindern versuchen sollte, ist konstitutiv für ein *besonderes* Verhältnis zu ihm oder vielmehr für eine ganze Reihe solcher Verhältnisse. Was das Leiden des anderen Lebewesens für mich bedeutet, könnte zum Beispiel davon abhängen, daß es meine Mutter ist. Daß ich den Leiden und Freuden des anderen Lebewesens Beachtung schenken sollte, ist nicht die grundlegende moralische Beziehung zu ihm, die bestimmt, wie ich ihm gegenüber handeln sollte.« (Ebd.: 92)

Unsere Praxis macht die Differenz zwischen Menschen und Tieren deutlich. Diese Unterscheidung gehört laut Diamond zu den Wurzeln des moralischen Lebens, durch die wir das menschliche Leben als solches auszeichnen. Es geht ihr also nicht um eine biologische Unterscheidung, sondern um eine Unterscheidung auf der Ebene kultureller Praktiken, die den naturwissenschaftlichen Zugängen vorausgeht und die Mensch-Tier-Beziehung und das Nachdenken über sie prägt. Deshalb lässt sich die anthropologische Differenz auch nicht einfach durch naturwissenschaftliche Erkenntnisse auflösen, denn die Praktiken der Differenzierung liegen auf einer anderen Ebene. Dies veranschaulicht Diamond, indem sie darauf hinweist, dass wir tote Menschen nicht essen, obwohl diese nicht mehr empfindungsfähig sind. Auch Vegetarier, die aus ethischen Gründen Fleischkonsum ablehnen, würden verunfallte Tiere nicht essen. In beiden Fällen ist kein moralisch relevantes Kriterium im Sinne des moralischen Individualismus wirksam. Käme nur das Kriterium der Empfindungsfähigkeit zum Tragen, gäbe es keinen moralischen Grund für Vegetarier, tote Menschen oder verunfallte Tiere nicht zu essen (mehr dazu auf S. 198 ff.). Genauso wenig beruht die Tatsache, dass wir Schoßtiere nicht essen, darauf, dass Ansprüche eines Lebewesens einfach qua Leidens- und Freudefähigkeit anerkannt werden (ebd.: 93). Unsere Moral ist anders beschaffen, als uns dies Singer und Regan glauben machen wollen. Dies ist der Ausgangs- und Ansatzpunkt Diamonds, um Denkmodelle zu kritisieren, die in der Ethik von *Unparteilichkeit* und einem *Standpunkt des Universums* (de Lazari-Radek/Singer 2014) ausgehen und dabei den menschlichen Standpunkt des gewöhnlichen Lebens vergessen.

Diamond geht es allerdings nicht darum, die Praxis des Fleischessens oder der Nutzung von Tieren zu verteidigen. Vielmehr versucht sie aufzuzeigen, dass erstens nicht die Reflexion über moralisch relevante Eigenschaften eines Individuums der Ausgangspunkt von Moral und Ethik ist, sondern eine normativ geregelte Praxis. Zweitens macht sie klar, dass der Verweis auf speziesübergreifende Gemeinsamkeiten in ethischen Argumenten einen moralisch relevanten Unterschied zwischen Menschen und Tieren übersieht. Damit widerspricht Diamond der Annahme Singers und Regans, deren ethische Argumente darauf ausgelegt sind, den moralischen Wert von Tieren anhand speziesübergreifender Gemeinsamkeiten zu plausibilisieren und den Unterschied zwischen (empfindungsfähigen) Tieren und Menschen aufzulösen.

Doch was sagt Diamond nun zur Frage der Tierethik? Wie gesagt, wer hier auf eindeutige Aussagen hofft, wird von den Texten Diamonds enttäuscht sein. Sie beschreibt die Möglichkeit, Tiere als »sterbliche Mitgeschöpfe« (*fellow creatures in mortality*) zu sehen, d.h. als Wesen, mit denen Menschen Versehrbarkeit und Sterblichkeit teilen (Diamond 2012: 98; Diamond 1978: 474). Auch hier gilt allerdings wieder Diamonds Einwand, dass diese wahrgenommene Sterblichkeit keine biologische Feststellung ist, sondern dass ihre Bedeutung in die menschliche Lebenspraxis eingewoben ist. Daher sind Reaktionen wie Mitleid gegenüber leidenden Tieren nicht einfach abstrakten Reflexionen geschuldet, die jedes vernünftige Wesen anstellen würde, sondern betreffen uns als Menschen, und wir können sie auch nur als Menschen verstehen.

> »Mitleid ist, wenn man von den besonders primitiven Mitleidsbekundungen absieht, von einem gewissen Gefühl für das menschliche Leben und für menschliche Verluste abhängig sowie von einem gewissen Verständnis für die Situationen, in denen der eine Mensch den anderen um Mitleid anflehen und bitten kann, er möge sich erweichen lassen.« (Diamond 2012: 105)

Vor diesem Hintergrund wird verständlich, dass Diamond mit rationalistischen Zugängen der Tierethik wenig anfangen kann. Vielmehr sieht sie in ihnen ein Risiko, von den eigentlichen Problemen abzulenken. In dem Kapitel »Die Schwierigkeit der Wirklichkeit und die Schwierigkeit der Philosophie« (Diamond 2012: 23–56) macht sie dies deutlich und verwendet dafür den Begriff der »Abfälschung« (*deflection*), den sie von Stanley Cavell übernimmt (Diamond 2012: 37 f.; vgl. Cavell 2003). Die Abfälschung besteht darin, dass moralische Probleme durch ihre Formulierung in einem philosophischen Theorierahmen einen anderen Charakter bekommen. Nach Diamond zeichnen sich moralische Probleme eben dadurch aus, dass Rationalisierungsversuche nicht mehr weiterhelfen und scheitern. Gerade weil hier keine Theorie mehr hilft, werden wir in unsere Verantwortung gerufen. Eine *ideale* Position, wie sie der unparteiische Beobachter einnimmt, hilft uns dann herzlich wenig.

Wir haben es hier also mit einer Position zu tun, die jener von Singer und Regan diametral entgegensteht. Während es bei Singer und Regan darum geht, einen distanzierten Standpunkt einzunehmen, von dem aus die Charakteristika der moralischen

Problemstellungen beschrieben und behandelt werden können, sind es bei Diamond gerade die Betroffenheit als Mensch und das Widerständige der Realität, die sich nicht denken lassen und uns aus der Bahn werfen (ebd.: 55). Dahinter steht die Überzeugung, dass unser menschliches Leben nicht durch ein universelles Erklärungsmodell bestimmt werden kann, das genau definiert und festgelegt ist (Grimm/Aigner 2016). Die »Schwierigkeit der Wirklichkeit« hebt unsere Konzepte über uns und die Welt aus den Angeln (Diamond 2012: 24 f.). Manche Erlebnisse können uns in Entsetzen oder Staunen versetzen bzw. uns sprachlos machen und überwältigen. Dafür möchte Diamond sensibilisieren.

Nach Diamond sind es somit nicht bloß biologische Konzepte, die bestimmen, wie wir Tieren begegnen. Als versehrbare und sterbliche Wesen können Tiere unser Denken aus der Bahn werfen und uns in Panik versetzen (Diamond 2012: 52). In der Begegnung mit einem Tier erweisen sich unter Umständen unsere Konzepte über die Eigenschaften des Tiers und gelernte Handlungsmuster, die uns sagen, wie wir uns zu verhalten haben, als nichtig und unbrauchbar. Wer schon einmal ein Reh mit dem Auto angefahren und es schwer verletzt im Straßengraben liegen gesehen hat, wird diese Betroffenheit kennen. In solchen Situationen steht man nicht vor der Frage, wie es um die Empfindungsfähigkeit des Rehs steht. Die Überforderung, die in solchen Situationen deutlich wird, macht deutlich, dass wir es mit einer Schwierigkeit der Wirklichkeit zu tun haben. Nach Diamond können wir nicht vorab und verbindlich festlegen, welche Reaktion in diesen Situationen die richtige ist. Indem sie diese Offenheit der Situation benennt, schafft sie Raum für ethisches Nachdenken:

»Sobald wir die Vielfalt der Formen erkennen, die das moralische Denken annehmen kann, erhalten wir zugleich einen gewissen Einblick in die

Vielfalt der Wege, auf denen wir versuchen können, unser Denken so einzustellen, daß es auf die Realität anspricht. Es gibt nicht die eine Möglichkeit, Hirngespinsten zu entgehen, nicht die eine Möglichkeit, klar zu sehen, was existiert und so beschaffen ist, daß das moralische Denken darauf ansprechen müßte.« (Diamond 2012: 20)

Das Zitat macht die Ablehnung von Verengungen des ethischen Nachdenkens im moralischen Individualismus deutlich. Während der moralische Individualismus darum bemüht ist, übergreifende und verlässliche Kriterien festzulegen, um richtig und falsch zu bestimmen, zieht Diamond diese Möglichkeit in Zweifel. Den Anspruch, von den eigenen Positionen und Erfahrungen abstrahieren zu wollen, um einen universellen, unparteiischen Standpunkt einzunehmen, sieht sie kritisch (Diamond 2012: 217 f.). Diamond macht klar, dass wir als Menschen in normativ geregelten Praktiken leben, die, auch wenn sie scheitern können (z.B. an einer Schwierigkeit der Wirklichkeit), immer schon unser moralisches Denken und unsere moralischen Werte bestimmen. Normen und Werte sind daher auch nicht bloß als Resultate unseres Nachdenkens und unserer ethischen Argumentationen zu verstehen, sondern sie sind bereits auf vor-reflexive Weise in unserer Praxis wirksam. Es kann in dieser Hinsicht also nicht darum gehen, einen unparteilichen Standpunkt einzunehmen. Schließlich würde ein solcher ja gerade die Grundlage unseres moralischen Denkens und Handelns untergraben – nach Diamond ist diese Grundlage eben ein gemeinschaftliches Menschsein in gelebter Praxis. Menschsein hat eine Bedeutung in der Tierethik, und die Differenz zwischen Menschen und Tieren wird als Grundlage der Tierethik artikuliert.

Wie wir bei Diamond sehen, kann eine Kritik des moralischen Individualismus darin bestehen, dass Werte und Ideale das Denken über Tiere bereits vor jeglicher theoretischen Reflexion prägen und ein unparteiischer Standpunkt in diesen Fragen deshalb nicht zu haben ist. Auch die moralische Orientierung gegenüber Tieren ist eine Voraussetzung und kein Resultat der Reflexionen. Dieser Punkt wird von Alice Crary (*1967) aufgegriffen und in ihrem Essay »Minding What Already Matters: A Critique of Moral Individualism« weiter ausgearbeitet (Crary 2011; vgl. ausführlicher Crary 2016). Am moralischen Individualismus innerhalb der Tierethik kritisiert sie, dass seine Vertreter für den moralischen Status von Tieren argumentieren und dabei so tun, als müssten sie bei Null starten, um das Argument zu entwickeln. Allerdings – und das ist Crarys Punkt – argumentieren sie für etwas, das ihr Denken ohnehin bereits strukturiert. Wie Diamond meint Crary, dass die ethische Orientierung gegenüber anderen Menschen und Tieren der Identifizierung moralisch relevanter Eigenschaften vorausgeht. So erlernen etwa Kinder die Reaktionen auf Schmerzverhalten lange bevor sie über biologische Fakten reflektieren könnten. Sie lernen zunächst, wie andere Menschen auf ihre körperlichen Ausdrücke reagieren, und entwickeln so die Fähigkeit, Schmerz auszudrücken. Schmerz ist deshalb nicht allein ein biologisches Faktum, sondern wird von einer gegebenen Praxis, wie Schmerzen ausgedrückt werden und wie man auf diesen Ausdruck reagiert, geformt. Diese Reaktionsweisen und Erwartungen im Umgang mit Schmerz werden eingeübt und geteilt. Das Ausdrücken, Wahrnehmen und Reagieren auf Schmerz ist, kurz gesagt, eine Kulturleistung. Crary richtet den Blick darauf, wie Tiere in unserer Praxis auftauchen, und nicht darauf, welche Eigenschaften und Fähigkeiten sie haben. Damit verfolgt sie die Idee, Tiere so zu verstehen, wie sie sind, womit nun keine naturwissenschaftliche Beschreibung gemeint ist, sondern die Art und Weise, wie Tiere uns in unserer Praxis gegeben sind. Die Art der ethischen Orientierung, die Crary diskutieren möchte, ist also nicht auf individuelle Tiere und ihre Fähigkeiten gerichtet. Vielmehr möchte sie Tiere als jene Wesen verstehen, die sie sind (Crary 2011: 40 f.).

Wenn die moralische Relevanz von Tieren demnach nicht Resultat ethischer Argumentation, sondern einer gelebten Praxis ist, könnte man kritisch einwenden, dass die gelebte Praxis der Nutztierhaltung unter den Bedingungen industrieller Landwirtschaft wohl kaum den moralischen Respekt gegenüber Tieren freizulegen imstande ist. Umgekehrt kann jedoch genauso gut gefragt werden, ob die Hitzigkeit der Debatte um die Nutztierhaltung nicht vielmehr daher rührt, dass Tieren in unserer Praxis ein moralischer Wert zukommt, der nicht erst begründet werden muss, und die Tierethik nur Gründe nachschiebt, um diesen Wert nachträglich zu rationalisieren. Es geht Crary darum, Tiere als jene Wesen zu berücksichtigen und zu respektieren, die in unserer Praxis auftauchen, nicht um die Rücksicht auf Wesen, die moralisch relevante Eigenschaft aufweisen. Der Fehler, den sie bei den moralischen Individualisten konstatiert, liegt in einer verkehrten Beschreibung moralischer Beziehungen. Während die moralischen Individualisten davon ausgehen, dass sich eine moralische Einstellung über die tierlichen Eigenschaften und Fähigkeiten begründen lässt, handelt es sich bei Crary um das, was in unserer Praxis schon Bedeutung hat und artikuliert werden muss.

Komplexe Mensch-Tier-Verhältnisse: Midgley und Hursthouse

Mary Midgley (*1919) hat in ihrem Buch *Animals and Why They Matter* (1983) die einfachen Antworten in Zweifel gezogen, die aus der Feststellung folgen, dass Tiere zur moralischen Gemeinschaft gehören und damit alles gesagt sei (Midgley 1998). Nehmen wir zur Veranschaulichung die prominenteste und gleichzeitig einfachste Antwort auf die Frage der Tierethik, die sich im Slogan »Alle Tiere sind gleich!« ausdrückt. Wir haben bei der Darstellung Singers gesehen, dass dieser Slogan für eine wichtige Position der Tierethik steht, die versucht, den Speziesismus zu überwinden und für die gleiche Berücksichtigung von (bestimmten) Tieren und Menschen Argumente bereitstellt (vgl. S. 70 f.). Singer stellt die Präferenzen von empfindungsfähigen Wesen ins Zentrum, die gegeneinander abgewogen werden müssen. Aber ist eine Antwort auf die Frage der Tierethik wirklich so einfach zu geben? Ist unsere moralische Wirklichkeit tatsächlich so einfach gestrickt, dass wir sie auf die Abwägung von Präferenzen reduzieren können?

Mary Midgley wendet sich gegen dieses reduktionistische Programm und argumentiert, dass es sich hierbei um unzulässige Vereinfachungen handelt. Sie nennt Gerechtigkeit, spezielle Verantwortung, Klugheit, Dankbarkeit, Bewunderung und Staunen, Kameradschaft, Verwandtschaft, besondere Notlagen als Aspekte, die unser moralisches Leben im Umgang mit Tieren prägen (Midgley 2008: 158). Deshalb bezeichnet Ursula Wolf ihren Ansatz als »multikriteriell« (Wolf 2008). Nicht ein Kriterium, sondern eine Vielzahl von Aspekten werden als relevant erachtet, um eine Antwort auf die Frage der Tierethik geben zu können. Midgley wendet sich gegen Vereinfachungen und Standardisierungen in unseren moralischen Beziehungen zu Tieren, womit sie direkt gegen eine zentrale Argumentationslinie des moralischen Individualismus steht. Wir haben gesehen, dass der Standpunkt, von dem aus im moralischen Individualismus argumentiert wird, die Perspektive festlegt, mit der tierethische Fragestellungen behandelt werden. Midgley zufolge ist dieser Zugang falsch, da es in moralischen Fragen keine einfachen Antworten gibt. Vielmehr lassen sich tierethische Fragestellungen in ihrer Komplexität mit verschiedenen Arten moralischer Ansprüche nur mit multikriteriellen Ansätzen bearbeiten. So legt Midgley den Schwerpunkt auf die komplexe gelebte Praxis, die durch vielfältige Ansprüche strukturiert ist und unseren Umgang mit Tieren bestimmt. Zu diesem Punkt schreibt Midgely:

»Es gibt offensichtlich keine einfache Formel zur Bestimmung des Vorrangs unter diesen verschiedenen Ansprüchen, und Moralphilosophien wie der Utilitarismus, die versuchen, die Aufgabe einfach aussehen zu lassen, können uns nur hinters Licht führen. Jede Kultur und jedes Individuum muss einen Orientierungsplan, ein ziemlich komplexes Prinzipiensystem ausarbeiten, um diese Art von Ansprüchen untereinander in Beziehung zu setzen; dies tun sie auch.« (Midgley 2008: 159)

Nach einem einzigen argumentativen Maßstab in der Moral zu suchen, der den Umgang mit Tieren vorschreiben könnte, ist ihrer Meinung nach vermessen. Die auf den ersten Blick plausible und klare Antwort des moralischen Individualismus, der einen moralischen Status von Tieren begründet, verliert seine Plausibilität, wenn man sich den unvermeidbaren Konflikten zuwendet. So kommen Menschen z.B. kaum umhin, Schädlinge zu töten, wenn sie überleben möchten, und die einfache Unterscheidung zwischen Mitgliedern und Außenstehenden der moralischen Gemeinschaft wird schwierig. Natürlich kann man versuchen, die Schädlinge zu verscheuchen und zu verjagen, aber was, wenn das alles nichts nützt? Man macht es sich zu einfach, wenn man dem Extensionsmodell folgt und den Kreis moralisch Schutzwürdiger einfach erweitert, ohne diese Konflikte in Rechnung zu stellen. Auch am Bespiel des Veganers kann gezeigt werden, dass dieser Lebensstil nur auf den ersten Blick keine negativen Konsequenzen für Tiere hat und die Konflikte tiefer liegen.

Nehmen wir also den Vorschlag, sich vegan zu ernähren, um sich nicht am Tierleid in der industriellen Nutztierhaltung schuldig zu machen. Auf den ersten Blick scheint dies die optimale

Lebensform, was die tierethische Ausrichtung der eigenen Lebensform betrifft. Aber wie verhält es sich, wenn man die Kleinsäuger (z.B. Feldmäuse und Wühlmäuse) mit berücksichtigt, die durch die Bodenbearbeitung und landwirtschaftliche Nutzung der Böden zu Schaden oder (qualvoll) zu Tode kommen? Gerade gut gepflegte und ökologisch wertvolle Böden, die von Lebewesen nur so wimmeln, werden durch die Bodenbearbeitung zu einem Massengrab. Hier hilft es nur bedingt, darauf hinzuweisen, dass es sich ja nicht um intendierte Folgen, sondern um Kollateralschäden handelt. Es sind erwartbare und absehbare Nebenfolgen, die zumindest in konsequentialistischen Ansätzen selbstverständlich eine Rolle spielen. Der gut gemeinte Vorschlag, den veganen Lebensstil vorzuziehen, kippt nun ins Gegenteil und wird selbst zum moralischen Problem. Die Perspektive *Alle Tiere sind gleich!* lässt hier nichts offen: Auch die Kleinsäuger im Boden sind gleich! Man kann diesen Gedanken nun weiterführen und würde dann zum Schluss kommen, dass es nur darum gehen können wird, welche Mitglieder der moralischen Gemeinschaft geopfert werden müssen. Genau gegen solche Engführungen wehrt sich jedoch Midgley. Aber was ist ihre Antwort?

Grundsätzlich ist es Midgley wichtig, Vereinfachungen im Nachdenken über Tiere zu vermeiden. In ihrem Text »Die Begrenztheit der Konkurrenz« aus *Animals and Why They Matter* (Midgley 2008) betont sie, dass z.B. evolutionstheoretische Verweise auf eine natürliche Selektion und einen Wettbewerb verschiedener Spezies um limitierte Ressourcen problematisch sind. Sie macht dies am Rettungsboot-Modell deutlich. In der Tierethik ist dies ein gängiges Gedankenexperiment, das sich damit beschäftigt, welche Individuen in einer Notsituation in das Rettungsboot dürfen – das nur über eine sehr begrenzte Anzahl von Plätzen verfügt – und welche Individuen zum Wohle der anderen nicht an Bord dürfen. Dieses Modell geht laut Midgley an der Realität vorbei (Midgley 2008: 151 f.). Denn durch das Rettungsboot-Modell wird eine Abgrenzung zwischen Menschen und Tieren geschaffen, in der Tiere bei moralischen Entscheidungen letztlich immer das Nachsehen haben. Bei der Wahl, einen Menschen oder einen Hund über Bord zu werfen, scheint die Antwort dabei auf der Hand zu liegen: Im Notfall haben bei begrenzten Ressourcen Menschen Anspruch auf Rettung. Midgley wendet dagegen ein, dass solch eine hypothetische Rettungsboot-Situation allzu künstlich wirkt, da sie in der Wirklichkeit fast nie vorkommt; meist gibt es durchaus andere Lösungen für ein Problem (und nicht nur: entweder Hund oder Mensch). Das Modell, das nur absolute Aufnahme oder absoluten Ausschluss kennt, verstellt also den Blick auf alternative Lösungsmöglichkeiten und unterdrückt den Umstand, dass andere Faktoren wie z.B. Großzügigkeit, Einfallsreichtum, aufgeklärtes Eigeninteresse etc. eine Rolle spielen könnten (ebd.: 151).

Obwohl Midgley in diesen Punkten sicherlich recht gegeben werden kann, sei doch Folgendes kritisch angemerkt: Als der Wirbelsturm Katrina 2005 New Orleans verwüstete, wurden zuerst Menschen mit Booten und Hubschraubern aus dem überfluteten Stadtgebiet gerettet. Aber auch im Falle von Überschwemmungen im kleineren Ausmaß werden zuerst Menschen, dann Haustiere, dann Wildtiere gerettet, die sich vor den Fluten auf rettende Inseln in Sicherheit bringen konnten. Solche Situationen sind keine Ausnahmesituation (mehr). Nichtsdestotrotz stützt dieses Beispiel andererseits auch Migleys Punkt: Denn in realen Situationen geht es nicht um ein einfaches Entweder-oder, sondern um Dringlichkeiten, Möglichkeiten, Risiken etc., die eine wichtige Rolle in moralischen Anforderungssituationen spielen. Dies spiegelt sich auch darin wider, dass die Tiere nicht einfach ihrem Schicksal überlassen werden, sondern ebenfalls – wenn auch später – gerettet werden.

Die Idee, dass man die Frage nach der Aufnahme in die moralische Gemeinschaft mit einem klaren »Ja« oder »Nein« beantworten könnte, wie dies der moralische Individualismus vorschlägt, beurteilt Midgley kritisch. Sie argumentiert gegen das Extensionsmodell. Auch in diesem wirkmächtigen Modell sieht sie eine unzulässige Vereinfachung (ebd.: 157 f.). Als einfaches Beispiel für ihre Kritik dient ihr eine Figur aus zwei konzentrisch angeordneten Kreisen. Im inneren Kreis steht »wir«, im äußeren Kreis »sie« (Midgley 1998: 29). Dieses Bild kann auf Singers Ansatz übertragen werden: Der äußere Kreis beinhaltet bei Singer alle Wesen, die leid- bzw. empfindungsfähig sind, der innere Kreis repräsentiert Wesen, die zudem über Selbstbewusstsein verfügen (in der Regel Menschen, vermutlich auch Menschenaffen). Wesen, die nicht über Empfindungsfähigkeit verfügen, fallen aus diesem Modell ganz heraus, sie befinden sich außerhalb des Kreises. Aufnahme in die und Ausschluss aus der Gemeinschaft moralisch zu berücksichtigender Wesen sind anhand festgelegter Kriterien klar geregelt. Dieses Modell vernachlässigt Midgely zufolge u.a. die Tatsache, dass in anderen Kontexten vielleicht nicht (nur) Empfindungsfähigkeit moralisch relevant ist. Die eindimensionale Klarheit, die der moralische Individualismus erzielt, wird von Midgley zugunsten der Komplexität moralischer Problemstellungen aufgegeben. Entsprechend schlägt sie einen multikriteriellen Ansatz vor. Midgley macht sich in der Tierethik für mehr Differenzierungsvermögen stark und dafür, zwischen verschiedenen unterschiedlichen Fällen intelligent zu unterscheiden (Midgely 2008: 156).

Die Tugendethik von Rosalind Hursthouse (*1943) hat durchaus Ähnlichkeiten mit Midgleys Kritik der Vereinfachungen in ethischen Argumenten. Insbesondere lässt sich dies an der Problematisierung des Begriffs des moralischen Status deutlich machen, den Hursthouse in der Tierethik und der Moralphilosophie für entbehrlich und überflüssig hält (Hursthouse 2011). Der Begriff des moralischen Status basiere auf einer reduktionistischen Trennung zwischen jenen Wesen, die einen solchen Status besitzen, und denen, die ihn nicht besitzen (ebd.: 120). Dem könnte man an dieser Stelle schon entgegenhalten: Aber genau darum geht es doch bei der Grundfrage der Tierethik! Die Frage steht im Raum, wer Schutzwürdigkeit verdient, und eine klare Antwort lässt sich über die Begründung und Anerkennung des moralischen Status von Tieren geben. Wenn Tiere Merkmale mit jenen Wesen teilen, die sich bereits im Kreis der Schutzwürdigen befinden, dann gehören auch sie in diesen Kreis. Was sollte daran problematisch sein?

Ähnlich wie Midgley argumentiert Hursthouse gegen das *Extensionsmodell*, da es in ein *Exklusionsmodell* münde. Auch hier lässt sich das Rettungsboot-Szenario verwenden, um den Punkt zu illustrieren. Singer und Regan berufen sich neben der Empfindungsfähigkeit auch auf weitere Merkmale, um Rettungsboot-Szenarien – wie etwa die moralische Entscheidung von Mensch versus Hund – zu lösen. So ist es bei Regan das Kriterium, dass ein Mensch ein reicheres Leben haben wird als ein Hund, weshalb dem Menschen der Vorrang gegeben wird. Genau genommen generiert erst die zusätzliche Unterscheidung von Personen und Nicht-Personen die Antwort darauf, wer über Bord gehen soll. Der Hund als Nicht-Person geht über Bord, und der Mensch wird gerettet, weil er eine Person ist. Hier wird eine Graduierung vorgenommen. Dies hat jedoch eine kontraintuitive Konsequenz im Hinblick auf geistig Behinderte und Babys, die mit gesunden Erwachsenen im Rettungsboot sitzen. Da diese Menschen nicht die relevanten Kriterien als Person erfüllen, könnten sie geopfert werden (ebd.: 122 f.) Hursthouse zufolge funktioniert unsere Moral aber gänzlich anders, als hier suggeriert wird. Lässt man sich auf das hypothetische Rettungsboot-Szenario ein, so wird schnell klar, dass andere Ansprüche als der Personenstatus überwiegen können. Als Beispiel dient Hursthouse etwa der Anspruch von Nicht-Personen wie Kleinkindern auf Schutz und Fürsorge, der stärker sein kann als der Anspruch, der sich an das Personsein knüpft (ebd.: 121). Die Entscheidung, ein Baby statt einem Erwachsenen über Bord zu werfen, erscheint daher höchst problematisch. Hursthouse impliziert damit nicht, dass hier Empfindungsfähigkeit und Personenstatus moralisch irrelevant sind; außerdem stellt sie einen möglichen Fürsorgeanspruch nicht grundsätzlich über andere Ansprüche. Sie argumentiert stattdessen gegen reduktionistische ethische Ansätze, die vereinfachende Lösungen für moralische Probleme anbieten. Ähnlich wie Midgley versucht Hursthouse, einen Zugang zur Tierethik zu formulieren, der pluralistisch und kontextsensitiv auf moralische Anforderungssituationen reagieren kann (ebd.: 124).

Aus diesem Grund unterstützt Hursthouse den tugendethischen Ansatz als Alternative zu utilitaristischen oder deontologischen Ansätzen. Sie schlägt einen Ansatz vor, in dem der Umgang mit Tieren im Rückgriff auf Tugenden und auf Laster beschrieben und geregelt wird. Statt sich auf moralisch relevante Eigenschaften von Tieren zu beziehen, verweist Hursthouse auf die Handlungen, die einen guten Charakter oder tugendhaften Menschen im Umgang mit Tieren auszeichnen. Wie wir gesehen haben, charakterisiert diese ethische Handlungsanweisung – »Handle so, wie ein tugendhafter Mensch in deiner Situation handeln würde!« – die Tugendethik (vgl. S. 19 ff.). Was einen guten Charakter ausmacht, kann in den unterschiedlichen Kontexten der Mensch-Tier-Beziehung stark variieren. Heimtiere, Zootiere, Nutztiere, Labortiere etc. machen jeweils unterschiedliche Kontexte geltend. Tierethische Fragen stellen sich hier in unterschiedlicher Weise und können deswegen nicht durch eine pauschale Statuszuschreibung beantwortet werden (Hursthouse 2008:

126). Wenn etwa ein Heimtier krank ist, dann folgen daraus andere Verantwortlichkeiten und Ansprüche als im Falle eines kranken Labortiers, das mit einer Krankheit angesteckt wurde, um etwas über diese Krankheit in Erfahrung zu bringen. Wie wir schon zuvor gesehen haben, machen der Kontext und spezifische Mensch-Tier-Beziehungen einen Unterschied bei der Frage, ob eine Handlung als tugendhaft oder lasterhaft zu bewerten ist. Dennoch kennt die Tugendethik handlungsanleitende Prinzipien. Ihr zufolge impliziert etwa die Tugend des Mitgefühls, dass man tun soll, was mitfühlend ist, während man im Hinblick auf das Laster der Grausamkeit unterlassen soll, was grausam ist (Hursthouse 2011: 124). Ein Mensch handelt richtig – und aus den richtigen Gründen –, wenn sein Handeln daran orientiert ist, wie sich eine tugendhafte Person stets verhalten würde. Deshalb ist für Hursthouse eine tugendhaft handelnde Person *rational* im Sinne der praktischen Klugheit (*phronesis*). Diese Klugheit zeichnet sich aber gerade auch durch Gefühle wie Mitleid aus, die im Nachdenken und der Formung praktischer Urteile eine Rolle spielen (ebd.: 128). So sind tugendhafte Menschen z.B. mutig, gerecht oder rücksichtsvoll, während sich lasterhafte Menschen feige, ungerecht oder rücksichtslos verhalten. Damit wirkt der Ansatz von Hursthouse einerseits weniger klar als jener von Singer oder Regan, doch andererseits trifft Hursthouse einen wichtigen Punkt, wenn sie schreibt, dass das Vokabular der Tugendethik näher am alltäglichen Sprachgebrauch liegt als jenes anderer Theorien wie etwa des Utilitarismus. Sie geht sogar so weit zu behaupten, dass Singers Texte von Laien zuweilen als Rekurs auf Tugenden (und fälschlicherweise als Tierrechtsposition) verstanden werden:

»Es ist allerdings klar, dass viele von Singers nichtphilosophischen LeserInnen die moralische Bedeutung von tierlichem Leiden nicht in seinem

Sinne des Utilitarismus verstehen. [...] Es ist nicht verwunderlich, dass so viele von ihnen denken, dass Singer für Tierrechte eintritt. Der Grund dafür ist, dass die einflussreiche Analogie zwischen Speziesismus auf der einen und Rassismus und Sexismus auf der anderen Seite unmittelbar die weit verbreitete – wenn auch unausgesprochene – Idee der Tugend des Respekts oder der Gerechtigkeit anspricht.« (Hursthouse 2014: 322)

Die Tatsache, dass tugendethische Ansätze auf den ersten Blick unterbestimmt bleiben und Wert darauf legen, in welchen spezifischen Situationen welchen Wesen wie viel moralische Berücksichtigung zuteilwerden soll, wird von Hursthouse als Vorzug betrachtet. Umgekehrt zieht sie in Zweifel, dass einfache Antworten in komplexen moralischen Anforderungssituationen helfen können. Einen Mittelweg hierzu schlägt Clare Palmer vor.

Das moralische Gewicht von Unterschieden: Palmer

Lässt sich der moralische Individualismus nicht mit anderen Positionen verbinden, um der Kritik der Tugendethik oder auch jener von Midgley oder Diamond zu begegnen? Clare Palmer (*1967) argumentiert für eine hybride Position, die verspricht, die Vorteile des moralischen Individualismus mit den Vorteilen des Relationalismus zusammenzubringen. Im Relationalismus sind nicht nur Eigenschaften von Einzellebewesen relevant, sondern auch unsere Beziehungen zu diesen Lebewesen. Aus diesen Beziehungen erwachsen moralisch relevante Unterschiede. Statt einer reinen Kritik an Interessens- oder eigenschaftsbasierten Zugängen bemüht sich Palmer um deren Erweiterung (Palmer 2010). Damit versucht sie einerseits, der starken moralischen Intuition, die bedingt, dass wir beispielsweise einen moralisch relevanten Unterschied zwischen Wildtieren und Haustieren machen und dabei offenbar die spezifischen Beziehungen von Menschen und Tieren den Ausschlag geben, einen theoretischen Rahmen zu geben. Zugleich möchte sie der ebenso starken Intuition gerecht werden, dass auch Tiere, die nicht mit uns in Beziehung stehen, moralische Relevanz haben. In ihrem Aufsatz »The Moral Relevance of the Distinction between Domesticated and Wild Animals« (Palmer 2011) geht sie der Frage nach, wie man beiden Ansprüchen gerecht werden kann.

Palmers Argument erweitert die Begründung des moralischen Status im Rahmen des moralischen Individualismus. Dazu führt sie eine zusätzliche Begründungs- bzw. Spezifizierungsebene für die moralische Berücksichtigung von Tieren ein. Palmer zufolge bestimmen in manchen Situationen *nur* die Eigenschaften eines Tiers unsere moralischen Verpflichtungen gegenüber dem Tier. Unsere moralische Verantwortung lässt sich jedoch nicht auf diesen Aspekt reduzieren. In anderen Kontexten können Distanz- bzw. Abhängigkeitsbeziehungen zwischen Menschen und Tieren moralische Unterschiede machen. Zur Veranschaulichung dieses Punkts bezieht sich Palmer auf die Unterscheidung von Wildtieren und domestizierten Tieren. Beide richten jeweils spezifische Anforderungen an uns. So würde kaum jemand auf die Idee kommen, dass im Hinblick auf Fütterung und Versorgung die gleiche Verantwortung gegenüber Wildtieren und domestizierten Tieren im Stall besteht. Während es sogar strafbar ist, z.B. Schweine im Stall nicht täglich ordentlich zu füttern und zu versorgen, ist eine ähnliche Verantwortung bei Wildschweinen nicht gegeben. Allerdings, und hier kommt das Fundament von Palmers Ansatz zum Tragen, ändert sich das Bild, wenn es um die Verantwortung und Pflicht geht, Tiere nicht zu schädigen.

Palmer argumentiert, dass Menschen gegenüber empfindungsfähigen Tieren grundsätzlich negative Pflichten haben, die auf dem Prinzip der Nicht-Schädigung basieren (Palmer 2010: 88 f.).

Sofern ein Tier über die moralisch relevante Eigenschaft der Empfindungsfähigkeit verfügt, darf ihm kein Schaden zugefügt werden – egal ob es sich bei dem Tier um ein Wildtier oder ein domestiziertes Tier handelt. Hier argumentiert sie im Rahmen des moralischen Individualismus. Wenn allerdings Beziehungen zwischen Menschen und Tieren bestehen, wie dies z.B. bei domestizierten Tieren der Fall ist, dann kommen zu den negativen Pflichten noch positive Pflichten hinzu. Solche positiven Pflichten nennt Palmer »Hilfspflichten« (duties to assist). Sie bestehen etwa darin, dass Menschen sich um Tiere in ihrer Obhut kümmern müssen. Hier geht es nicht mehr nur darum, Schaden zu vermeiden, sondern auch darum, Verantwortung für das Wohlbefinden zu übernehmen und dafür Sorge zu tragen. Die Begründung dieser Hilfspflichten liegt nach Palmer hauptsächlich darin, dass Menschen für die *Existenz* von domestizierten Tieren verantwortlich sind. Da die Reproduktion von Haustieren der menschlichen Kontrolle unterliegt, kommen domestizierte Tiere nur dann in die Welt, wenn dies von Menschen gewollt ist. Deshalb entstehen spezifische moralische Pflichten, die sich nicht einfach an Eigenschaften wie der Empfindungsfähigkeit ablesen lassen. Vielmehr liegt es an der Beziehung zu den Tieren, die darin begründet ist, dass wir ihnen erst zur Existenz verholfen haben und sie damit auch in unseren Verantwortungsraum aufnehmen.

Welche Konsequenzen hat dieses Argument nun für Wildtiere? Hier ist der Fall komplizierter. Menschen sind normalerweise nicht dafür verantwortlich, ob und wie Wildtiere leben. Folglich gibt es ihnen gegenüber in diesem Sinne auch keine positiven Pflichten. Wie wir schon am Beispiel des Wildschweins im Vergleich zum Schwein im Stall gesehen haben, trifft dies eine wichtige moralische Intuition: Die Nähe oder die Distanz zu den Tieren ist für unsere Pflichten ihnen gegenüber von moralischer

Relevanz. Die Relation zum Tier wird damit zu einer Kategorie, die einen moralischen Unterschied machen kann. Über Begriffe wie »Haus-« oder »Wildtier« werden solche grundlegende Relationen ausgedrückt; wobei an dieser Stelle anzumerken ist, dass es Palmer auf der relationalen Ebene nicht um die Eigenschaften der Tiere geht, wie dies im moralischen Individualismus der Fall ist. Deutlich wird das daran, dass zu ein und demselben Tier unterschiedliche Relationen aufgebaut werden können, die sich in unterschiedlichen moralischen Verantwortungen niederschlagen. Nehmen wir das Beispiel eines Bären, der durch die Alpen- und Voralpenregion zieht. Wenn Menschen z.B. sein Habitat zerstören oder seine Bewegungsmöglichkeiten durch den Bau einer Autobahn einschränken und damit den Zugang zu bestimmten Bereichen des Habitats abschneiden, dann verletzen sie die negative Pflicht, nicht zu schädigen. Dies ist der erste Punkt, der in Palmers Ansatz deutlich wird. Durch diesen Eingriff und die Schädigung werden aber darüber hinaus neue Beziehungen geschaffen. Aufgrund der Verletzung der negativen Pflicht entstehen positive Pflichten, sich um den Bären zu kümmern, wenn er unter diesen Eingriffen in sein Habitat leidet. Die Verletzung einer negativen Pflicht stellt also eine Beziehung her, die zu positiven Pflichten führt (ebd.: 90). So entstehen durch menschliche Handlungen Beziehungen, die für die Verantwortung gegenüber Tieren einen Unterschied machen.

Mit diesem Ansatz gelingt es Palmer, wichtige moralische Intuitionen der Mensch-Tier-Beziehung zu systematisieren. Auf der einen Seite begründet sie klare Verbindlichkeiten im Rahmen des moralischen Individualismus. Auf der anderen Seite ergänzt sie dieses Fundament durch den Relationalismus, der ihren Ansatz gegen die Kritik einer mangelnden Kontextsensitivität starkmacht. Vor diesem Hintergrund ist es nicht weiter problematisch, dass wir dem Leid von Tieren in der freien Wildbahn anders begegnen als dem Leid von Tieren in unserer Obhut und die Verantwortung in einem Bereich nicht zur Norm in einem anderen machen.

Pluralismus: Anderson

Eine weitere Position, die den Reduktionismus des moralischen Individualismus kritisiert, ist jene von Elisabeth S. Anderson (*1959). Wie Palmer geht es ihr darum, die Grundfrage der Tierethik – Was dürfen wir mit Tieren tun und was nicht? – und unseren Umgang mit Tieren in einen weiteren Kontext zu stellen. Auch sie argumentiert gegen die Tendenz, nur einen bestimmten Maßstab oder ein Kriterium für moralische Berücksichtigung anzuerkennen (Anderson 2014). Andersons Zugang basiert auf einem moralischen Pluralismus, den sie in Auseinandersetzung mit lebensweltlichen Hintergründen formuliert (ebd.: 279). Was Tiere betrifft, spielen ihr zufolge drei wichtige Perspektiven eine Rolle:

1. Tierschutzperspektive: Diese entspringt unserer Reaktion des Mitgefühls mit Tieren.
2. Tierrechtsperspektive: Diese Perspektive entspringt aus unserem Respekt Tieren gegenüber und unserem Sinn dafür, dass ihre unabhängigen Perspektiven Ansprüche an uns richten, die wir beachten müssen.
3. Naturschutzperspektive: Sie entspringt unserem Staunen und unserer Ehrfurcht gegenüber der Natur, die als ein in sich vernetztes System von Organismen aufgefasst wird, und zudem unserer Bewunderung einzelner Tiere (ebd.: 315).

Diese Position klingt vielversprechend, aber wie bei jeder pluralistischen Position stellt sich am Ende die Frage, wie die unterschiedlichen Perspektiven in einen Prozess moralischer Entscheidungsfindung integriert werden können. Diese Antwort bleibt Anderson nicht schuldig. Aber skizzieren wir zunächst ihren Ansatz.

Anderson argumentiert, dass es nicht nur ein einziges Kriterium für die moralische Berücksichtigungswürdigkeit in Bezug auf Tiere gibt, wie dies der moralische Individualismus vorschlägt. So ist etwa die Antwort auf die Frage, welche Rechte auf ein Lebewesen ausgedehnt werden sollen, nicht allein von dessen intrinsischen Fähigkeiten abhängig. Auch die Spezies-Natur und das, was für Individuen einer Art »normal« ist, ihre natürlichen und sozialen Beziehungen zu den moralischen Akteurinnen und die sozialen und historischen Hintergrundbedingungen, die die moralischen Akteure selbst betreffen, spielen hier eine Rolle (ebd.: 310). Auf dieser Basis ist klar, dass Tiere und tierethische Fragen in vielfältiger Weise zum Thema werden können. Daher spricht Anderson auch von den *verschiedenen Werten* der Tiere. Diese vielfältigen Werte von Tieren entsprechen den vielfältigen Weisen, in denen wir rational auf Tiere reagieren. Anderson fasst sie in drei Gruppen zusammen, die oben schon benannt wurden: *Tierschutzposition*, *Tierrechtsposition* und *Naturschutzposition*. Diese Positionen, die uns sagen, wie wir (gegenüber Tieren) handeln sollen, stehen bei konkreten tierethischen Fragen meistens im Konflikt. Deshalb versteht Anderson sie als Bestandteil kritischer Reflexion, die nicht auf Durchsetzung einer Position angelegt ist. Im Sinne von Andersons Werte-Pluralismus gilt, dass jede Position – Tierschutz, Tierrecht und Naturschutz – auf einem rationalen Evaluierungsprozess im Umgang mit unserer Um- oder Mitwelt beruht und somit ihre je eigene Plausibilität aufweist. Obgleich diese drei Positionen unvereinbar sind, sollen sie bei der Beantwortung tierethischer Fragestellungen gleichermaßen berücksichtigt werden. Und so steht am Ende ihrer Auseinandersetzung die Einsicht, dass es keine einfachen Antworten auf tierethische Fragen geben kann. Dies veranschaulicht sie exemplarisch am tragischen Beispiel des Ik-Volks (ebd.: 320).

Die Jagd- und Sammelgesellschaft der Ik in Uganda und Kenia zerfiel u.a. deshalb, weil ihnen verboten wurde, sich in ihren traditionellen Jagdgebieten zu bewegen, die in einen Nationalpark verwandelt wurden. Heute sind die Ik bitterarme Minenarbeiterinnen, die sich u.a. von Schimpansenfleisch ernähren, was die Schimpansenpopulation bedroht. Wenn wir für die Schimpansen Verantwortung übernehmen möchten und sie vor der Bejagung schützen wollen, dann müssen wir auch die Forderungen nach Respekt gegenüber den Minenarbeiterinnen beachten, indem wir für sie eine andere Lebensgrundlage finden. Es wäre nicht gerecht, so Anderson, ein Verbot der Jagd auf Schimpansen durchzusetzen und die Kosten dieses Verbots unbekümmert denjenigen aufzubürden, die am wenigsten in der Lage sind, diese zu tragen (ebd.: 320).

Anderson zeigt hier, dass einfache Antworten, wie sie etwa im moralischen Individualismus gegeben werden, bestenfalls der Anfang ethischer Reflexion sind. Das Wissen um Begründungen des moralischen Status bringt noch keine praktischen Lösungen. Und man sollte es sich nicht zu leicht machen, indem man tierethische Fragestellungen auf einen Aspekt reduziert. In diesem Punkt ist Anderson sicherlich recht zu geben. Für sie ist klar, dass Tiere Rechte haben (ebd.: 320). Sobald wir aber die Pluralität der Werte, die Unangemessenheit allzu einfacher moralischer Formeln, die Abhängigkeit der Rechte von den natürlichen und sozialen Kontexten und die Konsequenzen ihrer Durchsetzung berücksichtigen, wird deutlich, vor welchen Herausforderungen wir stehen.

Bürgerrechte für Tiere: Donaldson und Kymlicka

In ihrem Buch *Zoopolis* (2011) entwickeln Sue Donaldson (*1962) und Will Kymlicka (*1962) eine politische Theorie der Tierrechte. Donaldson ist eine Schriftstellerin, die u.a. über Veganismus geschrieben hat, Kymlicka ein kanadischer Philosoph, der sich u.a. mit Fragen der Bürgerrechte befasst. Beide stimmen der Idee der Tierrechte (vgl. S. 45 f.) grundsätzlich zu, kritisieren aber, dass das Gros dieser Theorien Tierrechte nur negativ erfassen kann, etwa als Recht, nicht getötet oder gefangen gehalten zu werden. Eine weitere Kritik lautet, dass Tierrechtstheorien überwiegend auf Nutztiere konzentriert sind und auf die Abschaffung der Beziehungen zwischen Mensch und Tier hinauslaufen, auf den Abolitionismus. Donaldson und Kymlicka meinen, dass dies »ein erstaunlich flaches Bild ohne einzelfallbedingte Beziehungen«, ohne positive oder relationale Verpflichtungen ergebe (Donaldson/Kymlicka 2013: 23). Unsere moralischen und rechtlichen Beziehungen sind viel reicher, als dass sie durch negative Rechte zu regeln wären. Was schulden wir unseren Kindern, was unseren Nachbarn und was unseren Mitbürgerinnen? Was gehört sich in einer fremden Kultur? Ein drittes Problem besteht in dem naiven Bild der Mensch-Tier-Beziehung, das Tierrechtstheorien anzubieten haben. Selbst wenn wir auf alle Nutztiere verzichten würden, wie sollen wir mit halbwilden Tieren – den »Schwellentieren« – umgehen, die in Häusern, Parks, Städten oder Gärten leben? Füchse, Nachtigallen, Waschbären, Biber, Fledermäuse, Krähen, Spatzen und Ratten trifft man in europäischen Großstädten in großer Zahl. Sie bewohnen den Schwellenbereich zwischen Kultur und Natur. Mit diesen Tieren leben Menschen nun einmal auf einem Territorium zusammen. Und was ist mit den Tieren in Feld und Wiese, Luft und Wasser, Wüste und Wald – den »Wildtieren«? Interaktionen zwischen Menschen und Tieren sind in unserer Welt unumgänglich, und diese Interaktionen werfen moralische Probleme auf (ebd.: 27 ff.). Um diesen Problemen gerecht zu werden, legen Donaldson und Kymlicka eine Theorie der Tierrechte vor, »die universelle Rechte negativer Art und relationale Rechte positiver Art miteinander zu verbinden trachtet und die Tiere deshalb in einem explizit politischen Rahmen ansiedelt« (ebd.: 37).

Wie andere Tierrechtspositionen verteidigt auch das Konzept Donaldsons und Kymlickas die Idee, dass empfindungsfähige Wesen Grundrechte haben. Denn wer allen Menschen – ob jung oder alt, krank oder gesund, mündig oder unmündig – Grundrechte zugesteht, muss den Kreis der Träger von Grundrechten auch auf empfindungsfähige Tiere ausweiten. Nur, wie kommt man an dieser Stelle weiter? Anders gefragt, was bedeutet es, Tierrechte in einen explizit *politischen* Rahmen zu stellen? Der Grundgedanke ist einfach und provozierend: Tiere sollten nicht nur moralische Grundrechte (universelle Rechte), sondern auch politische Bürgerrechte (relationale Rechte) haben. Donaldson und Kymlicka schlagen vor, über unser Zusammenleben mit Tieren mithilfe des Modells der Staatsbürgerschaft nachzudenken. Domestizierte Tiere werden zu Staatsbürgern, ähnlich wie Kinder oder Schwerbehinderte; Schwellentiere zu Einwohnern oder Besuchern eines Staats, ähnlich wie Flüchtlinge, Arbeitsmigranten oder Touristen; Wildtiere schließlich werden zu Ureinwohnern mit Recht auf territoriale Souveränität und Selbstbestimmung, ähnlich wie die Inuit in Kanada. (Natürlich werden dabei nicht Behinderte, Flüchtlinge oder Ureinwohner mit Tieren gleichgesetzt, vielmehr wird der politisch-rechtliche Status dieser Menschengruppen als Modell für eine politische Theorie der Tierrechte verwendet.)

Zu den Bürgerrechten gehört es, in politischen Entscheidungsprozessen berücksichtigt zu werden, politisch an Meinungsbildungen zu partizipieren oder sich auf dem Staatsgebiet niederlassen zu können. Die Interessen domestizierter Tiere müssten also in politischen Entscheidungsprozessen repräsentiert werden wie die Interessen anderer Bürgerinnen und Bürger auch. Die Partizipation ist für Tiere freilich schwierig, auf passives und aktives Wahlrecht können sie aufgrund ihrer Natur kaum Anspruch erheben. Wirft man nun einen Blick auf die Bedingungen für politische Partizipation, die für jede Art der Staatsbürgerschaft erforderlich sind, so werden häufig drei Grundfähigkeiten genannt: (i) die Fähigkeit zum Haben und Mitteilen eines subjektiven Wohls, (ii) zum Befolgen sozialer Normen, zur Kooperation und (iii) zur Mitwirkung an der gemeinsamen Urheberschaft von Gesetzen (Donaldson/Kymlicka 2013: 229 ff.). Diese Fähigkeiten werden in der Regel intellektualistisch ausgelegt, d.h., ihre Träger müssen in der Lage sein, ihr Wohl, die Normen oder ihre Zustimmung explizit zu artikulieren (Sprachfähigkeit) und Gründe anzugeben (Rationalität). Allerdings schließt dieser Intellektualismus auch Kleinkinder, Schwerbehinderte oder Demenzkranke aus. Gleichwohl kommen auch diese Gruppen natürlich in den Genuss von Bürgerrechten. Wie aber lässt sich dieser Gedanke auf Tiere übertragen? Im Anschluss an Theorien der Staatsbürgerschaft für Behinderte zeigen Donaldson und Kymlicka auf, wie man die drei Grundfähigkeiten auf eine nicht-intellektualistische Weise verstehen kann. Sie folgen darin dem Vorschlag von Anita Silvers und Leslie Francis, die das Partizipationsmodell der expliziten Zustimmung (des zeitlich festgelegten Ja-Sagens) um ein Vertrauensmodell erweitern (Silvers/Francis 2009). Spielt man die genannten drei Grundfähigkeiten z.B. mit Hunden durch, so wird schnell deutlich, dass diese ihr Wohl Vertrauenspersonen gegenüber äußern können, dass sie von Vertrauenspersonen sozialisiert werden können, dass sie Vertrauenspersonen gegenüber kooperativ sein können und dass sie durch ihre

Anwesenheit im öffentlichen Raum generell auf Entscheidungsfindungsprozesse einwirken können. Schließlich können Hunde auch durch Menschen vertreten werden. Dies alles setzt ein Vertrauensverhältnis zwischen Mensch und Hund voraus, in dessen Rahmen der Hund die drei Grundfähigkeiten direkt artikulieren bzw. artikulieren lassen kann.

Wenn man schließlich das Niederlassungsrecht im Staatsgebiet betrachtet, ergeben sich eine Reihe konkreter, relationaler Rechte für domestizierte Tiere wie das Recht auf angemessene Unterkunft, Nahrungsmittel und medizinische Versorgung. Nehmen wir ein Beispiel, auf das Donaldson und Kymlicka selbst bisweilen zu sprechen kommen: Schafhausen (Sheepville), ein fiktiver Ort, den Menschen und Schafe als Bürger bewohnen. Die Schafe bewegen sich frei über die Grünflächen des Orts, haben jedoch nicht überall Zutritt. Für ihre Unterkunft ist gesorgt. Im Gegenzug erfreuen die Schafe die anderen Bürgerinnen und Bürger mit ihrer Gesellschaft, sie mähen sozusagen das Gras, sorgen für Gartendung, und jährlich wird ihre Wolle geschoren und verwertet. Ein Teil des Ertrags, der mit dem Verkauf der Wolle erwirtschaftet wird, kann in eine Krankenkasse oder in die Altersvorsorge einbezahlt werden.

Weil es sich bei domestizierten Tieren, Schwellentieren und Wildtieren um unterschiedliche Gruppen von Tieren handelt, kommen ihnen auch unterschiedliche Rechte zu. Anstatt nun aber die Rechte für diese beiden anderen Gruppen zu skizzieren, wollen wir noch einmal auf den Grundgedanken zurückblicken. Tritt man einen Schritt zurück, so sieht man, dass in dieser Theorie nicht nur Individuen, sondern auch Gruppen Träger von Rechten sein können. Im Falle von *Gruppenrechten* zählen nicht in erster Linie Eigenschaften von Individuen (wie etwa deren Empfindungsfähigkeit), sondern vielmehr Eigenschaften von Gruppen, welche die Gruppenzugehörigkeit festlegen. Rechte werden somit nicht direkt aufgrund individueller Eigenschaften, sondern indirekt aufgrund der Stellung in einer Gruppe (der Gruppenzugehörigkeit) verliehen, d.h. aufgrund von relationalen Eigenschaften. Darin kann man eine Kritik am moralischen Individualismus erkennen. Die meisten Tierrechtstheorien sehen einzig Individuen (einzelne Menschen oder Tiere) als Träger von Rechten, aber nicht Gruppen. Donaldson und Kymlicka gehen von einer politischen Theorie aus, die Gruppenrechte als wichtiges Mittel des politischen Zusammenlebens versteht. Das ist mit Blick auf ihr Herkunftsland nicht überraschend. In Kanada gehören Gruppenrechte aufgrund der Geschichte des Lands zur Verfassungsrealität. Die Verfassung schützt besondere Rechte der Urbevölkerung (First Nations, Métis, Inuit) ebenso wie die der anglophonen und der frankophonen Bevölkerungsgruppe. Solche Gruppenrechte können Rechte auf Land, das kulturelle Recht, auf bestimmte Weise zu heiraten oder zu jagen, oder Rechte auf Selbstregierung (Souveränität) umfassen.

Der letzte Punkt ist nun für die Wildtiere entscheidend. Diese erhalten nicht den Status von Staatsbürgern, sondern den Status der Souveränität. Deshalb werden Wildtieren keine Bürgerrechte zugestanden, d.h. Rechte auf Berücksichtigung in politischen Prozessen, auf politische Partizipation oder das Niederlassungsrecht. Kehren wir kurz zu den Rechten der Ureinwohner zurück: Im Verlauf der Kolonialisierung wurde das Land von nordamerikanischen Ureinwohnern als Niemandsland verstanden. Auf dieses Land kann Anspruch erhoben werden, in ihm lassen sich staatliche Regierungen etablieren und administrative Entscheidungen zugunsten oder zuungunsten der ursprünglichen Bewohner treffen. Dieser Umgang mit den eingesessenen Einwohnerinnen und Einwohnern des nordamerikanischen Kontinents und anderen Teilen der Erde wird heute mit guten Gründen als Unrecht empfunden. Warum sollten diese Gruppen kein

Anrecht auf das Land haben, das sie zu ihrer biologischen und kulturellen Existenz benötigen? Gruppenrechte umfassen deshalb auch Landrechte. In Analogie dazu kann man sagen: Wildtiere haben ein Anrecht auf ein souveränes Leben als Gruppe in ihrem Habitat; wir sollten weder Anspruch auf ihr Gebiet erheben noch es regieren oder verwalten. Entsprechend sollen Wildtiere nach ihren herkömmlichen Lebensformen auf diesen Gebieten leben können. Besuchen wir diese Habitate, so sind wir nicht ihre Besitzerinnen oder Sachwalter, sondern zu Besuch in einem fremden Land. Für die Souveränität braucht es auf diesem Territorium keine staatliche Organisationsform, wie man aufgrund des Begriffs leicht annehmen könnte. Denn auch Menschen, die ohne staatliche Organisationsform leben, kann ein Anspruch auf das Land zugestanden werden, das sie zum Gedeihen ihrer Gruppe benötigen. Sie sind in diesem Sinne der Selbständigkeit souverän, nicht im Sinne der Existenz einer souveränen Staatsgewalt (Donaldson/Kymlicka 2013: 370ff.).

Man kann sich nun die Frage stellen, wie realistisch eine solche politische Theorie der Tierrechte ist. Donaldson und Kymlicka arbeiten die Anwendungen ihres Grundgedankens auf domestizierte Tiere, Schwellentiere und Wildtiere in einzelnen Kapiteln konkret und mit vielen Anwendungsfällen aus. Natürlich hat der Ansatz einen utopischen Zug, das verrät bereits der Titel des Buchs: *Zoopolis*. Doch das bedeutet nicht, dass die Umsetzung nicht wünschenswert oder möglich wäre. Probleme wirft vielmehr die zentrale Idee der Gruppenrechte auf. Gruppenrechte werden als Rechte verstanden, die auf Gruppenzugehörigkeit basieren. Sie laufen Gefahr, mit Individualrechten in Konflikt zu geraten. So hat beispielsweise die Provinz Alberta mit Blick auf anglophone Gruppenrechte die Ehe als strikt heterosexuell definiert. Ein weiteres Problem besteht darin, dass durch besondere Gruppenrechte berechtigte Ansprüche von anderen Gruppen auf diese Rechte verletzt werden können. Da z.B. die Inuit die Waljagd als Teil ihrer Subsistenz und Kultur betrachten, sollte dieser Gruppe ein Sonderrecht auf Walfang zugestanden werden. Wer demgegenüber die Rechte von Walen verteidige, berufe sich auf eine eurozentrische Auffassung individueller Rechte (Gupta 1999). Schließlich stellt sich die Frage, ob bestimmten Gruppen nicht unfairerweise Sonderrechte eingeräumt werden.

Betrachten wir kurz den Fall der Wildtiere. Domestizierte Tiere sollen in Analogie zu den staatsbürgerlichen Rechten von Menschen in politischen Prozessen berücksichtigt werden, politisch partizipieren und sich niederlassen können. Wildtieren kommt zwar Souveränität zu, aber die eben genannten Rechte gelten für sie nicht. Billigen wir damit nicht einer bestimmten Gruppe unfairerweise Sonderrechte zu?

Warum aber sollten die Interessen von Wildtieren in Gesetzgebungsprozessen und bei der politischen Umsetzung von Gesetzen nicht berücksichtigt werden? Die Interessen von Wildtieren werden durch unsere politischen Entscheidungen direkt oder indirekt betroffen, und weil diese Interessen moralisch zählen – das ist ja der Ausgangspunkt von Donaldson und Kymlicka –, besteht kein Grund, Wildtiere hier außen vor zu lassen. Somit hätten wir es mit einer unfairen Gruppendiskriminierung zu tun (Cochrane 2013b). Dem könnten Kymlicka und Donaldson erstens entgegenhalten, dass wir fremden Staatsangehörigen zwar Rechte einräumen, diese aber nicht als Staatsbürger in politische und gesetzliche Entscheidungsprozesse einbeziehen. Mit Blick auf Clare Palmers Argumentation lassen sich durchaus Gründe angeben, warum wir wilden Tieren gegenüber andere Pflichten haben als im Verhältnis zu domestizierten Tieren (vgl. S. 170 ff.).

4. Tierethik in der Anwendung

4.1 Persepektive von innen, Perspektive von außen

Tiere spielen in den unterschiedlichsten Praktiken eine Rolle, wir treffen sie in der Landwirtschaft, in der Wissenschaft, im städtischen Lebensraum, im Zoo, im Haus oder in der Wildnis. Alle diese Bereiche werfen spezifische Probleme im Umgang mit Tieren auf. Wenn wir eine solche Praxis – beispielsweise das Halten von Tieren in zoologischen Gärten – etwas näher betrachten, stellen wir fest, dass es häufig implizite oder explizite Regeln und Standards für den Umgang mit Tieren gibt. Mithilfe solcher Standards kann eine bestimmte Praxis des Umgangs mit Tieren zum Besseren verändert werden, wenn sie sich gegen Akteure abgrenzt, die hinter diesen Standards zurückbleiben, ihr Image bei den Nutznießern der Praxis, den Geldgebern oder einfach der Öffentlichkeit jedoch durch Einhaltung der Standards verbessern können. So haben sich unter dem Slogan »United in Conversation« weltweit Zoos und Aquarien in der *World Association of Zoos and Aquariums* (WAZA) zusammengeschlossen mit dem Ziel, Zoos und Aquarien in ihren Bemühungen um Tierhaltung, Tierwohl sowie Tier- und Artenschutz zu unterstützen. Vor allem wissenschaftlich geführte Zoos können sich dabei von anderen Zoos mit unzureichenden und fragwürdigen Haltungsbedingungen abgrenzen. Dass bei der Tierhaltung im Zoo Fortschritte und Verbesserungen zum Wohl der Tiere erzielt worden sind und dass es inzwischen klare Standards gibt, die es erlauben, bessere von schlechteren Zoos zu unterscheiden, wird niemand bezweifeln. So haben zahlreiche Zoos Fortschritte erzielt etwa durch den Verzicht, Tiere aus der freien Wildbahn zu fangen, durch eine Verbesserung der medizinischen Versorgung von Tieren oder indem sie insbesondere die Haltungsbedingungen massiv veränderten. All diesen Verbesserungen und Standards liegen nicht zuletzt ethische Überlegungen zugrunde, die auf vergleichbare Weise helfen können, auch die Praktiken im Umgang mit Tieren in Bereichen wie Forschung, Milchproduktion oder Jagd zu verbessern. Solche Bemühungen können in einer ganz spezifischen Bereichsethik, in einem informellen Verhaltenskodex oder in Gesetzen ihren Niederschlag finden.

Ganz allgemein lassen sich diese Bemühungen unter der Metapher einer ethischen *Perspektive von innen* zusammenführen. Dabei geht es um eine Perspektive, die eine Praxis zum Guten verändern möchte. Solche Ansätze nennt man melioristisch (von lat. *melior* = besser), weil sie auf die Verbesserung einer Praxis abzielen. Im Falle der tierethischen Perspektive von innen geht es um die Verbesserung einer Praxis im Hinblick auf Tiere sowie im Hinblick auf Mensch-Tier-Verhältnisse. Die melioristische Perspektive von innen ist kontextsensibel, sie kann unterschiedliche Interessen berücksichtigen und zu bedeutenden Fortschritten führen. Um bestehende Praktiken im demokratischen Gemeinwesen zu verändern, stellt sie ein Standardverfahren dar. Zu beachten ist dabei freilich, dass die visuelle Metapher einer ›Perspektive von innen‹ einen Anstoß zur Problemwahrnehmung oder Druck zur Veränderung einer Praxis von außen nicht ausschließt, denn genau das ist im Hinblick auf unseren Umgang mit Tieren eher die Regel als die Ausnahme. Die Metapher soll lediglich zum Ausdruck bringen, dass aus einer Innenperspektive niemand eine Praxis *grundsätzlich* infrage stellt. Dem steht die

Perspektive von außen gegenüber. Aus dieser Perspektive stellt sich die Frage, ob ein bestimmter Bereich *überhaupt* eine moralisch legitime Praxis darstellt. Es gibt offensichtliche Beispiele für Bereiche, die wir nicht als akzeptable Praktiken betrachten wie Sklaverei, Frauenhandel, Kannibalismus oder Folterungen. Alle diese Praktiken könnten natürlich »verbessert« werden, nicht nur in technischer, sondern auch in ethischer Hinsicht. Eine gezieltere Folterung würde dem Opfer unnötiges Leid ersparen; Frauenhändler könnten sich zu einem Standeskodex verpflichten. Aber natürlich stellen wir keine Regeln zur Verbesserung dieser Praktiken auf, sondern wir halten solche Praktiken insgesamt für moralisch untragbar.

Wenn wir nun auf unseren Umgang mit Tieren blicken, so bietet sich insbesondere für Tierrechtspositionen ebendiese Perspektive von außen an. Regan etwa fordert die Abschaffung der landwirtschaftlichen Nutzung von Tieren, ihrer Verwendung in Tierversuchen oder im Sport usw. (vgl. S. 98 ff.). Die Perspektive von außen kann freilich auch dazu dienen, offensichtliche Widersprüche in einer Praxis oder bessere Alternativen aufzuzeigen. Nehmen wir wieder das Beispiel des Zoos. Zoos verfolgen das Ziel des Artenschutzes – »United in conversation« –, deshalb werden bedrohte Tierarten in Zoos gehalten und gezüchtet. Allerdings führt dies bisweilen dazu, dass überzählige Jungtiere getötet werden müssen, weil sie weder im Zoo bleiben noch ausgewildert werden können. Der Widerspruch besteht nun darin, dass man zum Zwecke des Artenschutzes manchmal Individuen jener Arten töten muss, die gerade geschützt werden sollen. Drastisch zeigt sich dieses Problem im Fall der Tötung von drei Tigerbabys im Zoo Magdeburg im Jahr 2008. Wie sich herausstellte, war der Vater der drei Babys kein reinrassiger Sibirischer Tiger, in seiner Ahnenreihe fand sich ein Sumatra-Tiger. Deshalb schienen die kleinen Tiger nicht zur Zucht geeignet und wurden getötet. Dies – so befand schließlich das Magdeburger Amtsgericht 2010 und ebenso das Oberlandesgericht in Naumburg 2011 – sei aber kein vernünftiger Grund, gesunde und lebensfähige Tiere zu töten, dies verstoße gegen das Tierschutzgesetz. In Anbetracht solcher Widersprüche stellt sich die Frage, ob es nicht bessere Alternativen zum Artenschutz gibt als die Haltung und Zucht im Zoo.

Nehmen wir wiederum das Beispiel des Tigers. Während Tiger in Vietnam oder in Kambodscha ausgestorben sind und in China oder in Laos massiv dezimiert werden, vergrößern sich die Tigerbestände in Indien seit einigen Jahren endlich wieder. Die Ursache dieses Anstiegs sind ein strenger Artenschutz, eine rigorose Politik zur Schaffung von Reservaten und die Einrichtung des *Wildlife Crime Control Bureau*, das die organisierte Wilderei bekämpft. Es stellt sich also die Frage, ob staatliche Bemühungen dieser Art nicht erfolgreicher sind als die Zucht im Zoo (zur ethischen Problematik des Zoos vgl. Jamieson 1986; Bostock 1993; Zamir 2007; Marino et al. 2010; Wild 2014; Benz-Schwarzburg/ Leitsberger 2015).

Der Kontrast zwischen einer Perspektive von innen und einer Perspektive von außen ist kein absoluter, denn natürlich können sich beide Blickrichtungen auch verschränken. Wenn wir von außen auf eine Praxis blicken, können wir argumentieren, dass sie nur dann tragbar ist, wenn auf bestimmte ihrer Bestandteile ganz verzichtet wird. So hat man gewisse Nutztierpraktiken wie etwa den Hundekampf, den Lebendrupf bei Gänsen oder die Kastration von nicht-narkotisierten Ferkeln in bestimmten Staaten gesetzlich verboten. Im Hinblick auf den Zoo lässt sich z.B. die Position vertreten, dass die Haltung bestimmter großer Tiere wie Delfine, Bären oder Elefanten dermaßen problematisch ist, dass man sie verbieten sollte.

Im Folgenden wollen wir exemplarisch einige praktische Problemfelder aus der Perspektive von innen bzw. aus der Perspektive von außen diskutieren. Wir beginnen mit der Perspektive von außen und versuchen das Lebensrecht für empfindungsfähige Tiere, für das wir in Abschnitt 3.3 argumentiert haben (vgl. S. 135 ff.), auf die Frage des Fleischkonsums anzuwenden (4.2). Im Anschluss wenden wir uns der Perspektive von innen zu und widmen unsere Aufmerksamkeit der Debatte um Tierversuche (4.3).

4.2 Vegetarismus: Das Lebensrecht für Tiere in der Praxis

Im Abschnitt 3.4 hatten wir auf der prinzipiellen Ebene zu zeigen versucht, wie man Tierrechte mittels Interessen begründen und wie man für ein Lebensrecht bei Tieren argumentieren kann. Der dort vorgestellte Ansatz ist sentientistisch, weil er *empfindungsfähigen* Tieren Rechte zuschreibt, und er ist negativ, weil er empfindungsfähigen Tieren allein *negative* Rechte (wie etwa das Recht, nicht getötet zu werden) zugesteht. Im Folgenden wollen wir von dem ethischen Prinzip ausgehen, dass Tiere ein Lebensrecht haben, und diskutieren, zu welchen Fragen und Problemen dieses Prinzip auf der Anwendungsebene führt. Wir betrachten zwei Anwendungsfelder, nämlich die Jagd und den Vegetarismus.

Lebensrecht und Jagd

Eine ganze Gruppe von Problemen ergibt sich im Hinblick auf die Frage, ob Rechte auch eingeschränkt werden können. Tatsächlich können im Prinzip alle Rechte eingeschränkt werden. So gilt das Freiheitsrecht nicht absolut. Wer gegen Gesetze verstößt und einen fairen Prozess bekommen hat, dem kann eine Freiheitsstrafe auferlegt werden. Wie steht es mit dem Lebensrecht von Tieren, kann es eingeschränkt werden? Diese Frage kann zunächst am Beispiel der Jagd diskutiert werden. Dabei haben wir jene Formen der Jagd im Blick, wie sie in Mitteleuropa betrieben werden.

Jagd kann man definieren als das Aufsuchen, Nachstellen, Fangen, Töten und Aneignen von Wild durch Menschen nach bestimmten Regeln, die das Ziel haben, den Schutz und die Achtung von Wildtieren, Mitjagenden und der Natur zu garantieren. Diese Regeln sind in Jagdgesetzen festgelegt oder in Berufscodes festgehalten. Auch unter den Jägerinnen und Jägern sind bestimmte Jagdpraktiken höchst umstritten, so etwa die sogenannte »Gatterjagd«, bei der mittels einer lückenlosen Einzäunung gezielt Wildtiere zum Abschuss gebracht werden, die keine Fluchtmöglichkeit mehr haben. Diese Art der Jagd widerspricht den Grundsätzen der Waidgerechtigkeit, denen zufolge dem Wild nicht nur unnötige Qualen erspart werden sollen, sondern auch ein Maximum an Chancen zu lassen ist.

Doch wie auch immer man die Jagd reguliert, die zentrale Tätigkeit bleibt das Töten von Wildtieren. Das Töten kann man neutral beschreiben als Überführung eines Tiers vom Leben in den Tod, wobei das absichtliche Töten zusätzlich das Ziel ebendieser Überführung beinhaltet. Die Jagd involviert das absichtliche Töten empfindungsfähiger Tiere. Der Jäger ist kein Raubtier, sondern eine Person und als solche ein moralischer Adressat von Rechtsansprüchen. Das absichtliche Töten empfindungsfähiger Tiere durch moralische Adressaten verletzt ihr negatives Recht auf Leben. Wenn wir auf einer prinzipiellen Ebene das Lebensrecht von empfindungsfähigen Tieren – und um solche handelt es sich beim erlegten Wild – akzeptieren, ergibt sich also auf der Anwendungsebene die Konsequenz, dass die Jagd moralisch nicht vertretbar ist.

Aber könnte es nicht doch sein, dass wir in manchen Fällen das Lebensrecht von Tieren einschränken dürfen? Wir befassen uns ja mit der Frage, ob und unter welchen Bedingungen bestimmte Rechte eingeschränkt werden können. Als Gründe für die Jagd werden die Gewinnung hochwertiger Nahrungsmittel, das Naturerlebnis, die Freude an der Tätigkeit, Erholung, Tradition usw. angegeben. Das scheinen aber relativ schwache Gründe für die Einschränkung des Lebensrechts zu sein, ganz einfach deshalb, weil es für alle diese Ziele Alternativen gibt, die ohne das absichtliche Töten von Tieren auskommen. Es gibt alles in allem keinen Grund, diese Interessen gegenüber dem Recht auf Leben stärker zu gewichten.

Allerdings können wir uns vorstellen, dass man ein Tier absichtlich tötet, weil das Wohlergehen des Tiers selbst massiv beeinträchtigt ist oder weil das Tier eine erhebliche Gefahr für Menschen oder für andere Tiere darstellt. In Analogie dazu kann man sich die guten Gründe anschauen, die dafür sprechen, den Schmerz einer anderen Person in Kauf zu nehmen. Dazu gehören etwa Notwehr und Notstand, aber auch das Wohl des Betroffenen. Wiederum übertragen auf Tiere wären gute Gründe für das Töten von Tieren die Notwehr (wenn ein Mensch von einem Wild ernsthaft angegriffen wird), der Notstand (wenn wir versehentlich ein Wild schwer verletzen) oder das Wohl des Tiers (wenn das Leben eines Wilds keine Chance mehr auf überwiegend positive Erlebnisse hat).

Nun haben wir bereits drei Gründe, die das Lebensrecht eines Tiers einschränken können. Es handelt sich bei der Tötung aber jeweils um eine *Ultima Ratio*. Deshalb kann man die massiv eingeschränkte Form der Jagd, die nur unter diesen drei Bedingungen zulässig wäre, als *Ultima-Ratio*-Jagd bezeichnen (Varner 1995; Winkelmayer 2014).

Wie steht es mit sogenannten übergeordneten Interessen? Können nicht auch ökonomische Interessen (die Nutzung von Tieren für Wildprodukte – Fleisch, Fell und Horn – oder die Vermeidung von Wildschäden) und ökologische Zwecke (die Regulation des Wildbestands oder der Schutz der Biodiversität) dem Lebensrecht übergeordnet werden? Allgemein kann man auf diese Frage wie folgt antworten: Prinzipiell ist es nicht einsichtig, warum ökonomische oder ökologische Interessen das Lebensrecht empfindungsfähiger Tiere ausstechen sollten, insbesondere wenn es Alternativen zur Jagd gibt.

Zur Nutzung von Wildprodukten gibt es offensichtlich Alternativen. All diese Alternativen befriedigen dasselbe ökonomische Bedürfnis und sind deshalb gleichwertig. Und selbst wenn die Alternativen nicht vollkommen gleichwertig sind, sollte doch das Lebensrecht durch entsprechende Nachteile nicht eingeschränkt werden. Auch im Falle der Vermeidung von Wildschäden gibt es Alternativen, nämlich landwirtschaftliche statt jagdlicher Maßnahmen: Neben den üblichen Zäunen und Körben, dem Fege- und Knospenschutz sowie verstärkten Sanktionen bei der Unterlassung landwirtschaftlicher Methoden können neue Bepflanzungskonzepte eingesetzt werden (z.B. Zwischenzonen zwischen Wald und Feld). Außerdem würde die massive Reduktion von Nutztieren und Futterpflanzen durch unseren Verzicht auf Fleisch auch das Nahrungsmittelangebot für Wildtiere und somit das Schadenspotenzial verringern. Und schließlich kann die Öffentlichkeit einen Teil des Wildschadens durchaus tragen, wie sie es heute bereits tut.

Die ökologischen Gründe für die Jagd sind umstritten. Es scheint, dass die Jagd den Wildbestand in einer Landschaft meist nur lokal und temporär regulieren kann. In einigen Fällen drängt sich sogar der wissenschaftlich begründete Verdacht auf, dass die Jagd einen Beitrag zum Wachstum von Wildtierbeständen leistet. Der Regulationserfolg durch Jagd ist sogar beim Wildschwein fragwürdig (Sarasa/Sarasa 2013). Der Staat Luxemburg hat die Jagd auf Füchse 2015 für ein Jahr ausgesetzt, da sie die Population nicht zu regulieren vermag. Gibt es überhaupt Alternativen zur jagdlichen Regulation? Ja. Dazu gehört die Einwanderung von Großraubtieren wie Luchs, Wolf oder Bär. In Zoos und in der Zucht werden Verhütungsmittel eingesetzt. In Analogie dazu kann man sich überlegen, ob eine Regulation nicht durch Verhütung denkbar wäre. Auch hier ist es also fragwürdig, ob tatsächlich übergeordnete Interessen das Lebensrecht überwiegen.

Wie steht es schließlich mit dem Erhalt der Biodiversität? Unter »Biodiversität« versteht man die Variabilität lebender Organismen jeglicher Art einschließlich der Ökosysteme, zu denen diese Organismen gehören. Hier muss man zuerst die Frage stellen, warum die Biodiversität ein solcher Wert sein soll, der Individualrechte aussticht. Warum sollte die Vielfalt der Arten wichtiger sein als das Lebensrecht empfindungsfähiger Tiere? Neben der Vielfalt der Arten werden bisweilen auch Kriterien wie die Reinheit der Arten oder das Heimischsein der Arten angeführt. Aber auch hier stellt sich die Frage, warum der Kampf gegen gebietsfremde Arten bzw. die Erhaltung einer Art wichtiger sein soll als ein Individualrecht. Im Falle von Menschen würden wir diese Bevorzugung im Hinblick auf das Lebensrecht für höchst fragwürdig halten. Allerdings kann man sagen: Wenn eine Tierart eine andere Tierart derart massiv gefährdet, dass deren Bestand auf dem Spiel steht, dann werden die Individuen der bedrohten Tierart keine Chance auf positive Empfindungen mehr haben, weil diese Tierart als solche vom Aussterben bedroht ist. Wenn sich in diesem Fall keine alternativen Mittel anbieten, können Tiere zum Schutz der bedrohten Tierart geschossen werden. Nehmen wir beispielsweise an, dass Wölfe den Bestand der Mufflons in Zentraleuropa zum Verschwinden bringen würden – dann könnte der Abschuss von Wölfen eine *Ultima Ratio* sein. Allerdings müsste zuvor natürlich die Bejagung des Mufflons durch Menschen untersagt werden, und es müssten Alternativen – etwa die Entfernung von Wölfen aus Mufflongebiet – geprüft werden. Nun haben wir einen weiteren Grund für die *Ultima-Ratio*-Jagd, nämlich die massive Bedrohung einer Art in dem Sinne, dass deren Verschwinden droht.

Zusammenfassend ergeben sich unter der Prämisse des negativen Lebensrechts von empfindungsfähigen Tieren die folgenden vier Einschränkungen dieses Rechts:

1. Notwehr im Sinne der Verteidigung des eigenen Lebensrechts
2. Notstand im Sinne der Gnaden- oder Nottötung
3. Tierwohl im Sinne der Gnadentötung
4. Artenschutz im Sinne der Bewahrung einer Art vor der Ausrottung

Diese Argumentation hat weitreichende Folgen für die Praxis. Die Jagd ist in Mitteleuropa fester Bestandteil der kulturellen Tradition und durch Gesetze sowie Verordnungen reglementiert – einige Jagdverbände und -vereine setzen sich selbst hohe ethische Ziele. Andere Gruppen scheinen sich um solche Standards hingegen nicht zu kümmern und halten unbekümmert an der Jagd als sportlichem Vergnügen fest. Doch wenn wir das moralische Lebensrecht von Tieren ernst nehmen, kann die Jagd nicht einfach privaten Jägern überlassen werden, die entsprechende Urkunden erwerben (Jagdschein, -karte oder -patent), Reviere pachten oder über ein ausreichend großes Grundstück mit Wildbestand verfügen. Vielmehr muss die Jagd eine staatlich kontrollierte Tätigkeit werden – man spricht hier von »Regiejagd« oder von »Verwaltungsjagd« –, die von professionellen Wildhüterinnen und Wildhütern als *Ultima-Ratio*-Jagd ausgeübt wird. Ein bekanntes Beispiel für eine solche Beschränkung ist der Kanton Genf in der Schweiz. Infolge einer Volksabstimmung wurde dort die private Jagd 1974 verboten und stattdessen die staatliche Verwaltungsjagd eingeführt. Das Wildtiermanagement wird von einer Kommission überwacht. Oft wird Genf als ein »Sonderfall« bezeichnet, doch aus einer tierrechtlichen Perspektive von außen handelt es sich viel eher um einen Modellfall. Einst flüchteten die Hugenotten vor religiöser Verfolgung aus Frankreich, heute sind es (buchstäblich) die Wildtiere, die sich vor dem Jagddruck in Sicherheit bringen. Es gibt also ein reales Modell für die Umsetzung der *Ultima-Ratio*-Jagd.

Einwände gegen den ethischen Vegetarismus

Offensichtlich führt die Achtung des Lebensrechts zum Vegetarismus. Da man Tiere in der Regel töten muss, um an ihr Fleisch oder an ihre anderen genießbaren Teile zu gelangen, verletzt der Fleischkonsum das Lebensrecht empfindungsfähiger Tiere. Dabei stehen nun nicht in erster Linie diätetische Erwägungen (Ist Fleisch gesund?), religiöse Tabus (Ist Fleisch rein?), ökologische Sorgen (Ist Fleisch nachhaltig?) oder psychologische Dispositionen (Ich mag kein Fleisch!) im Zentrum der Aufmerksamkeit, sondern ethische Überlegungen. Die Grundfrage der Tierethik lautete: Was dürfen wir mit Tieren tun und was nicht (vgl. S. 23)? Wenn das Lebensrecht auch für Tiere gilt, dann sollten wir Tiere nicht töten. Ein ethischer Vegetarier braucht sich im Prinzip um diätetische, religiöse, ökologische oder psychologische Aspekte des Vegetarismus nicht zu kümmern. Er könnte sogar glauben, dass Fleisch gesund, tabufrei, umweltverträglich und schmackhaft ist, und es dennoch für falsch halten, Fleisch zu essen. Aber natürlich sind alle genannten Aspekte auch von Bedeutung.

Betrachten wir exemplarisch einige Komplikationen des ethischen Vegetarismus. Im Folgenden soll unter einem »ethischen Vegetarismus« ein Vegetarismus verstanden werden, der sich aus der Argumentation für ein Lebensrecht von Tieren ergibt.

Schädlinge? Wir können damit beginnen, die aus der Diskussion um die Tötung von Tieren in der Jagd gewonnenen Einsichten auf einen Einwand anzuwenden, dem wir bereits begegnet sind (vgl. S. 163). Mary Midgley meint, dass es für Menschen manchmal unvermeidbar sei, Schädlinge zu töten, wenn sie überleben möchten. Nun geht es hier nicht um jede Art von »Schädling«. Zuerst muss man zwischen Tieren unterscheiden, die empfindungsfähig sind, und solchen, die es nicht sind. Es gibt Gründe für die Annahme, dass Kakerlaken, Kartoffelkäfer oder Malariamücken nicht empfindungsfähig sind, Ratten, Kaninchen oder Dachse hingegen schon. Da Insekten als empfindungsunfähige Tiere keine Interessen haben und entsprechend auch kein Recht auf Leben beanspruchen können, verstößt in diesem Fall die Schädlingsbekämpfung nicht gegen das Lebensrecht. Weiter räumt auch Midgley ein, dass man versuchen kann, »Schädlinge« zu verscheuchen und zu verjagen. Mäuse und Ratten können auf andere Weisen als durch tödliche Fallen oder durch Gift beseitigt werden. Sogar an Verhütung lässt sich denken. Nur, was soll man tun, wenn das alles nichts nützt und der »Schädling« tatsächlich eine Gefahr für unser Leben darstellt? Nicht jeder schwer zu vertreibende »Schädling« stellt freilich eine Gefahr für das Leben dar. So graben Dachse bisweilen Gärten um oder standen in Großbritannien unter dem Verdacht, Viehseuchen zu übertragen. Doch die Zerstörung eines Gartens oder die mutmaßliche Verseuchung schlecht gemanagter Viehbestände stellt allein noch keine Bedrohung unseres Lebens dar. Hier ließe sich zunächst überlegen, ob der Dachs im Garten oder die Maus im Haus wirklich als »Schädlinge« wahrgenommen werden müssen und ob keine alternativen Methoden der Vergrämung existieren. Wenn schließlich kein Mittel greift und der »Schädling« wirklich unser Leben bedroht, so können wir im Sinne der *Ultima-Ratio*-Jagd das Lebensrecht mit Gründen einschränken. Die Frage nach den »Schädlingen« ist ein Beispiel für die *Einschränkungsprobleme*, die sich der ethischen Vegetarierin stellen, wenn sie ihre Position als Anwendung des Prinzips versteht, dass Tiere ein Lebensrecht haben. Umgekehrt ergeben sich auch Ausdehnungsprobleme. Mit dieser zweiten Gruppe von Problemen bekommt es der ethische Vegetarismus zu tun, wenn man sich fragt, wie weit das Lebensrecht überhaupt ausgedehnt werden soll. Diese Ausdehnung kann man auf ganz unterschiedliche Art und Weise verstehen. Im Folgenden diskutieren wir zuerst das Problem der Ausdehnung auf Pflanzen, dann die Frage nach dem Töten von Tieren durch Tiere und schließlich den Status von toten Tieren und Menschen, d.h. von Kadavern bzw. Leichen.

Pflanzen? Welche Tiere fallen eigentlich unter das Lebensrecht? Alle Tiere? Warum nicht auch Pflanzen? In Abschnitt 3.4 wurde argumentiert, dass Rechte auf Interessen und diese auf Empfindungsfähigkeit beruhen. Somit kommen nur empfindungsfähigen Lebewesen Rechte zu. Das scheint aber nur die Frage zu verschieben. Welche Lebewesen sind empfindungsfähig? Haben nicht alle Lebewesen, auch Bäume und Pflanzen, Empfindungen? Diese Frage ist ausgesprochen spekulativ. Es ist in der letzten Zeit mit Hinweis auf einige interessante Forschungen zur »Pflanzenintelligenz« geradezu Mode geworden, vage Vermutungen über Empfindungen bei Pflanzen anzustellen. Doch welche Belege und Anhaltspunkte haben wir? Zur Zeit wird debattiert, ob Fische Schmerzen empfinden. Schmerzen sind sicher ein gutes Beispiel für eine Empfindung. Keines der Kriterien, das in dieser Debatte für die Zuschreibung von Schmerzempfindungen eine Rolle spielt, lässt sich bei Pflanzen auch nur annähernd in

Anschlag bringen. Seit Aristoteles gilt es darüber hinaus als ein bezeichnender Unterschied zwischen Pflanzen und Tieren, dass Erstere weder den Ort wechseln noch über spezialisierte Sinnesorgane verfügen. Bei vielen Tieren werden Ortsbewegung und Wahrnehmung zentral gesteuert. Das allein ist ein guter Anhaltspunkt, um bei Pflanzen weder Empfindungen noch Interessen zu vermuten. Schließlich sollte man mit der Zuschreibung von Empfindungen strikt sein, weil mit der Empfindungsfähigkeit ja starke negative Rechte einhergehen. Deshalb sollten weder die bloße spekulative Möglichkeit von Empfindungen noch eine teilweise Erfüllung der Kriterien für Empfindungsfähigkeit ausreichen.

Raubtiere? Wenn das Lebensrecht die Grundlage für den Vegetarismus darstellt, müsste der ethische Vegetarier dann nicht auch die Forderung erheben, dass in der wilden Natur Raubtiere keine anderen Tiere töten dürften? Müsste er nicht Kontrollen einführen und Raubtiere unschädlich machen? Aber das wäre doch absurd. Auf diesen häufig vorgebrachten Einwand kann man in folgender Weise antworten: Das Lebensrecht für Tiere ist negativ, d.h., es geht nicht um den Anspruch darauf, dass das Leben gefördert wird, sondern um den Anspruch darauf, dass das Leben nicht genommen wird. Der Anspruch richtet sich nicht an beliebige andere, sondern an Adressaten für Rechtsansprüche. Da Raubtiere keine Adressaten für solche Ansprüche sind, können ihnen gegenüber auch keine Rechte geltend gemacht werden. Hier steht einfach Interesse gegen Interesse. Und da Tiere keine positiven Rechte auf Lebensförderung haben, ergeben sich für uns als echte Adressaten von Rechtsansprüchen auch keine positiven Pflichten, in die Interaktion zwischen Raub- und anderen Tieren einzugreifen. Denken wir auch an die Argumente von Clare Palmer zurück (vgl. S. 172). Ihr zufolge haben wir aufgrund unserer Beziehungen zu domestizierten Tieren diesen gegenüber andere Pflichten als gegenüber wilden Tieren. Für den Hund, mit dem ich lebe, habe ich eine andere Art der Verantwortlichkeit als für einen beliebigen Hund. Auf den Massentod von Gnus in der Wildnis reagieren wir anders als auf den Massentod von Kühen in Stallungen. Die Beziehung zwischen Mensch und Tier scheint einen moralischen Unterschied zu machen, aber natürlich nur auf der Grundlage von Individualrechten. Schließlich kann man sich überlegen, ob Individualrechte nicht durch Gruppenrechte ergänzt werden könnten, wie Sue Donaldson und Will Kymlicka vorschlagen (vgl. S. 180 f.). Auch hier ergibt sich ein Unterschied zwischen domestizierten und wilden Tieren.

Leichen? Wir haben gesehen, wie Cora Diamond argumentiert, dass wir tote Menschen nicht essen würden, obwohl diese nicht mehr empfindungsfähig sind (vgl. S. 155). Ethische Vegetarier würden auch verunfallte Tiere nicht essen. Wenn das Kriterium der Empfindungsfähigkeit so wichtig wäre, gäbe es keinen moralischen Grund, tote Menschen oder verunfallte Tiere nicht zu essen. Was kann man entgegnen? Hier muss man sich die Frage stellen, ob ein totes Tier überhaupt ein Lebewesen ist. Die Frage mag seltsam erscheinen. Doch wenn wir daran denken, dass Lebewesen beispielsweise dadurch charakterisiert sind, dass sie zu bestimmten Verhaltensweisen tendieren, eine bestimmte Lebensweise haben, dass sie zu Fortpflanzung, Stoffwechsel, Wachstum, Reizbarkeit und Evolution fähig sind, fällt es schwer zu sagen, dass tote Tiere Lebewesen sind. Sie sind tot, also leben sie nicht mehr. Ein toter Fuchs gehört noch zur selben Art wie ein lebendiger Fuchs, weil er wie alle Mitglieder seiner Art von Füchsen erzeugt worden ist. Ebenfalls ist ein toter Fuchs nach dem Kriterium der Zellen-Linie auch noch dasselbe Individuum wie der lebendige Fuchs, weil seine Zellen alle von einer Zygote abstammen (Knell/Weber 2009: 45 ff.). Aber ein toter Fuchs ist zweifellos nicht mehr lebendig. Nun können wir sagen, dass Empfindungsfähigkeit an den Umstand gebunden ist, dass ein Tier lebt. Tote Tiere haben keine Empfindungsfähigkeit mehr und deshalb auch keine Interessen mehr. Im Unterschied dazu haben z.B. betäubte Tiere nach wie vor Empfindungsfähigkeit, denn der Zustand der Betäubung ist im Unterschied zum Zustand des Totseins reversibel. Also gibt es für den Vegetarier *prima facie* keinen moralischen Grund, das Fleisch einen toten Tiers nicht zu essen. Er mag natürlich aus Ekel oder aus gesundheitlichen Erwägungen davor zurückschrecken. Doch wenn ich aus Ekel oder gesundheitlichen Gründen davor zurückschrecke, einen verunfallten Homosexuellen zu reanimieren, obwohl ich entsprechend ausgebildet bin, scheinen dies keine überzeugenden moralischen Gründe zu sein. Daraus folgt übrigens nicht, dass man bedenkenlos jegliches tote Tier, das noch genießbar wäre, aufessen dürfte. Bisweilen wird darauf hingewiesen, dass gewisse Tierarten einen besonderen Umgang mit toten Artgenossen pflegen. Manche Tiere scheinen um tote Artgenossen zu trauern, Zeit bei ihnen zu verbringen oder zum Ort des Verlusts zurückzukehren (King 2013). Andere Tierarten wiederum scheinen toten Artgenossen gegenüber ziemlich gleichgültig. Nun kann man argumentieren, dass man die Interessen der hinterbliebenen Tiere bei jenen Arten verletzt, die toten Artgenossen auf eine kollektiv-emotionale Weise begegnen. Hier könnte es so etwas wie indirekte Pflichten toten Tieren gegenüber geben. Hingegen ist dies bei Tierarten, die tote Artgenossen nicht beachten, nicht der Fall.

Nehmen wir an, die eben skizzierte Argumentation treffe auch auf Menschen – die biologisch gesehen auch Säugetiere sind – zu. Würde dann nicht folgen, dass man einen Leichnam essen dürfte? Das wäre eine furchtbare Konsequenz, und sie ergibt sich auch nicht. Wenn die Argumentation korrekt ist, dann haben wir

Leichen gegenüber zwar nicht zwingend direkte moralische Pflichten, wir können aber indirekte Pflichten haben. Wir wollen Interessen der Angehörigen und die öffentliche Sitte achten, und es spricht nichts gegen diese Achtung. Außerdem respektieren wir in der Achtung der Leiche den mutmaßlichen oder ausdrücklichen Willen des Verstorbenen. Dies wiederum kann durchaus ein Quell für eine direkte Pflicht sein (Wittwer 2009: 76–84). Wie wir gesehen haben, kann der tierrechtlich fundierte Vegetarismus auf der Anwendungsebene durchaus mit Einschränkungs- und Ausweitungsproblemen umgehen. Die härteste Gruppe von Problemen für den ethischen Vegetarier sind jedoch die Folgeprobleme. Diese Gruppe von Problemen bezieht sich auf die Folgen eines ethischen Vegetarismus, der auf dem Lebensrecht beruht. Müsste man nicht konsequenterweise zum Veganismus tendieren? Wie steht es mit den Todesfällen von Tieren, die in einer Landwirtschaft ohne Tiere unweigerlich eintreten werden? Müsste man nicht alle Beziehungen zu Nutztieren abschaffen und diese gleich mit? Bürden wir damit nicht Prinzipen der westlichen Welt chauvinistisch dem Globus auf? Kann die Weltbevölkerung ohne Fleisch überhaupt ernährt werden?

Veganismus? Die ethische Vegetarierin verzichtet auf Fleisch, weil in ihren Augen die Tötung von empfindungsfähigen Tieren gegen deren Recht auf Leben verstößt. Das schließt natürlich auch die Verwendung von Leder, Pelz oder Horn ein, sofern Tiere dafür sterben müssen. Allerdings verzichtet die Vegetarierin, im Unterschied zum Veganer, nicht auf tierliche Produkte wie Eier, Milch, Honig oder Wolle, die gewonnen werden können, ohne dass Tiere deswegen getötet werden müssten. Der Veganer verzichtet auf solche Produkte und strebt nach einer Lebensweise, die, soweit dies praktisch möglich ist, alle Formen der Ausbeutung von Tieren für Essen, Kleidung und andere Zwecke vermeidet. Beide sind sich – wie eigentlich die meisten Menschen in Mitteleuropa – darüber einig, dass Tieren nicht ohne guten Grund Leid zugefügt werden sollte, deshalb weisen sie Produkte aus der industriellen Nutztierhaltung zurück. Nun verweist der Veganer jedoch auf den folgenden Umstand: Bei der Herstellung von Milch und Eiern fallen in der Regel tote Tiere an. Legehennen leiden nicht nur aufgrund der besonderen Zucht und der Haltungsbedingungen, sondern die männlichen Küken müssen unmittelbar nach dem Schlüpfen getötet werden, weil sie keine Eier produzieren können. Dieses Problem zeigt sich in einem noch schärferen Maße bei Milchkühen. Unter Bedingungen von Hochleistungsproduktion werden die Kühe regelmäßig trächtig gemacht, damit sie Kälber gebären und Milch produzieren (Laktation). Die überzähligen Kälber, insbesondere die männlichen Tiere, werden geschlachtet. Dasselbe gilt für Milchkühe, die nach einer durchschnittlichen »Dienstzeit« von etwa fünf Jahren und nach höchstens vier Laktationszeiten – bei einer Lebenserwartung von über zwanzig Jahren – geschlachtet werden. Die »Abgangsgründe« sind Fruchtbarkeitsprobleme, Erkrankungen oder eine ungenügende Milchleistung. Da die Vegetarierin Eier- und Milchprodukte zu sich nimmt, scheint es falsch zu behaupten, dass für eine vegetarische Lebensweise keine Tiere getötet werden müssen. Tatsächlich ist nicht zu bestreiten, dass der Konsum von Eier- und Milchprodukten aus industrieller Nutztierhaltung unweigerlich den Tod von Tieren in Kauf nimmt. Allerdings können Eier und Milch auch auf andere Weise gewonnen werden als unter Bedingungen der industriellen Produktion. Die Art und Weise, wie wir heute tatsächlich Eier und Milch produzieren, stellt ein Problem dar, doch prinzipiell spricht nichts gegen den Konsum von Eiern und Milch, insofern diese nicht zu Leid und Tod bei Tieren führen. Nicht nur Kühe, auch Schafe, Ziegen oder Kamele geben Milch, nicht nur Hühner, auch andere Vögel legen genießbare Eier. Es ist aber offensichtlich, dass der Konsum von Eiern und Milch massiv eingeschränkt werden muss, damit er nicht Bestandteil einer Praxis ist, in der Tiere systematisch getötet werden müssen, um diese Produkte gewinnen zu können.

Kollateralschäden? Die Bearbeitung und Nutzung von Böden zur Gewinnung pflanzlicher Lebensmittel (Getreide, Mais, Reis, Bohnen usw.) zieht unweigerlich Tiere in Mitleidenschaft. Kleinsäuger, Vögel oder Reptilien erleiden im Zuge der Bewirtschaftung Schäden oder werden getötet. Nach einer groben Rechnung würden auch für eine vollständig vegane/vegetarische Ernährung in den USA jährlich etwa 1,8 Milliarden Tiere getötet werden. Steven Davis, von dem diese Rechnung stammt, hat deshalb argumentiert, dass nach dem Prinzip des geringsten Schadens (*least harm principle*) vielleicht eine gemischte Ernährung, die neben pflanzlichen Produkten insbesondere Kuhfleisch umfasst, alles in allem weniger Tierleben kosten würde (Davis 2003). Gegen Davis' Berechnung wurde eingewendet, dass eine effektive Berechnung nach dem Prinzip des geringsten Schadens effektiv zugunsten einer fleischlosen Ernährung sprechen würde (Matheny 2003), dass seine Angaben für Wildtierverluste zu hoch sind und dafür andere Opfer nicht einkalkuliert werden. So müsse man nicht nur die unbeabsichtigten tödlichen Folgen der Pflanzenproduktion für Wildtiere berücksichtigen, sondern auch die unbeabsichtigten tödlichen Nebenfolgen des Fleischkonsums für Menschen aufgrund folgenreicher gesundheitlicher Beeinträchtigungen miteinbeziehen (Lamey 2007). Doch selbst wenn wir davon ausgehen, dass eine vegetarische Ernährungsweise alles in allem zum Tod von weniger Tieren führt, bleibt dennoch die Tatsache bestehen, dass die Gewinnung von Lebensmitteln den Tod von empfindungsfähigen Lebewesen nach sich zieht. Es liegt nahe, den Tod dieser Tiere als unbeabsichtigte Nebenfolgen zu behandeln. Während Nutztiere zum Zweck der Fleischgewinnung gezüchtet werden – also gezüchtet werden, um getötet zu werden –, ist das bei Todesfällen, die sich aus der pflanzlichen Nahrungsmittelproduktion ergeben, nicht zwingend der Fall. Es handelt sich dabei jedoch keineswegs um ungewisse Nebenfolgen, sondern um erwartbare und kalkulierbare Opfer. Wir können diesen Umstand mit der Inkaufnahme von menschlichen Verkehrstoten vergleichen, die weltweit jährlich in großer Zahl dem Straßenverkehr zum Opfer fallen (dabei werden die Unfalltode beim Bau und Unterhalten von Verkehrsstraßen ebenso wenig berücksichtigt wie die Anzahl der im Straßenverkehr getöteten Tiere). Laut dem WHO-Bericht zur Sicherheit im Straßenverkehr aus dem Jahr 2013 starben 2010 rund 1,24 Millionen Menschen weltweit im Straßenverkehr. Die Berechnung ergab zudem, dass diese Zahl im Jahr 2030 auf 3,6 Millionen steigen könnte. Allerdings ist die Zahl, wie der Bericht aus dem Jahr 2015 zeigt, seit 2007 konstant, trotz einer steigenden Menge an Autos, sodass die Prognose als zu pessimistisch erscheint. Bekanntlich liegt die Zahl der jährlichen Verkehrstoten weit über jener der Kriegstoten. Diese traurigen Zahlen sind erwartbare und kalkulierbare Nebenfolgen der Mobilität. Wir nehmen sie in Kauf. Allerdings führen in einigen Staaten Bemühungen sowohl auf technischer, politischer und pädagogischer Ebene dazu, dass die Zahl der Verkehrstoten eher abnimmt. Das Ausmaß dieser Mobilitätsnebenfolge ist somit kein Schicksal, das hinzunehmen wir gezwungen wären. Ebenso kann der Vegetarier auf die Reduktion von absichtlichen Tötungen verweisen, die nicht-intendierten tödlichen Nebenfolgen in Kauf nehmen, zugleich aber auf politische, technische und pädagogische Maßnahmen drängen, welche das Ausmaß dieser Nebenfolgen vermindern.

Abolitionismus? Wie oben gezeigt, lassen sich Tierrechte, Egalitarismus und Abolitionismus analytisch trennen (vgl. S. 133 f.). Lässt sich diese Trennung jedoch argumentativ aufrechterhalten? Müssten wir, anders gefragt, nicht für ein Recht auf Freiheit bei allen Tieren plädieren, wenn wir ihnen Rechte zugestehen, und die Tiere ganz in Ruhe lassen? Gegen diese abolitionistische Konsequenz lässt sich einwenden, dass wir faktisch mit Tieren zusammenleben müssen. Damit sind nicht in erster Linie die domestizierten Tiere in Haus und Hof oder die gefangenen Tiere im Zoo oder im Laboratorium gemeint, sondern die zahlreichen Schwellen- und Wildtiere. Interaktionen zwischen Menschen und Tieren sind in unserer Welt unumgänglich und diese Interaktionen werfen moralische Probleme auf (Donaldson/Kymlicka 2013: 27 ff.). Auf der Grundlage des Interessen-basierten Ansatzes müssen wir auf einer prinzipiellen Ebene auch wie folgt argumentieren: Ein empfindungsfähiges Tier hat einen Anspruch auf Bewegungsfreiheit nur dann, wenn es ein Interesse daran hat, nicht gefangen gehalten zu sein. Nun ist aber keineswegs klar, ob das auf alle empfindungsfähigen Tiere zutrifft. Es werden in Zoos andererseits Tierarten gehalten, die aus einem defekten Gehege ausbrechen und nicht mehr zurückkehren würden, und es leben im Zoo Tiere, die wegen ihrer Gefangenschaft Verhaltensstörungen aufweisen. Raubtiere wie Bären oder Tiger sind Beispiele dafür. Demgegenüber leben in Zoos auch Tiere, die nach einem Ausbruch wieder zurückkehren, die mit einem kleinen Territorium ohne Raubfeinde und Nahrungskonkurrenz zufrieden zu sein scheinen und keine Verhaltensstörungen entwickeln. Hier kann man an Rinder oder Erdmännchen denken. Es kommt auf die Interessen dieser Tierarten, ja vielleicht sogar der individuellen Tiere an. Hinzu kommt, dass viele domestizierte Tiere ohne Umgang mit Menschen Mühe haben, ein eigenes Leben zu führen, sie sind also auf den Umgang mit Menschen angewiesen. Der Interessen-basierte Ansatz führt deshalb nicht zwingend zu einem Freiheitsrecht für alle empfindungsfähigen Tiere. Aus diesem Grund führt er auch nicht zum Abolitionismus. Die ethische Vegetarierin muss deshalb nicht für die Abschaffung aller Arten von Haltung und Nutzung von Tieren plädieren, solange das Recht auf Schmerzfreiheit, auf Leben und auf ein Wohlergehen gemäß den Interessen der betreffenden Tiere garantiert sind. Doch müsste sie nicht fordern, dass man jene Tiere tötet oder ausrottet, die einzig zum Zweck des Fleischkonsums gehalten und gezüchtet werden? In der Tat müsste sie in diese Richtung tendieren. Dabei kann es natürlich nicht um die Tötung dieser Tiere gehen, das würde ihr Lebensrecht verletzen. Vielmehr geht es darum, jene Rassen, die eigens für die effiziente Fleischproduktion gezüchtet worden sind, nicht weiter zu halten und zu züchten. Bestimmte Hühner,- Schweine- und Kuhrassen entwickeln aufgrund ihres Zuchtziels Krankheiten und Leiden. Sie sind für einen frühen Tod sozusagen gebaut worden. Tiere mit dem Zuchtziel Tod müssen nicht reproduziert werden. Dazu muss man diese Tiere aber nicht töten, sondern man sollte sie nicht weiter züchten und ihre Reproduktion einstellen. Andererseits mag es domestizierte Rassen geben, die ein gutes Leben zu führen imstande sind. Aus der Perspektive des Interessen-basierten Ansatzes besteht kein Grund, warum diese Tiere nicht gehalten werden könnten. Dabei sind jedoch strenge Auflagen an die Haltung zu stellen. Weil solche Tiere natürlichen Risiken (Raubtiere) und kulturellen Risiken (Straßenverkehr) ausgesetzt sind, kann das Einsperren zum Schutz der Tiere durchaus eine Pflicht sein, die eine Halterin auf sich nehmen muss. Offensichtlich würden in einer fleischlosen Gesellschaft viel weniger solche Tiere existieren, da sie nicht massenweise den Schlachthöfen und dem Konsum zur Verfügung gestellt werden müssten.

Chauvinismus? Gegen den ethischen Vegetarier wird oft ins Feld geführt, dass er eine westliche Perspektive vertrete. Andere Kulturen hätten einen anderen Umgang mit Tieren, andere Kulturen seien auf Tiere angewiesen, um überleben zu können, schließlich könne ohne Fleisch die Versorgung der Weltbevölkerung mit wertvollen Proteinen nicht gewährleistet werden. Beginnen wir mit dem letzten Punkt. Sowohl Wasserpflanzen (wie Seetang) als auch Insekten (wie Grillen) enthalten Proteine. Darüber hinaus ist die Verwertbarkeit von Insekten weitaus höher als die von Säugetieren; und es scheint, dass Insekten ohne eine der Fleischproduktion mit Schweinen, Hühnern oder Kühen vergleichbare Verschwendung von Ressourcen gehalten werden könnten. Sowohl was Wasserpflanzen als auch Insekten anbelangt, kann man davon ausgehen, dass es sich bei ihnen nicht um empfindungsfähige Lebewesen handelt. Das bedeutet, dass für die Proteinversorgung der Weltbevölkerung interessante Alternativen zur Verfügung stehen. Man mag zunächst aus Ekel vor dem Verzehr von Insekten zurückschrecken. Allerdings stellt der Ekel vor dem Insektenverzehr – so mag der ethische Vegetarier der Kritikerin seiner westlichen Perspektive entgegenhalten – eine typische westliche Reaktion dar. Nun scheinen aber einige Menschen in einigen Regionen auf den Fleischverzehr alternativlos angewiesen zu sein. Häufig wird auf die Inuit verwiesen, die ohne Fleisch in ihren angestammten Lebensgebieten jenseits des Polarkreises nicht überleben könnten. Donaldson und Kymlicka haben hier etwa auf die Möglichkeit verwiesen, den Inuit und anderen Gruppen gewisse Sonderrechte einzuräumen. Oder es wird argumentiert, dass die Inuit die Waljagd nicht allein als notwendig für ihre Subsistenz, sondern auch als Bestandteil ihrer kulturellen Identität betrachten, weshalb ihnen ein Sonderrecht auf Walfang zugestanden werden müsse (Gupta 1999). Das erscheint aus der Perspektive eines negativen Lebensrechts problematisch. Hier gerät der ethische Vegetarier tatsächlich in Konflikt mit Traditionen. Dazu lassen sich zwei Dinge sagen. Erstens sind Traditionen keine unveränderlichen Bestandteile einer Kultur, sondern sie unterliegen einem Wandel, der sowohl von innen als auch von außen angestoßen werden kann. So hat etwa die Tradition der Witwenreinigung in einigen Regionen Afrikas zu einem neuen Problem geführt (Dilger 2005). Die Witwenreinigung besteht, verkürzt gesagt, darin, dass eine verwitwete Frau mit einem Bruder ihres verstorbenen Manns sexuellen Verkehr haben muss, um gegen bestimmte negative spirituelle, gesellschaftliche und gesundheitliche Folgen geschützt zu sein. Nun haben sich im Zeitalter von AIDS die negativen gesundheitlichen Risiken durch diese Tradition erhöht, weshalb unter ihren Anhängern ein Streit darüber entstanden ist, ob es sinnvoll sei, diese Tradition unverändert weiterzuführen. Warum sollte nicht auch innerhalb einer Kultur, die Walfang als identitätsstiftend betrachtet, eine Auseinandersetzung darüber entstehen, ob die Weiterführung dieser Tradition überhaupt wünschenswert ist? Zugleich muss man an das von Anderson erwähnte Beispiel erinnern (vgl. S. 176). Die Jagd- und Sammelgesellschaft der Ik in Uganda und Kenia zerfiel u.a. deshalb, weil ihren Mitgliedern verboten wurde, sich in ihren traditionellen Jagdgebieten zu bewegen. Heute sind sie bitterarme Minenarbeiter. Wenn wir das Lebensrecht von Tieren schützen wollen, dann müssen jenen Personen, die zur Subsistenz auf den Tod dieser Tiere angewiesen sind, realistische Alternativen angeboten werden, im Fall der Ik beispielsweise eine akzeptable Alternative zur Bestreitung des Lebensunterhalts.

Widerstände gegen den ethischen Vegetarismus

Im letzten Abschnitt haben wir versucht, den ethischen Vegetarismus, der sich auf das Lebensrecht von Tieren beruft, mit unterschiedlichen Problemen zu konfrontieren. Dabei zeigte sich, dass der Vegetarismus sich weder in prinzipielle Widersprüche verstrickt noch irrwitzige Konsequenzen nach sich zieht. Wie sieht es aber in der Praxis aus? Auf einer *individuellen* Ebene stellt sich die Frage, warum ich von der Idee eines Lebensrechts bei Tieren überhaupt betroffen sein muss, wenn ich Fleisch konsumiere, Pelz oder Leder trage, denn schließlich töte ich die Tiere ja nicht selbst, sondern ich bin lediglich Nutznießer der Zucht, Haltung, Tötung und Verarbeitung von Tieren. Nun, sogar wenn ich nicht selbst Hand anlege, bin ich doch Teil einer Praxis, die systematisch zum Tod von Tieren führt. (Sollte das Argument für ein Lebensrecht von Tieren nicht überzeugen, so kann man auch sagen, dass man Teil einer Praxis ist, die systematisch zu Schmerz und Leid bei Tieren führt.) Doch als Nutznießerin einer solchen Praxis bin ich Komplizin, d.h., ich mache mich der Komplizenschaft an Schmerz, Leid und Tod schuldig (Driver 2015). Es scheint jedoch, als ob es für die Tiere keinen Unterschied macht, ob ich Fleisch esse oder nicht, sie werden sowieso getötet und es werden bereits neue Tiere gezeugt mit dem Ziel der Schlachtung. Zunächst geht es darum, sich nicht an einer Praxis zu beteiligen, die offensichtlich zu Schmerz, Leid und Tod führt. Dazu ist es nicht erforderlich, dass die Unterlassung bereits einen Unterschied zugunsten der betroffenen Tiere macht. Das Ziel der individuellen Unterlassung der Fleischkonsumation ist es freilich, sich kollektiv aus der Praxis der Fleischproduktion zu verabschieden, und in diesem Prozess macht jede stabile (nicht nur punktuelle) individuelle Unterlassung einen Unterschied.

Auf einer *strukturellen* Ebene hingegen muss man die Frage aufwerfen, warum sich die Nutznießer und Komplizinnen der Praxis der Fleischproduktion mehrheitlich individuell nicht dazu entschließen wollen oder können, sich dieser Praxis zu entziehen. Vegetarierinnen und Vegetarier meinen häufig, dass es sich dabei um einen Mangel an Information und Empathie handele. Das mag sein. Doch die Probleme schienen tiefer zu liegen.

Obwohl sich zahlreiche Menschen durchaus bewusst sind, dass zur Praxis der Fleischproduktion Schmerz, Leid und Tod gehören, und obwohl sie sich explizit gegen die Zufügung von Schmerz und Leid aussprechen und Mitleid mit Tieren haben, nehmen die meisten Menschen doch an dieser Praxis teil. Fleischkonsum scheint einen Fall von Willensschwäche dazustellen (Wild 2016). Nehmen wir ein vertrautes und etwas ausgelaugtes Beispiel für Willensschwäche oder Handeln wider besseres Wissen, das Rauchen:

(i) Person P raucht absichtlich eine Zigarette,
(ii) P glaubt, dass sie auch keine Zigarette hätte rauchen können,
(iii) P urteilt, dass es alles in allem besser ist, keine Zigarette zu rauchen als eine zu rauchen,
(iv) doch P hat ein großes Bedürfnis nach einer Zigarette und raucht sie trotzdem.

Die vier Schritte lassen sich einfach verallgemeinern. Person P handelt willensschwach, wenn

(i) P absichtlich X tut,
(ii) P glaubt, dass es eine Alternative Y zu X gibt, die P offensteht,
(iii) P urteilt, dass es alles in allem besser ist, Y zu tun als X zu tun,
(iv) doch P hat ein großes Bedürfnis nach X und tut X.

Das lässt sich auf das Fleischessen übertragen:

(i) P isst absichtlich Fleisch,
(ii) P glaubt, dass sie auch fleischlos essen könnte,

(iii) P urteilt, dass es alles in allem besser ist, kein Fleisch zu essen als Fleisch zu essen,
(iv) doch P hat ein großes Bedürfnis nach Fleisch und isst es.

Gegen den Fleischkonsum sprechen nicht allein tierethische Gründe (Schmerz, Leid und Tod bei Tieren), sondern zusätzlich auch die folgenden Überlegungen: Die Fleischproduktion führt regelmäßig zu Problemen mit Gammelfleisch, Hormonfleisch, Falschdeklaration, Futtermittelskandalen, Tierseuchen usw. Weiter wird die Fleischkonsumation kausal mit zahlreichen gesundheitlichen Problemen wie Herz-Kreislauf-Erkrankungen, Arteriosklerose, Bluthochdruck, Zuckerkrankheit, Osteoporose, rheumatischen Erkrankungen, Arthrosen und Krebs in Verbindung gebracht. Die Fleischproduktion verursacht drittens einen beachtlichen Teil der gesamten vom Menschen verursachten Treibhausgase, sorgt massiv für die Zerstörung von Regenwald, einen überhöhten Energieverbrauch und die Verschwendung von Wasser. Schließlich werden durch die Fleischproduktion Menschen und Wiederkäuer zu Nahrungskonkurrenten, weil die Nutztierhaltung rund über die Hälfte des weltweiten Acker- und Weidelandes beansprucht, die Menschen auf der Südhalbkugel nicht als Anbauflächen zur Verfügung stehen. Die Gründe für den Fleischkonsum (Freude, Geschmack, kulinarische Vielfalt, Tradition und Kultur, Fleischindustrie als Arbeitgeber, Versorgung mit hochwertigem Eisen, Eiweiß und Vitaminen usw.) scheinen diesen Überlegungen kaum die Waage halten zu können. Außerdem bieten sich für die meisten Pro-Gründe offensichtliche Alternativen.

Das Problem besteht offenbar darin, dass die meisten Menschen nicht wirklich der Meinung sind, dass es alles in allem besser wäre, kein Fleisch zu essen. Sie versuchen stattdessen, den *paradoxen Zustand* aufrechtzuerhalten, gleichzeitig Fleisch zu essen und dadurch an der Praxis der Fleischproduktion mit all ihren problematischen Folgen teilzunehmen, sich dabei aber zugleich bewusst zu sein, dass zur Fleischproduktion Schmerz, Leid und Tod gehören – obwohl sie sich explizit gegen die Zufügung von Schmerz und Leid aussprechen und Mitleid mit Tieren haben. Dieser Zustand wird bisweilen als »Fleischparadox« (*meatparadox*) bezeichnet.

Es scheint, als würden der Aufrechterhaltung und Stabilität des Fleischparadoxes sowohl psychische als auch soziale Mechanismen zugrunde liegen, die Individuen nur unvollständig kontrollieren können. So zeigen Studien, dass Personen die emotionalen und kognitiven Fähigkeiten von Tieren sowie deren moralischen Status systematisch niedriger bewerten, wenn sie zuvor Fleisch gegessen haben (Loghan 2010). Allein der Konsum von Fleisch scheint uns also unmittelbar dazu zu veranlassen, Tieren weitaus weniger moralische Berücksichtigung zuzubilligen. Dabei handelt es sich offenbar um einen psychischen Mechanismus, der die kognitiven Dissonanzen, die das Fleischparadox erzeugt, ausgleicht. Wer gerade Fleisch gegessen hat, wertet Tiere unbewusst ab, wer gerade kein Fleisch gegessen hat, wertet die Tiere bewusst auf. (Es geht hier natürlich nicht um einen Gegensatz zwischen Vegetarierinnen und Nicht-Vegetarierinnen, sondern um einen Unterschied innerhalb der Gruppe der Fleischesser).

Die sozialen Mechanismen, die dieser Einstellung zugrunde liegen, hat die Sozialpsychologin und Aktivistin Melanie Joy (*1966) als »Karnismus« (*carnism*) bezeichnet (Joy 2003). Der Karnismus ist Joy zufolge ein System aus Überzeugungs- und Verhaltensdispositionen, die das Fleischparadox aufrechterhalten. Joy spricht von einer Reihe von Schutzmechanismen, die Fleischkonsumentinnen gegen das Fleischparadox bzw. die Realität der Fleischproduktion immunisieren. Diese psychische Betäubung (*psychich numbing*) wird umgangssprachlich als »Abstumpfung«

bezeichnet. Zu diesen Schutzmechanismen gehören die *Leugnung* (die etwa darin bestehen kann, dass die industrielle Tierhaltung und die Prozesse der Fleischproduktion unsichtbar bleiben), eine bestimmte Menge an frei verfügbaren *Rechtfertigungen* (Fleischessen ist normal, natürlich und notwendig) sowie bestimmte *Wahrnehmungsverzerrungen* (etwa die überraschend andere Bewertung der emotionalen und kognitiven Fähigkeiten von Tieren nach dem Fleischgenuss). Der Karnismus scheint Parallelen zu gewaltsamen Ideologien wie Rassismus und Sexismus aufzuweisen. Ob die Idee des Karnismus sich tatsächlich soziologisch und psychologisch erhärten lässt, bedarf weiterer Untersuchungen. Auf jeden Fall scheint dem Fleischparadox, das viele Menschen individuell freimütig eingestehen, eine strukturelle Willensschwäche zugrunde zu liegen, die sowohl psychische als auch soziale Wurzeln hat.

4.3 Tierethik im Kontext von Anwendungsdiskursen: Forschung

Im Bereich der angewandten Ethik ist es üblich, dass ihre Fragestellungen nicht nur in der akademischen und wissenschaftlichen Debatte entstehen. Vielmehr werden Themen auch *von außen* an den wissenschaftlichen Diskurs herangetragen. Für die Tierethik lässt sich dies sehr gut veranschaulichen. Schon die frühen Vertreter der Tierethik greifen gesellschaftspolitische Fragestellungen auf und mischen sich in diese Debatten ein. Als Bereich der angewandten Ethik verspricht die Tierethik, zu den konkreten normativen Debatten um die richtige Orientierung der Mensch-Tier-Beziehung etwas beitragen zu können. So steht die Auseinandersetzung mit Nutztierhaltung, Tierversuch und Jagd bereits am Beginn der Tierethik in den 1970er Jahren in ihrem Zentrum. Nicht umsonst heißt das Buch, von dem aus die Tierethik sich etablierte, *Animals, Men and Morals: An Inquiry into the Maltreatment of Non-humans* (Godlovitch/Godlovitch/Harris 1971).

Dem Versprechen, in den normativen Debatten etwas beitragen zu können, entspricht auch eine Erwartung, dass Tierethiker etwas Sinnvolles dazu beizutragen in der Lage sind. Innerhalb der Wissenschaftssoziologie wurde diese Erwartungshaltung gegenüber der Wissenschaft vor gut vierzig Jahren als »Finalisierung« beschrieben (Böhme/van den Daele/Krohn 1973). Dieser Anspruch drückt sich in der Erwartung aus, dass eine wissenschaftliche Beschäftigung ihren Anlass und ihren Gegenstand nicht internen, sondern auch *externen* Faktoren verdankt. Die in den Medien geführte öffentliche Debatte rund um Tierversuche ist ein solcher Anknüpfungspunkt und macht die Tierethik brisant. Die Tierethik wird zu einem Teil dieser Debatte, was wiederum nicht ohne Konsequenzen für sie bleibt.

Tierethiker werden in den öffentlichen Auseinandersetzungen um ihr Urteil gebeten und spielen dort eine aktive Rolle, sodass für sie kein Weg daran vorbeiführt, über Tierversuche, Nutztierhaltung, über Zoos, Jagd und Heimtiere zu sprechen. Gegenüber den etablierten Praktiken nehmen Tierethiker in diesen Debatten eine zumeist kritische Haltung ein. Da diese Themen allerdings komplex und durch das Zusammenspiel von gesellschaftlichen Teilbereichen wie Wissenschaft, Politik, Medien und Wirtschaft geprägt sind (Garrett 2012: 4–6), erfordert die Beteiligung an diesen Debatten auch Kenntnisse, die in einem typischen Philosophiestudium nicht erlernt werden.

Für die heutige Wissenschaftslandschaft ist dieses Zusammenspiel bzw. der Umgang mit den Problemstellungen aus eng gekoppelten gesellschaftlichen Teilbereichen typisch und stellt die beteiligten Wissenschaftler vor einige Herausforderungen (Weingart 2011). Aufgrund der Nähe zahlreicher ihrer Fragen zu gesellschaftspolitischen Entwicklungen berühren sie unweigerlich Interessen und begeben sich so in einen politisch-rechtlichen, wirtschaftlichen und damit öffentlichkeitswirksamen Bereich. Allein im (vielgescholtenen) Elfenbeinturm ist Tierethik unmöglich und hat diesen schon seit ihrem Entstehen verlassen. Als normative Disziplin findet sich die Tierethik inmitten der gesellschaftlichen Debatte wieder, und ihre Beiträge werden nicht zuletzt in Printmedien, Radio, im Fernsehen und dem Internet wahrgenommen, von den (populär-)wissenschaftlichen Publikationen ganz zu schweigen.

Nicht zuletzt weil es vielen Tierethikern darum geht, Verbesserungen in der Mensch-Tier-Beziehung voranzubringen, stehen viele von ihnen dieser Entwicklung durchaus positiv gegenüber. So berichtet etwa Peter Singer im Vorwort einer Neuauflage von *Animal Liberation* über die positiven Effekte der medialen Berichterstattung und ihren Beitrag für die Tierbefreiungsbewegung. Die harte Arbeit und das Engagement der Aktivistinnen habe sich nicht nur in einem größeren öffentlichen Bewusstsein über den Missbrauch von Tieren niedergeschlagen, sondern auch in konkreten Verbesserungen (Singer 2009: x).

Nimmt man die Anfänge der Tierethik in den Blick, so zeigt sich deutlich, dass die Nähe der tierethischen Forschung zu gesellschaftspolitischen Entwicklungen von Beginn an beabsichtigt war. Manche Tierethiker sehen sich sogar als Motor der Entwicklung unserer moralischen Beziehung zu Tieren und versuchen, entsprechende Verbesserungen aktiv voranzutreiben (Rollin 2011: 19), wie sich dies etwa bei Rollin in seinem Buch *Putting the Horse before Descartes. My Life's Work on Behalf of Animals* schon im Titel ausdrückt. Diese Hinwendung zu gesellschaftspolitischen Auseinandersetzungen lässt sich aus der Tierethik kaum wegdenken.

Aufgrund der Nähe zu gesellschaftspolitischen Fragen stellen sich der Tierethik Herausforderungen in zweierlei Hinsicht: Zum einen werden hier ethische Problemstellungen von Nicht-Ethikern an Ethiker herangetragen, was wir bereits unter dem Stichwort der »Finalisierung« beschrieben haben (vgl. S. 213). Dies bringt es mit sich, dass die Themen zumeist nicht aus der philosophischen Tradition stammen, weshalb sich Tierethiker mit ihren Fragen und Methoden häufig auf thematisches und argumentatives Neuland begeben müssen. Zweitens sind mit der Nachfrage aber auch spezifische Interessen und Ansprüche verbunden. Man erwartet sich etwas von der Ethik, und Ethiker müssen sich zu diesen Erwartungen verhalten bzw. geraten schnell in ein schiefes Licht, wenn sie diese Erwartungen – wie z.B. die, sich für den Tierschutz einzusetzen – nicht erfüllen.

Das Argument, dass es sich bei der Ausweitung der moralischen Gemeinschaft auf Tiere um die konsequente Fortführung einer moralisch richtigen gesellschaftlichen Entwicklung bzw. um eine Anerkennung legitimer Ansprüche handelt, prägt die Tierethik des 20. und 21. Jahrhunderts und zieht sich wie ein roter Faden durch die unterschiedlichen Positionen. Die Mehrzahl der Ethikerinnen sieht den Grund ihrer Beschäftigung mit Tieren nicht nur in moralphilosophischen Kernfragen, sondern in Problemen, die auch Nicht-Philosophen umtreiben. Kurt Bayertz (1999: 74 f.) hat dies schon früh als wesentlich für Problemstellungen der angewandten Ethik ganz allgemein formuliert und beschreibt noch drei weitere Aspekte, mit denen sich Probleme der angewandten Ethik charakterisieren lassen. Die vier Aspekte lassen sich wie folgt benennen (Bayertz 1999: 74 f.):

(i) Die Probleme der angewandten Ethik resultieren aus einer Verunsicherung der Handlungsorientierung und sind folglich normativer Natur.
(ii) Es handelt sich um reale Probleme, die auch von Nicht-Philosophen als lösungsbedürftig erkannt werden; sie werden vom

Leben selbst aufgeworfen und haben ihren Sitz in der Lebenspraxis.

(iii) Wenngleich es sich um normative Probleme handelt, sind Probleme der angewandten Ethik auf eine nicht-triviale und oft vertrackte Weise mit empirischen Fragen verknüpft, die nicht unbedingt von Ethikern beantwortet werden können. Erforderlich für ihre Lösung sind daher in der Regel genaue Kenntnisse der jeweils vorliegenden faktischen Zusammenhänge.

(iv) Der direkte Realitätsbezug bringt es mit sich, dass es sich bisweilen um recht spezielle, kleinräumige Probleme handelt, die in reale Handlungszusammenhänge eingebettet und praktisch zu lösen sind.

Für die Problemstellungen der Tierethik treffen diese allgemeinen Beschreibungen von Fragen der angewandten Ethik in der Regel zu. So ist es durchaus plausibel, z.B. die experimentelle Forschung mit Tieren als paradigmatischen Fall der Tierethik und der angewandten Ethik im Allgemeinen zu verstehen. Im Folgenden soll es nun darum gehen, Tierversuche als paradigmatischen Bereich der Ethik der Mensch-Tier-Beziehung vorzustellen. Als solcher bieten sich Tierversuche nicht nur deshalb an, weil sie von Beginn an einen Modellfall der Tierethik bilden, sondern auch deshalb, weil sich an ihnen die Nähe der Tierethik zu gesellschaftlichen Entwicklungen erweist und es zum Selbstverständnis der Tierethik gehört, dass sie sich an gesellschaftlichen Orientierungsprozessen beteiligt bzw. durch aktives Nachfragen öffentliche Debatten auslöst. Die Beschaffenheit der Probleme bleibt dabei, wie bereits angedeutet, nicht folgenlos für die ethische Auseinandersetzung.

Experimentelle Forschung mit Tieren

Kaum ein Thema der Mensch-Tier-Beziehung wird öffentlich so oft und kontrovers diskutiert wie belastende Experimente mit lebenden Tieren (i.F. »Tierversuch«). In der Tierethik gehört der Tierversuch zu jenen Themen, die schon in den 1970er Jahren behandelt wurden und schon früh intensive Beachtung fanden. Nur selten bleibt es in diesem Zusammenhang bei kontroversen Diskussionen im akademischen Raum. Vielmehr handelt es sich um eine öffentliche und medienwirksame Debatte über wissenschaftliche Praxis und die grundsätzliche Verantwortung von Menschen gegenüber Tieren, die nicht selten in Streit übergeht und gelegentlich von Drohungen begleitet wird. Als Beispiel kann der Fall eines Bremer Neurobiologen gelten, der in einer Anzeigenkampagne unter dem Titel »Kreiter macht eiskalt weiter«[6] massiv kritisiert wurde. Tierschützer gingen dabei so weit, seine Menschlichkeit infrage zu stellen. Die Anzeige beginnt mit dem Zitat eines Facharztes für Neurologie, Psychiatrie und Psychotherapie: »Tierexperimentatoren sind Wesen besonderer Art – man sollte sie nicht leichtfertig Menschen nennen.« Kurz nach der ganzseitigen Veröffentlichung in der *Frankfurter Allgemeinen Zeitung*, der *Zeit*, dem *Tagesspiegel*, dem *Weser Kurier* und den *Bremer Nachrichten* war bei *Spiegel Online* zu lesen: »Der Streit um die Tierversuche an der Uni Bremen eskaliert: In einer ganzseitigen Zeitungsanzeige attackieren Tierschützer den verantwortlichen Forscher. Jetzt keilt der Rektor der Hochschule in einem offenen Brief zurück.« (Markus Becker, *Spiegel Online*, 23.4.2014)

Anlass der ganzseitigen Anzeigen waren Tierversuche, die seit Jahren immer wieder in der Kritik stehen. Die neurophysiologischen, invasiven Versuche an Primaten, die in Bremen durchgeführt wurden, hatten es immer wieder auf die Titelseiten geschafft. Im konkreten Fall war zu lesen, dass die Versuche nicht nur barbarisch, brutal und grausam seien, sondern auch wissenschaftlich und medizinisch gleichermaßen sinnlos. In einem gerichtlichen Verfahren, das bis zum Bundesverwaltungsgericht gelangte, war im Januar 2014 entschieden worden, dass entsprechende Tierversuche weiterhin zu genehmigen seien. Das Urteil führte natürlich keineswegs zu einer Entspannung, sondern vielmehr zu der beschriebenen Eskalation.

An Beispielen wie diesem wird deutlich, dass es sich bei Tierversuchen um ein gesellschaftspolitisch brisantes Thema handelt, das zumeist unter einer stark polarisierenden Perspektive von Gut und Böse diskutiert wird. Dabei werden nicht nur Fragen der Mensch-Tier-Beziehung zum Gegenstand, sondern über diese Kernfrage hinaus auch Themen wie das Vertrauen in die Wissenschaft im Allgemeinen oder in den Rechtsstaat (z.B. in seiner Funktion, menschliche und tierliche Interessen ausreichend zu schützen). Denn wie sonst wäre es zu verstehen, dass mit derart harten Bandagen gegen einen Forscher medienwirksam vorgegangen wurde, auch nachdem die Zulässigkeit der fraglichen Versuche vom Gericht bestätigt worden war?

Wie sich am Thema des Tierversuchs zeigt, sind moralische Fragen in diesem Bereich der Mensch-Tier-Beziehung mit naturwissenschaftlichen, rechtlichen, politischen und ökonomischen Aspekten eng verknüpft. Zudem lassen sich diese Fragen sehr medienwirksam aufbereiten, weil bei aller Komplexität wenigstens zwei Dinge klar sind: Forscher nehmen einerseits in Kauf, Tiere zu belasten, um mithilfe experimenteller Methoden Wissen zu produzieren und damit einen zu erwartenden Nutzen zu erzeugen. Und andererseits ist es Common Sense, dass wehrlose, empfindungsfähige Tiere Schutz verdienen und sich dafür gute Gründe anführen lassen, dass man nicht nach Belieben mit ihnen verfahren darf. Niemand wird ernsthaft abstreiten, dass medizinisches Wissen einen großen gesellschaftlichen Wert hat. Die Frage ist nur, welches medizinische Wissen einen so großen Wert hat, dass es Belastungen von Tieren rechtfertigt bzw. ob ein zu erwartender Nutzen die Zufügung von Belastungen überhaupt rechtfertigen kann. Dass jedes medizinische Wissen jedwede Belastung von Tieren rechtfertigt, wird kaum jemand behaupten. Tiere für die Prüfung eines weiteren Kopfschmerzmittels, das sich in seiner Wirkung nicht von anderen unterscheidet, leiden zu lassen, ist ganz offensichtlich problematisch, wenn Tiere zur moralischen Gemeinschaft gehören. Kommen wir aber zur Kernfrage des Tierversuchs zurück: Inwiefern kann die Generierung von Wissen tierliche Belastungen rechtfertigen?

Selbst wenn wir davon ausgehen, dass das Wissen, welches mit Tierversuchen ermöglicht wird, relevant und wichtig ist, bleibt doch die Frage, ob es moralisch vertretbar ist, Tiere in Versuchen zu verwenden, um dieses Wissen zu erlangen. Nur weil relevantes Wissen in Aussicht steht, heißt dies ja noch lange nicht, dass jedes Mittel zu seiner Erreichung vertretbar ist. Die Crux des Tierversuchs liegt nun darin, dass er eine Reihe von Eigenschaften hat, die ihn zu einem überaus geeigneten Ziel moralischer Kritik machen. Diese sechs Eigenschaften sind integraler Bestandteil des Tierexperiments und legen allesamt nahe, dass es nicht leichtfertig eingesetzt werden sollte: Tierversuche (1.) sind belastend, (2.) kommen nicht dem beforschten Tier zugute, sondern Menschen oder anderen Tieren bzw. der Umwelt, (3.) erfolgen nicht *mit*, sondern vielmehr *gegen* eine mutmaßliche Zustimmung der belasteten Tiere (Garrett 2012: 6). Und damit nicht genug, sind (4.) die verwendeten Tiere sorge- und schutzbedürftige, wehrlose Wesen, für die (5.) agierende Experimentatoren oder Laborangestellte Verantwortung tragen. Darüber hinaus wird durch das Experiment (6.) ein zu erwartender Nutzen angestrebt. Ob dieser Nutzen erreicht wird, steht auf einem ganz anderen Blatt.

Sehen wir uns diese Punkte nun einzeln an, denn aus ihrer Struktur lässt sich die kontrovers geführte Debatte besser erklären: Wehrlose, empfindungsfähige Wesen werden Belastungen ausgesetzt, die nicht zu ihrem Nutzen in Kauf genommen werden, sondern mit einer gewissen Wahrscheinlichkeit anderen, vielleicht auch vielen anderen, nutzen. Schon damit verstößt der Tierversuch gegen etablierte Vorstellungen geltender Moral. Wehrlose Wesen, die selbst keine Schuld tragen (können), für die Interessen anderer zu opfern, läuft unseren geläufigen Moralvorstellungen diametral entgegen. In einer Gesellschaft, in der wesentliche Inhalte der Moral auf den Schutz von Individuen abzielen, ist deren Opferung oder die Preisgabe ihrer Interessen zur Erreichung eines Nutzens für andere immer problematisch. Die entsprechenden moralischen Intuitionen lassen sich etwa an dem bekannten Gedankenexperiment des gekidnappten Flugzeugs deutlich machen, das einen wichtigen Aspekt der Struktur des moralischen Problems aufweist, welches hier eine Rolle spielt: Stellen wir uns vor, ein Passagierflugzeug mit fünfzig Touristen wird von Terroristen gekidnappt und auf ein Krankenhaus zugesteuert. Soll dieses Flugzeug nun abgeschossen werden, um die weit mehr als fünfzig Menschenleben zu retten, die der vorhersehbare Absturz auf das Krankenhaus zur Folge hätte? Der Abschuss würde fünfzig unschuldige Menschenleben fordern, dies ist die eine Seite des moralischen Dilemmas. Die andere Seite besteht darin, dass weit mehr als fünfzig Menschen sterben, wenn das Flugzeug *nicht* abgeschossen wird. Einfache Abwägungen, die klar für die eine oder andere Option sprächen, sind hier kaum möglich. Denn wer kann überhaupt die moralische Verantwortung für die Tötung von Unschuldigen übernehmen? Die Tötung von Unschuldigen zur Erlangung eines anderen oder größeren Guts ist in unserer Vorstellung des moralisch Guten nicht vorgesehen. In unserer Alltagsmoral ist der Grundsatz, dass Unschuldigen kein Schaden zugefügt werden soll, hingegen sehr tief verankert, was an der moralischen Empörung deutlich wird, die das Votum für einen Abschuss hervorruft. Wenn Tiere zur moralischen Gemeinschaft gehören, dann ist der Gedanke auch im Hinblick auf ihre Opferung relevant.

Dieser Grundsatz der Alltagsmoral spielt auch bei Tierversuchen eine Rolle. Tiere sind schuld*un*fähige Wesen, die für ihr Tun im moralischen Sinn weder gelobt noch getadelt werden können. Es wäre wenig plausibel, einem Hund vorzuwerfen, dass er gegen eine moralische Norm verstoßen hat. Deshalb sind nichtmenschliche Tiere im engen Sinne auch nicht verantwortlich, und es kann ihnen keine Schuld zugerechnet werden. Solche schuldunfähigen Wesen für fremde Interessen zu opfern bereitet moralisch erhebliche Probleme. Möchte man den Grundsatz für den Tierversuch als irrelevant hinstellen, so sind Argumente vorzubringen, weshalb Tiere – die in Experimenten verwendet werden – keinen moralischen Schutz verdienen sollten. Mit anderen Worten, es müsste dafür argumentiert werden, dass Tiere keinen moralischen Status haben und nicht um ihrer selbst willen berücksichtigt werden müssen; aber auch hier spricht unsere gelebte Moral eine deutlich andere Sprache.

Würden Tierversuche ohne Belastungen auskommen, würde die Kontroverse sicherlich weniger scharf geführt. Solche Versuche wären allerdings etwa nach geltendem österreichischem Tierversuchsgesetz (TVG 2012) gar keine, da für die Erfüllung der Tierversuchseigenschaft Belastungen erwartet werden müssen, die über die Belastung durch einen fachmännisch durchgeführten Kanüleneinstich hinausgehen (§ 2 TVG 2012). Würden die Tierversuche den belasteten Tieren im Sinne einer Heilung oder Therapie zugute kommen und nicht Menschen oder anderen Tieren, würde sich die Debatte weiter entspannen. Auch hier kommt eine Überzeugung aus der Alltagsmoral ins Spiel: Wenn es dem Betroffenen zum Vorteil gereicht, sind wir eher geneigt, zumindest kurzfristige Belastungen zu akzeptieren, um den Vorteil zu erreichen. In unserer Lebenswirklichkeit ist es beispielsweise der Zahnarztbesuch, den wir in Kauf nehmen, um größere Probleme in der Zukunft zu vermeiden. Da wir in der Regel Nachteile in Kauf zu nehmen bereit sind, um zukünftige Vorteile zu erreichen, können wir davon ausgehen, dass dies auch bei anderen Menschen der Fall ist und sie gegenwärtigen Nachteilen zugunsten künftiger Vorteile zustimmen können. Nun ist es im Tierversuch allerdings so, dass – bis auf Ausnahmefälle – nicht die belasteten Tiere, sondern andere profitieren. Ein analoger Fall wäre, wenn ein Mensch Belastungen in Kauf nimmt, um Vorteile für andere zu erzielen, und selbst nichts davon hat. Im zwischenmenschlichen Bereich ist dies nur unter der Bedingung freiwilliger Zustimmung moralisch vertretbar. Nur wenn ein Akteur aus freien Stücken Belastungen auf sich nimmt, um für andere Vorteile zu erwirken, ist das mit unseren Moralvorstellungen vereinbar. Umgekehrt wäre es höchst problematisch und gemäß der dominierenden Moralvorstellung unmoralisch, wenn einem Menschen gegen seinen Willen Leid zugefügt würde, um einen Nutzen für andere zu erreichen, wie etwa in bestimmten Fällen der Folter.

Tiere kann man nicht nach ihrer Zustimmung fragen. Könnte man dies und ihre Zustimmung z.B. durch Kompensationsleistungen erwirken, wäre die Kritik am Tierversuch sicherlich weniger hart. Davon auszugehen, dass Tiere ihre Zustimmung geben würden, wenn sie könnten, ist freilich absurd oder zumindest zu hinterfragen, wobei dieses Argument in der Debatte immer wieder vorgebracht wird. Das moralische Problem, dass Tiere gegen ihr mutmaßliches Interesse in Versuchen verwendet werden, vergrößert sich zudem noch dadurch, dass sie sich gegen den Eingriff nicht wehren oder sich diesem widersetzen können.

Könnten sie in einem relevanten Sinn Widerstand leisten, so wären Tierversuche wahrscheinlich die Ausnahme. In der Praxis werden Tiere deshalb z.B. durch Fixierungsvorrichtungen wehrlos gemacht, sodass sie keine Bedrohung für Experimentatoren darstellen.

Die verantwortlichen Experimentatoren spielen im Tierversuch eine besondere Rolle. Wären keine Verantwortlichen benennbar, so hätten moralische Vorwürfe keine Adressaten. Wie am Beispiel der Anzeigenkampagne gegen den Bremer Neurowissenschaftler deutlich geworden ist, gibt es aber zumeist benennbare Akteure, die sich mit ihrer Forschung für die (ihrer Überzeugung nach) gesellschaftlich relevanten Ziele mitunter auch medial in Szene setzen. Zudem ist es in einer hochspezialisierten Wissenschaftslandschaft recht einfach, die wenigen Forscher zu einem bestimmten Thema anhand ihrer Publikationen auszumachen. Grundsätzlich gilt jedoch ein Schutz durch Anonymität. In den EU-Mitgliedsstaaten muss zwar jeder genehmigungspflichtige Tierversuch in Form einer nicht-technischen Projektzusammenfassung (Richtlinie 2010/63/EU, im Folgenden *Richtlinie*) veröffentlicht werden, Angaben zu den Forschern müssen dabei aber nicht gemacht werden. Da einerseits von einigen Forschern großer Wert darauf gelegt wird, nicht im Rampenlicht zu stehen, andere hingegen das Rampenlicht gerade suchen, zielt die Kritik in zwei Richtungen: Entweder werden benennbare Forscher kritisiert, wobei diese Fälle als symbolische oder paradigmatische Fälle inszeniert werden, oder die Kritik zielt auf die Anonymität eines Apparats abstrakter Handlungssubjekte ab, wie sich an der Benennung der Adressaten als »den Forschern«, »den Experimentatoren«, »den Wissenschaftlern« oder gar als dem »System« ablesen lässt.

Für die Frage der Rechtfertigung von Tierversuchen spielt der zu erwartende Nutzen eine zentrale Rolle. Ohne diesen wäre in den europäischen Mitgliedsländern schon rein rechtlich kein Tierversuch zulässig; wie oben erwähnt liegt die Crux in der Relevanz des zu erwartenden Nutzens und seiner Eignung als Rechtfertigung tierlicher Belastungen. Dass Tiere bei den entsprechenden Testverfahren gar keine Rolle spielen sollen, wie dies in einigen kontraktualistischen Ansätzen der Fall ist, ist heute keine verbreitete tierethische Position mehr. Umgekehrt wird die Position, dass Tierversuche grundsätzlich verboten werden sollten, in der Tierethik durchaus vertreten, wie exemplarisch beim Tierrechtsansatz von Tom Regan deutlich wird.

Keine der sechs oben genannten Eigenschaften lässt sich vom Tierversuch wegdenken. Das macht sie zu dem, was sie sind: ein heiß umkämpftes Feld wissenschaftlicher Praxis. Der harte Umgang der Kritiker mit Experimentatoren und umgekehrt der Forschung mit den Tierversuchsgegnern lässt sich aber besser verstehen, wenn man diese Gesichtspunkte im Blick behält. Zu viele Aspekte und Wahrnehmungen sind berührt, als dass man hier eindeutige und klare Lösungen anbieten könnte. Und auch dass sich Lösungen auftun, die allen Beteiligten gefallen, ist kaum zu erwarten; schon deshalb nicht, weil eine Partei immer oder in der Regel ohne Nutzen zu Schaden kommt: die Versuchstiere im Experiment.

Zwischen Tierschutz und Forschungsfreiheit

Die unterschiedlichen Wahrnehmungen von wissenschaftlicher Forschung und ihrem Nutzen in der Debatte um Tierversuche wird insbesondere an diesem Punkt deutlich: Wissenschaftler erhalten einerseits Forschungsgeld aus öffentlicher Hand und hoch dotierte Preise für ihre wissenschaftlichen Leistungen, für die sie Tiere einsetzen, andererseits werden sie angefeindet und als brutale Tierquäler kritisiert, deren Methoden zu nichts führen. Natürlich reagieren Forscher auf die Vorwürfe und versuchen, ihre Praxis über den Nutzen ihrer Arbeit zu rechtfertigen. Das Versprechen, das sie geltend machen, besteht darin, dass Wissenschaftler und Experimentatoren mithilfe von Tieren relevanten Nutzen generieren, der die faktischen Belastungen und die radikale Instrumentalisierung von Tieren für diesen Zweck rechtfertigt. Dass dieses Versprechen aber auch wirklich gehalten werden kann, wird in der aktuellen Debatte jedoch mehr und mehr in Zweifel gezogen.

Die Verteidigungslinie läuft normalerweise entlang dreier grundsätzlicher normativer Positionen: Erstens wird die Position vertreten, dass die grundgesetzlich bzw. verfassungsmäßig geschützte Forschungsfreiheit ganz grundsätzlich ein (moralisch) wichtiges Prinzip sei, das die Inkaufnahme tierlicher Belastungen in der Forschung rechtfertige. Diese Freiheit der Forschung, so das Argument, schlage sich auch darin nieder, dass tierschützerische Anliegen die wissenschaftliche Praxis nicht einschränken dürfen. Eine solche Position wird in ihrer uneingeschränkten Form allerdings kaum mehr vertreten. Forschungsfreiheit ist ein wichtiges Gut – aber ein Gut, das auch eingeschränkt werden kann durch andere Güter. Obwohl die Forschungsfreiheit für eine wissensbasierte Gesellschaft zentral ist und eine Rechtfertigung im Nutzen der freien Forschung für die Gesellschaft findet (Wilholt 2012), kann diese Freiheit im Fall von Tierversuchen schon deshalb nicht uneingeschränkt bleiben, weil Tierschutz wie die Forschungsfreiheit mittlerweile gleichermaßen im schweizerischen und dem österreichischen Verfassungsrecht bzw. dem deutschen Grundgesetz verankert ist. Dies spiegelt die etablierte moralische Überzeugung wider, dass Belastungen von Tieren im Versuch der Rechtfertigung bedürfen, wenn sie durch Menschen verursacht werden.

Damit gelangen wir zur zweiten Position, die eine begründete Einschränkung der Forschungsfreiheit vorsieht. Hier wird das Argument vorgetragen, dass die Zufügung von tierlichen Belastungen im Kontext experimenteller Forschung der Rechtfertigung bedarf und die Forschungsfreiheit aufgrund des Tierschutzes eingeschränkt werden kann bzw. muss. Nur wenn der Nutzen den Schaden überwiegt, so die konsequentialistische Logik, ist ein Tierversuch gerechtfertigt. Überwiegt der zu erwartende Nutzen nicht, dann handelt es sich um einen ungerechtfertigten Tierversuch. Überwiegt er, gilt der Tierversuch als zulässig. Dieser Punkt hat Eingang in die aktuelle europäische Tierversuchsgesetzgebung gefunden. Die Richtlinie, die in nationales Recht der Mitgliedsstaaten überführt werden musste, sieht in Artikel 38 d die Durchführung einer solchen Schaden-Nutzen-Analyse vor:

»[...] eine Schaden-Nutzen-Analyse des Projektes [im Sinne eines oder mehrerer Tierversuche zu einem wissenschaftlichen Zweck], in deren Rahmen bewertet wird, ob die Schäden für die Tiere in Form von Leiden, Schmerzen und Ängsten unter Berücksichtigung ethischer Erwägungen durch das erwartete Ergebnis gerechtfertigt sind und letztlich Menschen, Tieren oder der Umwelt zugutekommen können.«

Damit ist dreierlei gesagt: erstens, dass die Freiheit der Forschung aufgrund tierlicher Ansprüche eingeschränkt werden kann. Die Richtlinie steht also gegen die These, dass Forschungsfreiheit allein als Rechtfertigung genügen könne. Zweitens fordert sie einen rechtfertigenden Nutzen, der ausreicht, um die entstehenden Belastungen aufzuwiegen. Hieraus ergibt sich die Schwierigkeit, wie Nutzen und Belastungen bestimmt und zueinander in ein Verhältnis gesetzt werden können. Und drittens impliziert sie, dass die Belastung von Tieren zwecks Gewinnung von Wissen aus rechtlicher Sicht gerechtfertigt werden kann und die Rechtfertigung eine Frage des Verhältnisses von Schaden und Nutzen ist. Die Nutzung von Tieren in Versuchen selbst ist entsprechend der Richtlinie kein grundsätzlich abzulehnendes Übel, sondern ein Übel, das in Kauf genommen werden kann, wenn es gerechtfertigt ist.

Die dritte Position lehnt Tiernutzung – und damit auch Tierversuche – grundsätzlich ab. Dies aber nicht etwa, weil sie davon ausgeht, dass der Nutzen niemals ausreichen könne, um tierliches Leid zu rechtfertigen. Ihr Argument ist vielmehr, dass wir Tiere nicht als bloße Mittel für unsere Zwecke verwenden sollten und deshalb Tierversuche aus moralischen Gründen grundsätzlich abzulehnen sind. Da Tiere im Tierversuch in der Regel mit »Haut und Haar« als Mittel und Messinstrumente verwendet werden, gibt es hier keinen Zweifel: Wer die dritte Position vertritt, wird Tierversuche kategorisch ablehnen, wie wir es etwa bei Regan gesehen haben (vgl. S. 104 ff.).

Die drei skizzierten Positionen lassen sich drei dominierenden Theoriesträngen bzw. Ansätzen innerhalb der Tierethik zuordnen (Ollson et al. 2003): (i) dem Anthropozentrismus: Tiere haben dort keinen direkten bzw. maximal einen abgeleiteten moralischen Status, und ihre moralischen Ansprüche sind den menschlichen Ansprüchen kategorisch untergeordnet; (ii) der Tierschutzethik oder dem Reformismus: Tierschutzethiker begründen in konsequentialistischer Tradition zwar einen moralischen Status von Tieren, halten tierliche Interessen aber im Verhältnis zu menschlichen Interessen für abwägbar; (iii) dem Abolitionismus als Form der Tierrechtsposition: Abolitionisten argumentieren in deontologischer Tradition, dass die Nutzung von Tieren ganz kategorisch als moralisch verwerflich anzusehen ist (vgl. dazu die Überlegungen von Regan, S. 104 ff.), wobei es allerdings auch Tierrechtspositionen gibt, die die Nutzung von Tieren im Tierversuch nicht uneingeschränkt ablehnen.

Die Schaden-Nutzen-Analyse: Tierethik und geltendes Recht[7]

Die Tierethik hat es als Teilbereich der angewandten Ethik mit Problemen sozialer Realität zu tun. Diese soziale Realität ist rechtlich geregelt. Deshalb arbeiten Tierethiker oft im Kontext rechtlich normierter Praxis, und dies ist, wie bereits gezeigt, auch im Falle des Tierversuchs so. Grundsätzlich kann sich die Arbeit der Tierethikerin dabei in zwei unterschiedlichen Weisen auf die rechtlichen Regelungen der Praxis beziehen. Erstens kann sie mithilfe der ethischen Theorie darauf hinweisen, dass die Praxis nicht oder ungenügend, z.B. inkonsistent geregelt ist. Ihre Aufgabe ist es dann, geltendes Recht auf der Grundlage ethischer Argumente in Zweifel zu ziehen, die rechtlichen Regelungen der Praxis zu hinterfragen oder einen Bedarf der Weiterentwicklung geltenden Rechts zu formulieren.

Zweitens kann sich die Tierethik auf geltendes Recht als Rahmen beziehen und moralische Verantwortungen innerhalb des rechtlichen Rahmens reflektieren. So ist die Rolle der Ethik und besonders die Arbeit von Ethikerinnen aufgrund der zunehmenden Institutionalisierung von Ethik in Kommissionen und Beratungsgremien immer mehr davon geprägt, dass sich ethische Entscheidungsfindungen angesichts praktisch relevanter Fragestellungen vor dem Hintergrund und unter Bezugnahme auf konkrete rechtliche Vorgaben vollziehen (Bleisch/Huppenbauer 2011: 122 f.). Diese Ausrichtung hat einerseits zu einer zunehmenden Einbindung ethischer Expertise in gesellschaftsrelevante Entscheidungsprozesse im Rahmen geltenden Rechts geführt. Andererseits wird an einer solchen Nähe zu den gesellschaftspolitischen Entscheidungsprozessen, wie sie sich durch die Beratungsfunktion der Ethik ergibt, auch Kritik laut, die insbesondere auf die Gefahr ihrer Instrumentalisierung und des Verlusts an Unabhängigkeit von Ethikern in Kommissionen hinweist. Diese

Kritik ist nicht unbegründet. Ein wesentlicher Punkt dabei ist, dass Ethiker bei der Reflexion moralischer Verantwortung im Rahmen geltenden Rechts diesen Rahmen als gesetzt annehmen müssen, sobald sie sich auf diesen zweiten Zugang einlassen. Und bereits dies lässt sich als problematische Verkürzung der Ethik verstehen.

Die Verbindung von Tierethik und Recht in diesem zweiten Sinne ist besonders in den mittlerweile etablierten Kommissionen zur Beratung von Genehmigungsbehörden für Tierversuche Praxis. Als einschlägiges Beispiel aus Deutschland können hier die Kommissionen entsprechend § 15 Tierschutzgesetz (TierSchG) dienen: Diese Kommissionen unterstützten die Behörden in Deutschland bei der Entscheidung über die Genehmigung von Tierversuchsvorhaben (§ 15 Abs. 1 Z 1 TierSchG). Die Tierschutz-Versuchstierverordnung (TierSchVersV) regelt, dass »die Mehrheit der Mitglieder der einzuberufenden Kommissionen die für die Beurteilung von Tierversuchen erforderlichen Fachkenntnisse der Veterinärmedizin, der Medizin oder einer naturwissenschaftlichen Fachrichtung haben [muss]« (§ 42 Abs. 1 TierSchVersV). Zudem sind in die Kommissionen auch Mitglieder zu berufen, die auf Vorschlag der Tierschutzorganisationen ausgewählt werden und aufgrund ihrer Erfahrungen zur Beurteilung von Tierschutzfragen geeignet sind. Die Zahl dieser Mitglieder muss mindestens ein Drittel der Kommissionsmitglieder betragen (§ 42 Abs. 2 TierSchVersV). Tierethiker scheinen für diese Aufgabe prädestiniert und werden häufig in derartige Kommissionen berufen. Aber welche Rolle kann die Ethik in diesem Kontext spielen? Was ist ihr Selbstverständnis und was ihr Beitrag? Denn sicherlich werden sie ja nicht eingeladen, um die rechtlichen Regelungen infrage zu stellen, sondern vielmehr, um ihre Expertise innerhalb der rechtlichen Rahmenbedingungen geltend zu machen. Sollen sich Ethikerinnen darauf einlassen?

Eine mögliche Antwort lautet, dass die Kritik geltenden Rechts erst auf der Basis genauer Kenntnis seiner normativen Implikationen möglich wird und die beiden Zugänge nicht unvermittelt nebeneinander stehen. Vielmehr zeigen sich gerade erst bei der Auslotung von Implikationen rechtlicher Rahmenbedingungen die Inkonsistenzen, Widersprüchlichkeiten und problematischen Konsequenzen, sodass eine solche Arbeit zur Voraussetzung einer grundsätzlichen Kritik im Sinne des ersten Ansatzes wird. Mitunter kann sich im Zuge solcher Auslotungsprozesse auch erweisen, dass die rechtlichen Regelungen aus moralischen Gründen abzulehnen sind.

Bei der Frage der Schaden-Nutzen-Analyse (SNA) unter Berücksichtigung ethischer Standards handelt es sich um ein solches Ausloten innerhalb der rechtlichen Rahmenbedingungen, und es ist anzunehmen, dass dies in der Intention des Gesetzgebers lag, als er den Begriff der SNA um ethische Erwägungen erweiterte und in geltendes Recht überführte.

Die Idee der Schaden-Nutzen-Analyse

Bei der SNA handelt es sich um eine Analyse, deren Ergebnis bei der Projektbeurteilung grundsätzlich zu berücksichtigen ist. Ob ein Tierversuch von der zuständigen Behörde bewilligt wird, hängt u.a. vom Ausgang dieser SNA im Sinne einer Güterabwägung ab (Grimm/Binder 2013). Damit geht die SNA einen wichtigen Schritt über die vormalige Prüfung der Alternativlosigkeit und Unerlässlichkeit hinaus. Denn nun geht es nicht mehr darum zu prüfen, ob das 3R-Prinzip umgesetzt wurde und etwa ein Tierversuch schon durchgeführt wurde, die Daten auch ohne Tiere generiert werden können oder ob es weniger belastende Alternativen gibt. Vielmehr werden bereits »3R-optimierte« Tierversuche im Hinblick darauf geprüft, ob die Schäden durch den zu erwartenden Nutzen aufgewogen werden können. Erst nachdem die wissenschaftliche Verantwortung im Sinne der 3R und anderer rechtlicher Vorgaben übernommen und der Tierversuch nach diesen Prinzipien entworfen und auf diese hin geprüft wurde, wird die Frage der SNA relevant. Hier geht die Richtlinie und entsprechend die nationalen Gesetzgebungen über den 3R-Ansatz hinaus. Letzterer dient dazu, die Versuche im Hinblick auf Tierschutzanliegen zu optimieren. Damit ist jedoch noch nichts über die SNA gesagt, außer dass die negativen Einflüsse auf die Versuchstiere im Sinne der 3R so weit wie möglich reduziert wurden und der Tierversuch für die Erreichung eines legitimen Zwecks unerlässlich ist. Die Umsetzung des 3R-Prinzips kann sozusagen eine SNA nur vorbereiten und nicht ersetzen. Häufig wird in diesem Zusammenhang auch das Bild der Waage verwendet, das diese Idee der Abwägung von Gütern veranschaulicht. Und es lässt sich vervollständigen, indem nur dann etwas – der zu erwartende Nutzen und der Schaden – auf die beiden Waagschalen gelegt wird, wenn zuvor geprüft wurde, dass es im Sinne der 3R nicht auch mit weniger Belastungen geht. Am deutlichsten wird der Unterschied zwischen 3R-Prinzip und SNA, wenn man sich vergegenwärtigt, dass die Anwendung des 3R-Prinzips bei alternativlosen Tierversuchen nicht zu deren Ablehnung führen kann. Es zielt einzig auf die Verbesserung von Tierversuchen ab. Demgegenüber ist die SNA darauf angelegt zu fragen, ob es der angestrebte Nutzen rechtfertigt, mit den geringstmöglichen Belastungen einer geringstmöglichen Anzahl von Tieren erreicht zu werden. Bei der SNA geht es also nicht um das Wie, sondern um das Ob.

Inkommensurabilität von Werten: Schaden und zu erwartender Nutzen

Auch wenn diese rechtliche Grundlage besteht, stellt sich doch die Frage, wie eine solche SNA durchgeführt werden soll. Können Schäden, im Sinne tierlicher Belastungen, und zu erwartender Nutzen überhaupt direkt gegeneinander abgewogen werden, wie es das Bild der Waage suggeriert? Da es keine gemeinsame »Währung« zur Verrechnung der Güter gibt, ist doch fraglich, welcher zu erwartende Nutzen (z.B. Wissenszuwachs) welches Ausmaß an Belastungen (z.B. mehrtägige, schwere Belastungen) rechtfertigen kann. Dieses Problem wird in der Philosophie unter dem Begriff der Inkommensurabilität von Gütern behandelt – Äpfel und Birnen lassen sich eben nicht direkt vergleichen. Wenn es aber keine gemeinsame »Währung« und auch keinen Umrechnungsschlüssel für die infrage stehenden Güter gibt und die abzuwägenden Güter grundsätzlich gleichrangig sind, stellt sich das Problem, dass eine Entscheidung trotz dieser Unabwägbarkeit getroffen werden muss. Selbst wenn davon ausgegangen wird, dass tierliche gegen menschliche Interessen stehen – was sicherlich eine sinnvolle Beschreibung ist –, bleibt dann die Frage, welche Interessen wie gewichtet werden sollen und auf welcher Grundlage diese Gewichtung unterschiedlicher Interessen stattfinden kann.

Zudem besteht bei der Beantwortung der Grundfrage der Tierethik im Bereich des Tierversuchs ein zweites strukturelles Problem: Für die Rechtfertigung von Tierversuchen kann nur ein *zu erwartender* Nutzen angeführt werden. Diesem zu erwartenden Nutzen, der meist nicht durch einen einzelnen Versuch, sondern durch eine Vielzahl an Versuchen innerhalb eines Forschungsprogramms angestrebt wird, stehen *aktuelle Belastungen* von Tieren gegenüber. Dass ein Tierversuch unmittelbar den bezweckten Nutzen realisiert, ist nicht die Regel und bestenfalls wahrscheinlich. So ist etwa der plausibel begründete, zu erwartende Beitrag zur Entwicklung eines neuen Medikaments durch die Prüfung eines Wirkstoffs keineswegs ein Garant dafür, dass dieser Wirkstoff in naher Zukunft auch als Medikament erhältlich sein wird. Hier spielen auch außerhalb des ethischen Arguments angesiedelte Faktoren wie Nachfrage, Gewinnaussichten, Konkurrenzprodukte etc. eine entscheidende Rolle, die wenig mit dem wissenschaftlichen Versuch zu tun haben.

Aber selbst wenn man diese Abwägungsprobleme beiseitelässt, bleibt bei jedem Tierversuch die Frage, ob die Annahme plausibel ist, dass der zu erwartende Nutzen erreicht wird oder nicht. Eine Möglichkeit dabei ist es, die Erreichung des zu erwartenden Nutzens z.B. im Rekurs auf ähnlich angelegte, erfolgreiche Vorgängerstudien zu plausibilisieren. Wenn es etwa um die Erweiterung des Wissens in einem bestimmten Bereich der Grundlagenforschung geht, ist dies durchaus denkbar. Aber natürlich lässt sich umgekehrt ebenso mit der Empirie gegen die Plausibilität eines zu erwartenden Nutzens argumentieren. Entsprechende Argumente werden beispielsweise von Lindl et al. (2005), Knight (2007), Macleod (2011) vorgebracht, wobei sowohl Lindl et al. als auch Knight in ihren Literaturauswertungen frappierend niedrige Erfolgsquoten feststellen. Macleod hingegen beschreibt methodische Probleme, die gelöst werden müssen, damit im Tierversuch valide Daten erzeugt werden können. Zusammen stellen die Studien jedenfalls das Nutzenversprechen der experimentellen Tierforschung erheblich infrage und machen verständlich, warum die Debatte so kontrovers geführt wird: Wenn das Versprechen, einen relevanten Nutzen zu erreichen, nicht gehalten wird, dann erodiert die Rechtfertigungsgrundlage von Tierversuchen.

Die Kritik an Tierversuchen speist sich also letztlich nicht nur aus der Kritik am tierlichen Leid, sondern auch aus einem Verlust an Vertrauen in naturwissenschaftliche Forschung. Empirisches

Wissen spielt dabei in normativen Debatten eine wesentliche Rolle, denn die Argumente, dass Tierversuche einen wichtigen Beitrag für Gesundheit, Wohlfahrt und andere wichtige Ziele unserer Gesellschaft leisten, haben eine empirische Basis und können auf dieser Grundlage auch empirisch bestätigt oder widerlegt werden.

Natürlich sehen Naturwissenschaftler diese Schwierigkeit und liefern zahlreiche Gründe, weshalb eine ausreichende Wahrscheinlichkeit der Nutzenerreichung gegeben ist. In einer Abwägungslogik zwischen Nutzen und Schäden spielt diese Wahrscheinlichkeit eine zentrale Rolle. Auch hier sind es empirisch informierte Argumente, die einen normativen Unterschied machen. Dabei ist die Wahl des geeigneten Tiermodells ein wesentliches Kriterium. Ist das Tiermodell nicht geeignet, um die relevanten Daten zu produzieren, so sind die Daten, die mit einem ungeeigneten Modell produziert wurden, wertlos. Wird etwa die Toxizität einer Substanz für Menschen in einem Tiermodell getestet, so ist die Verweildauer der Substanz im Verdauungstrakt des Tiers ein zentraler Gesichtspunkt. Ist die Verweildauer der toxischen Substanz im Tiermodell zu jener im Menschen wesentlich verschieden oder der Verdauungstrakt hinsichtlich seiner Anatomie grundsätzlich verschieden (wie z.B. die vier Mägen beim Wiederkäuer), so werden die generierten Daten wahrscheinlich keinen Aufschluss über die Toxizität für Menschen zulassen. Kurzum, die Übertragbarkeit der Ergebnisse von der Modell- auf die Zielspezies will begründet sein. Entsprechend ist die Wahl des adäquaten Tiermodells von zentraler Bedeutung. Dass Tiere im Versuch (fast) immer Modelle für Menschen oder andere Tiere sind, ist dabei stets zu berücksichtigen. Die Vergleichbarkeit und Übertragbarkeit von im Tierexperiment gewonnenen Daten auf Menschen kann deshalb ebenso gut hinterfragt wie begründet werden.

Anhang

Anmerkungen

1 In der Philosophie hat sich in den letzten Jahrzehnten ein verstärktes Interesse an Tieren manifestiert, das im deutschen Sprachraum unter dem Titel »Tierphilosophie« zusammengefasst wird (Wild 2013). Die Tierphilosophie ist eine Disziplin, die sich mit der Natur nicht-menschlicher Tiere und der Beziehung zwischen Mensch und Tier befasst. Dazu gehört auch die Tierethik.

2 Die Ausführungen des Thomas von Aquin zum Verhältnis von Mensch und Tier finden sich an unterschiedlichen Stellen seines mehrteiligen Werks *Summa theologiae*. Die hier gemeinten Passagen finden sich in der zweiten Hälfte von Teil 1 (*prima secundae pars*), in der Frage (*quaestio*) 102, im Artikel 6 zu Punkt 8. In der Standardabkürzung: STh, I-IIae q. 102 a. 6 ad 8.

3 Ein scharfer Kritiker der Auffassung Kants ist Arthur Schopenhauer (1788–1860). Einerseits vertritt Schopenhauer die Auffassung, dass wir Tieren gegenüber direkte und nicht nur indirekte Pflichten haben, andererseits ist für ihn das *Mitleid* als Grundlage der Moral zentral (Wolf 2012: 39–44). Kant ist in der Tierethik seit jeher scharf kritisiert worden (Skidmore 2001). Allerdings hat in den letzten Jahren die renommierte amerikanische Philosophin Christine Korsgaard, die in der Nachfolge von Kant argumentiert, gezeigt, wie man unter kantischen Vorzeichen Tiere in den moralischen Bereich einbeziehen kann (Korsgaard 2014).

4 In den letzten Jahren sind sogar kontraktualistische Ansätze entwickelt worden, die Tiere miteinschließen, vgl. dazu VanDeVeer 1979; Bernstein 1998; Rippe 2008; Rowlands 2009.

5 Zu diesem Abschnitt vgl. Grimm/Aigner 2016 und Grimm/Camenzind/Aigner 2015.

6 http://meeda.de/wp-content/uploads/2014/04/AZ-Kreiter-A3.jpg, 2014 (letzter Zugriff: 21.12.2015)

7 Vgl. hierzu Binder/Alzmann/Grimm 2013; besonders Binder 2013, Grimm 2013 und zur Schaden-Nutzen-Analyse Grimm/Binder 2013.

Literatur

Ammann, Christoph/Hunziker, Andreas, Ethik in einem realistischen Geist. Zu Cora Diamonds moralphilosophischen Arbeiten, in: dies. (Hg.), Cora Diamond. Menschen, Tiere und Begriffe. Aufsätze zur Moralphilosophie, Berlin 2012, S. 313–329.

Anderson, Elisabeth, Tierrechte und die verschiedenen Werte nichtmenschlichen Lebens, in: Friederike Schmitz (Hg.), Tierethik. Grundlagentexte, Berlin 2014, S. 287–320.

Anscombe, Gertrude E. M., Modern Moral Philosophy, in: Philosophy, Heft 124, 1958, S. 1–19.

Apel, Karl-Otto, Diskurs und Verantwortung. Das Problem des Übergangs zur postkonventionellen Moral, Frankfurt/M. 1988.

Arendt, Hannah, The Rights of Men. What Are They?, Modern Review, Heft 1, 1949, S. 24–37.

Bayertz, Kurt, Moral als Konstruktion. Zur Selbstaufklärung der angewandten Ethik, in: Peter Kampits/Anja Weiberg (Hg.), Angewandte Ethik. Beiträge des 21. Internationalen Wittengenstein Symposiums, Wien 1999, S. 73–89.

Beauchamp, Tom L./Frey, R. G. (Hg.), The Oxford Handbook of Animal Ethics, Oxford/New York 2011.

Bentham, Jeremy, An Introduction to the Principles of Morals and Legislation, in: Bentham, Jeremy, The Collected Works of Jeremy Bentham, hg. von J. H. Burns, H. L. A. Hart, London 1996.

Benz-Schwarzburg, Judith/Leitsberger, Madelaine, Zoos zwischen Artenschutz und Disneyworld, in: Tierstudien 7, 2015, S. 17–30.

Bernstein, Marc H., On Moral Considerability. An Essay on Who Morally Matters, Oxford 1998.

Binder, Regina, Rechtliche Grundlagen des Tierversuchs, in: Regina Binder/Norbert Alzmann/Herwig Grimm (Hg.), Wissenschaftliche Verantwortung im Tierversuch. Ein Handbuch für die Praxis, Baden-Baden 2013, S. 68–139.

Bleisch, Barbara/Huppenbauer, Markus, Ethische Entscheidungsfindung: Ein Handbuch für die Praxis, Zürich 2011.

Böhme, Gernot/van den Daele, Wolfgang/Krohn, Wolfgang, Die Finalisierung der Wissenschaft, in: Zeitschrift für Soziologie, Heft 2, 1973, S. 128–144.

Bostock, Stephen, Zoo and Animal Rights. The Ethics of Keeping Animals, New York 1993.

Brambell Report: Report of the Technical Committee to Enquire into the Welfare of Animals Kept Under Intensive Livestock Husbandry Systems, London 1965.

Carruthers, Peter, The Animal Issue. Moral Theory in Practice, Cambridge 1992.

Carruthers, Peter, Warum Tiere moralisch nicht zählen, in: Friederike Schmitz (Hg.), Tierethik. Grundlagentexte, Berlin 2014, S. 219–242.

Cavell, Stanley, Wissen und Anerkennen, in: ders., Die Unheimlichkeit des Gewöhnlichen, Frankfurt/M. 2003, S. 405–423 [1969].

Clough, David, On Animals. Volume 1: Systematic Theology, London 2012.

Cochrane, Alasdair, Animal Rights Without Liberation. Applied Ethics and Human Obligation, New York 2012.

Cochrane, Alasdair, Cosmozoopolis: The Case Against Group-Differentiated Animal Rights, in: Law. Ethics, and Philosophy, Heft 1, 2013a, S. 127–141.

Cochrane, Alasdair, From Human Rights to Sentient Rights, Critical Review of International Social and Political Philosophy 16, Heft 5, 2013b, S. 655–675.

Cohen, Carl, Haben Tiere Rechte?, in: Interdisziplinäre Arbeitsgruppe Tierethik (Hg.), Tierrechte. Eine interdisziplinäre Herausforderung, Erlangen 2007, S. 89–104.

Cohen, Carl/Regan, Tom, The Animal Rights Debate, Lanham 2001.

Crary, Alice, Minding What Already Matters. A Critique of Moral Individualism, in: Philosophical Topics, Heft 38/1, 2011, S. 17–49.

Crary, Alice, Inside Ethics: On the Demands of Moral Thought, Cambridge (Mass.) 2016.

Davis, Steven L., The Least Harm Principle May Require That Humans Consume a Diet Containing Large Herbivores, Not a Vegan Diet, in: Journal of Agricultural and Environmental Ethics 16, Heft 4, 2003, S. 387–394.

de Lazari-Radek, Katarzyna/Singer, Peter, The Point of View of the Universe, Oxford 2014.

Diamond, Cora, Eating Meat and Eating People, in: Philosophy, Heft 53, 1978, S. 465–479.

Diamond, Cora, ›We Are Perpetually Moralists‹. Iris Murdoch, Fact, and Value, in: Maria Antonaccio/William Schweiker (Hg.), Iris Murdoch and the Search for Human Goodness, Chicago 1996, S. 79–109.

Diamond, Cora, The Difficulty of Reality and the Difficulty of Philosophy, in: Stanley Cavell/Cora Diamond/John McDowell/Ian Hacking/Cary Wolfe (Hg.), Philosophy & Animal Life, New York 2008, S. 43–89.

Diamond, Cora, Menschen, Tiere und Begriffe. Aufsätze zur Moralphilosophie, Berlin 2012.

Dilger, Hansjörg, Leben mit Aids, Frankfurt/M. 2005.

Donaldson, Sue/Kymlicka, Will, Zoopolis. Eine politische Theorie der Tierrechte, Berlin 2013.

Driver, Julia, Individual Consumption and Moral Complicity, in: Ben Bramble/Bob Fischer (Hg.), The Moral Complexities of Eating Meat, Oxford 2015, S. 67–79.

Feinberg, Joel, The Rights of Animals and Future Generations, in: William Blackstone (Hg.), Philosophy and Environmental Crisis, Athens (GA) 1974, S. 43–68.

Francione, Gary, Animals as Persons. Essays on the Abolition of Animal Exploitation, New York 2008.

Francione, Gary/Garner, Robert, The Animal Rights Debate. Abolition or Regulation?, New York 2010.

Frey, Raymond G., Rechte, Interessen, Wünsche und Überzeugungen, in: Angelika Krebs (Hg.), Naturethik. Grund der gegenwärtigen tier- und ökoethischen Diskussion, Frankfurt/M. 1997, S. 76–91.

Garner, Robert, A Theory of Justice for Animals. Animal Rights in a Nonideal World, Oxford 2013.

Garrett, Jeremy R. (Hg.), The Ethics of Animal Research. Exploring a Controversy, Cambridge (Mass.)/London 2012.

Gilligan, Carol, Die andere Stimme. Lebenskonflikte und Moral der Frau, München 1982.

Godlovitch, Roslind/Godlovitch, Stanley/Harris, John, Animals, Men, and Morals: An Enquiry into the Maltreatment of Non-Humans, New York 1971.

Goodpaster, Kenneth E., On Moral Considerability, in: Journal of Philosophy 75, Heft 6, 1978, S. 308–325.

Greek, Ray/Greek, Jean, Sacred Cows and Golden Geese. The Human Cost of Experiments on Animals, New York 2000.

Grimm, Herwig, Ethik im Kontext des Tierversuchs, in: Regina Binder/Norbert Alzmann/Herwig Grimm (Hg.), Wissenschaftliche Verantwortung im Tierversuch. Ein Handbuch für die Praxis, Baden-Baden 2013, S. 23–54.

Grimm, Herwig/Aigner, Andreas, Der moralische Individualismus in der Tierethik. Maximen, Konsequenzen und Kritik, in: Kristian Köchy/Matthias Wunsch/Martin Böhnert (Hg.), Philosophie der Tierforschung: Band 2: Maximen und Konsequenzen, Freiburg i. Br. 2016 (im Druck).

Grimm, Herwig/Binder, Regina, Die Schaden-Nutzen-Analyse, in: Regina Binder/Norbert Alzmann/Herwig Grimm (Hg.), Wissenschaftliche Verantwortung im Tierversuch. Ein Handbuch für die Praxis, Baden-Baden 2013, S. 55–67.

Grimm, Herwig/Camenzind, Samuel/Aigner, Andreas, Tierethik, in: Roland Borgards, (Hg.), Tiere. Kulturwissenschaftliches Handbuch, Stuttgart 2016, S. 78–96.

Grimm, Jacob/Grimm, Wilhelm, Kinder- und Hausmärchen, Stuttgart 2009.

Gruen, Lori, Entangled Empathy. An Alternative Ethic for Our Relationships with Animals, Brooklyn (NY) 2015.

Gruen, Lori, Sich Tieren zuwenden: Empathischer Umgang mit der mehr als menschlichen Welt, in: Friederike Schmitz (Hg.), Tierethik. Grundlagentexte, Berlin 2014, S. 390–405.

Gupta, Rupta, Indigenous Peoples and the International Environmental Community: Accommodating Claims Through a Cooperative Legal Process, in: NYU Law Review 74, Heft 8, 1999, S. 1741–1786.

Harman, Elizabeth, The Moral Significance of Animal Pain and Animal Death, in: Tom L. Beauchamp/R. G. Frey (Hg.), The Oxford Handbook of Animal Ethics, Oxford 2011, S. 726–737.

Heinrich-Böll-Stiftung/Bund für Umwelt- und Naturschutz Deutschland/Le Monde diplomatique, Fleischatlas 2014 – Daten und Fakten über Tiere als Nahrungsmittel, Berlin 2014.

Hursthouse, Rosalind, Die Anwendung der Tugendethik auf unsere Behandlung der anderen Tiere, in: Ursula Wolf (Hg.), Texte zur Tierethik, Stuttgart 2008, S. 121–131.

Hursthouse, Rosalind, Tugendethik und der Umgang mit Tieren, in: Friederike Schmitz (Hg.), Tierethik. Grundlagentexte, Berlin 2014 [2011], S. 321–348.

Hursthouse, Rosalind, Virtue Ethics and the Treatment of Animals, in: Tom L. Beauchamp, R. G. Frey (Hg.), The Oxford Handbook of Animal Ethics, Oxford/New York 2011, S. 119–143.

Jamieson, Dale, Gegen zoologische Gärten, in: Peter Singer (Hg.), Verteidigt die Tiere. Überlegungen für eine neue Menschlichkeit, Wien 1986, S. 164–178.

Joy, Melanie, Warum wir Hunde lieben, Schweine essen und Kühe anziehen, Münster 2013.

Kallhoff, Angela/Siep, Ludwig, Tierethik, in: Marcus Düwell/Klaus Steigleder (Hg.), Bioethik, Frankfurt/M. 2003, S. 413–421.

Kant, Immanuel, Grundlegung zur Metaphysik der Sitten, in: ders., Gesammelte Schriften, hg. v. der Preussischen Akademie der Wissenschaften, Bd. 4, Berlin 1968, S. 385–464.

Kant, Immanuel, Vorlesung über allgemeine praktische Philosophie und Ethik, Nachschrift von Johann Friedrich Kaehler, in: Werner Stark (Hg.), Immanuel Kant. Vorlesung zur Moralphilosophie, Berlin 2004, S. 105–368.

Kersting, Wolfgang, Die politische Philosophie des Gesellschaftsvertrags, Darmstadt 2005.

King, Barbara J., How Animals Grieve, Chicago 2013.

Knell, Sebastian/Weber, Marcel, Menschliches Leben, Berlin 2009.

Knight, Andrew, Systematic Reviews of Animal Experiments Demonstrate Poor Human Clinical and Toxicological Utility, ATLA 35, 2007, S. 641–659.

Kohlberg, Lawrence, Die Psychologie der Moralentwicklung, Frankfurt/M. 1996.

Korsgaard, Christine, Mit Tieren interagieren: Ein kantianischer Ansatz, in: Friederike Schmitz (Hg.), Tierethik. Grundlagentexte, Berlin 2014, S. 243–286.

Lamey, Andy, Food Fight! Davis versus Regan on the Ethics of Eating Beef, in: Journal of Social Philosophy 38, Heft 2, 2007, S. 331–348.

Lindl, Toni/Voelkel, Manfred/Kolar, Roman, Tierversuche in der biomedizinischen Forschung. Eine Bestandsaufnahme der klinischen Relevanz von genehmigten Tierversuchsvorhaben, in: ALTEX 22, 2005, S. 143–151.

Loughnan, Steve et al., The Role of Meat Consumption in the Denial of Moral Status and Mind to Meat Animals, in: Appetite 55/1, 2010, S. 156–159.

Macleod, Malcom, Why Animal Research Needs to Improve, in: Nature 477, 2011, S. 511.

Marino, Lori et al., Do Zoos and Aquariums Promote Attitude Change in Visitors? A Critical Evaluation of the American Zoo and Aquarium Study, in: Society and Animals 18, 2010, S. 126–138.

Marquard, Odo, Zukunft braucht Herkunft. Philosophische Essays, Stuttgart 2003.

Matheny, Gaverick, Least Harm: A Defense of Vegetarianism From Steven Davis's Omnivorous Proposal, in: Journal of Agricultural and Environmental Ethics 16, 2003, S. 505–511.

McMahan, Jeff, Our Fellow Creatures, in: Journal of Ethics 9, 2005, S. 353–380.

McReynolds, Phillip, Overlapping Horizons of Meaning. A Deweyan Approach to The Moral Standing of Nonhuman Animals, in: Erin McKenna/Andrew Light (Hg.), Animal Pragmatism. Rethinking Human-Nonhuman Relationships, Bloomington/Indiana 2004, S. 63–85.

Menke, Christoph/Pollmann, Arnd, Philosophie der Menschenrechte zur Einführung, Hamburg 2007.

Midgley, Mary, Animals and Why They Matter, Athens 1998 [1983].

Midgley, Mary, Die Begrenztheit der Konkurrenz und die Relevanz der Spezieszugehörigkeit, in: Ursula Wolf (Hg.), Texte zur Tierethik, Stuttgart 2008 [1983], S. 150–163.

Nelson, Leonard, Recht und Staat, Hamburg 1972.

Nussbaum, Martha, Die Grenzen der Gerechtigkeit. Behinderung, Nationalität und Spezieszugehörigkeit, Frankfurt/M. 2010.

Olsson, Anna S./Robinson, Paul/Pritchett, Kathleen/Sandøe, Peter, Animal Research Ethics, in: Jann Hau/Gerald L. van Hoosier Jr. (Hg.), Handbook of Laboratory Animal Science, 2. Aufl., Boca Raton/London/New York 2003, S. 13–30.

Palmer, Clare, Animal Ethics in Context, New York 2010.

Palmer, Clare, The Moral Relevance of the Distinction between Domesticated and Wild Animals, in: Tom L. Beauchamp, R. G. Frey (Hg.), The Oxford Handbook of Animal Ethics, Oxford/New York 2011, S. 701–725.

Perkins, David, Romanticism and Animal Rights, Cambridge 2003.

Rachels, James, Created From Animals. The Moral Implications of Darwinism, Oxford u.a. 1990.

Raz, Joseph, The Morality of Freedom, Oxford 1988.

Regan, Tom, Die Tierrechtsdebatte, in: Interdisziplinäre Arbeitsgruppe Tierethik (Hg.), Tierrechte. Eine interdisziplinäre Herausforderung, Erlangen 2007, S. 81–88.

Regan, Tom, The Case for Animal Rights, Berkeley/Los Angeles 2004 [1983].

Regan, Tom, The Case for Animal Rights. in: Peter Singer (Hg.), In Defense of Animals, New York 1985, S. 13–26.

Regan, Tom, The Radical Egalitarian Case for Animal Rights, in: Louis Pojman (Hg.), Environmental Ethics, Stanford 2001, S. 40–45.

Rippe, Klaus-Peter, Ethik im außerhumanen Bereich, Paderborn 2008.

Rippe, Klaus-Peter, Darwin und die zwei Gesichter des ethischen Individualismus, in: Heinz-Ulrich Reyer/Paul Schmidt-Hempel (Hg.), Darwins langer Arm. Evolutionstheorie heute, Zürich 2011, S. 189–200.

Robinson, Tim et al., Mapping the Global Distribution of Livestock, in: PLoS ONE, Heft 5, 2014.

Rollin, Bernard E., Putting the Horse before Descartes: My Life's Work on Behalf of Animals, Philadelphia 2011.

Rowlands, Mark, Animal Rights. Moral Theory and Practice, New York 2009.

Rowlands, Mark, Can Animals Be Moral?, New York 2012.

Russell, Wilhelm M. S./Burch, Rex L., The Principles of Humane Experimental Technique, London 1959.

Ryder, Richard D., Speciesism Again. The Original Leaflet, in: Critical Society 1, Heft 2, 2010, S. 1–2.

Safran Foer, Jonathan, Tiere essen, Köln 2010.

Sarasa, Mathieu/Sarasa, Juan-Antonio, Intensive monitoring suggests population oscillations and migration in wild boar Sus scrofa in the Pyrenees, in: Animal Biodiversity and Conservation 36, Heft 1, 2013, S. 79–88.

Schmitz, Friederike, Tierethik. Eine Einführung, in: Friederike Schmitz (Hg.), Tierethik. Grundlagentexte, Berlin 2014, S. 13–73.

Schweitzer, Albert, Kulturphilosophie, München 2007 [1923].

Serpell, James, In the Company of Animals. A Study of the Human-Animal Relationship, Cambridge 1986.

Shelley, Mary, Frankenstein. Or the Modern Prometheus, London 1823.

Silvers, Anita/Francis, Leslie P., Thinking about the Good. Reconfiguring Liberal Metaphysics (or not) for People with Cognitive Disabilities, in: Metaphilosophy 40, Heft 3, 2009, S. 475–498.

Simmons, Aaron, Do Animals Have an Interest in Continued Life? In Defense of a Desire-Based Approach, in: Environmental Ethics 31, Heft 4, 2009, S. 375–392.

Singer, Peter, Alle Tiere sind gleich, in: Angelika Krebs (Hg.), Naturethik. Grundtexte der gegenwärtigen tier- und ökoethischen Diskussion, Frankfurt/M. 1997, S. 13–32.

Singer, Peter, Animal Liberation, New York 2009 [1975].

Singer, Peter, Praktische Ethik, Stuttgart 2013 [1979].

Skidmore, James, Duties to Animals: The Failure of Kant's Moral Theory, in: The Journal of Value Inquiry, Heft 35, 2001, S. 541–559.

Sorabji, Richard, Animal Minds and Human Morals, London 1993.

Stemmer, Peter, Handeln zugunsten anderer. Eine moralphilosophische Untersuchung, Berlin/New York 2000.

Tewksbury, Joshua J./Rogers, Haldre S., An animal-rich future, in: Science, Heft 6195, 2014, S. 400.

Thomas, Keith, Man and the Natural World: Changing Attitudes in England 1500–1800, London 1983.

Tugendhat, Ernst, Wer sind alle?, in: Angelika Krebs (Hg.), Naturethik. Grund der gegenwärtigen tier- und ökoethischen Diskussion, Frankfurt/M. 1997, S. 100-110.

VanDeVeer, Donald, Interspecific justice, in: Inquiry, Heft 1–2, 1979, S. 55–70.

Varner, Gary E., Can Animal Rights Activists Be Environmentalists?, in: Christine Pierce/Donald VanDeVeer (Hg.), People, Penguins, and Plastic Trees. Basic Issues in Environmental Ethics, Belmont (CA) 1995, S. 254–273.

Weingart, Peter, Die Stunde der Wahrheit. Zum Verhältnis der Wissenschaft zu Politik, Wirtschaft und Medien in der Wissensgesellschaft, Weilerswist 2011.

Wild, Markus, Die anthropologische Differenz, Berlin/New York 2006.

Wild, Markus, Fische. Kognition, Bewusstsein und Schmerz, Bern 2012.

Wild, Markus, Tierphilosophie zur Einführung, 3. Aufl., Hamburg 2013.

Wild, Markus, Zoos. Besuchen oder nicht besuchen? Zur Beilegung moralischer Meinungsverschiedenheiten, in: TIEREthik 6, Heft 9, 2014, S. 71–87.

Wild, Markus, Warum es besser ist, kein Fleisch zu essen. Moralische Urteile, Überlegungsgleichgewicht und Willensschwäche, in: Meret Fehlmann/Margot Michel/Rebecca Niederhauser (Hg.), Tierisch! Das Tier und die Wissenschaft. Ein Streifzug durch die Disziplinen, S. 57–72, Zürich 2016.

Wilholt, Torsten, Die Freiheit der Forschung. Begründungen und Begrenzungen, Berlin 2012.

Winkelmayer, Rudolf, Ein Beitrag zur Jagdethik, Wien 2014.

Wittwer, Héctor, Philosophie des Todes, Stuttgart 2009.

Wolf, Ursula (Hg.), Texte zur Tierethik, Stuttgart 2008.

Wolf, Ursula, Ethik der Mensch-Tier-Beziehung, Frankfurt/Main 2012.

Zamir, Tzachi, The Welfare-based Defense of Zoos, in: Society and Animals 15, 2007, S. 191–201.

Personenregister

Anderson, Elisabeth 174 ff., 207
Anscombe, Gertrude E. M. 19 f.
Arendt, Hannah 130
Aristoteles 20, 115, 197
Bayertz, Kurt 215
Bentham, Jeremy 41 ff., 65, 71
Berlin, Isaiah 40
Brown, John 133
Burch, Rex L. 46
Carruthers, Peter 119 ff.
Cavell, Stanley 157
Cochrane, Alasdair 135
Crary, Alice 160 f.
Diamond, Cora 151 ff., 170, 198
Donaldson, Sue 102, 177 ff., 198, 206
Gilligan, Carol 149
Gruen, Lori 148, 150
Hursthouse, Rosalind 166 ff.
Joy, Melanie 211 f.
Kant, Immanuel 18, 36 ff., 122 f., 236
Kohlberg, Lawrence 148 f.
Korsgaard, Christine 236
Kymlicka, Will 102, 177 ff., 198, 206
Midgley, Mary 161 ff., 170, 195
Mill, John Stuart 65
Montaigne, Michel 39
Nelson, Leonard 44
Palmer, Clare 170 ff., 182, 197
Plutarch 39
Rachels, James 53

Rawls, John 117 f., 127
Regan, Tom 19, 46 f., 51, 56, 62, 68, 74, 79 ff., 114, 132 ff., 139, 140, 142, 156, 167, 169, 186, 224, 227
Rollin, Bernard E. 214
Russel, Wilhelm M. S. 46
Ryder, Richard 71
Safran Foer, Jonathan 31
Salt, Henry 44
Schopenhauer, Arthur 236
Schweitzer, Albert 44
Shelly, Mary 40
Shelly, Percy B. 40
Singer, Peter 11, 19, 42 ff.,, 47, 51, 56 ff., 82, 84, 118, 137 f., 151, 154, 156 f., 162, 166, 169 f., 214
Thomas von Aquin 33, 36, 38, 115
Tugendhat, Ernst 131
Wolf, Ursula 162

Sachregister

3R-Prinzip 11, 230 f.
Abolitionismus 46, 79, 98, 112 f., 133 f., 145, 177, 203 f., 227
Abstumpfung (*numbing*) 211 f.
Aggregationsprinzip 62 f., 81 ff.
Akteure, moralische (*moral subjects*) 89 ff., 103, 140, 175
Animal Liberation 11, 25, 41 f., 45, 57, 59, 214
Anthropozentrismus 38, 54, 227
Argument der »Randfälle« 41, 124, 126, 128 f., 144 f.
Artenschutz 184, 186 f., 193
Belastungen 32, 60, 67, 105, 219 ff., 231 f.
Beobachter, unparteiischer 59 f., 63 f., 66 f., 71, 82, 118, 157
Beraubungsargument 99, 143
Bereichsethik 16, 185
Biodiversität 191 f.
Biologie 56, 104, 147
Bürgerrechte 177 ff.
Chauvinismus 205 ff.
Differenz, anthropologische 34, 36 f., 152 f.
Differenzialismus, moralischer 32 ff., 56, 110, 114, 118, 147, 151 ff.
Diversifikation 14, 51
Egalitarismus 72, 132 f., 145
Eier 76, 200 ff.

Eigeninteresse 63, 116 ff., 164
Eigentum 25, 28, 88, 101, 121, 142, 149
Eigenwert 51, 88
Empathie 150, 208
Empfindungsfähigkeit 53 ff., 71 f., 94, 132, 136, 166, 172, 180, 196, 198 f.
Ernährung 100 f., 202
Ethics of care 149
Ethik, angewandte 16 ff., 45 ff., 212 ff., 228
Ethik, deontologische 20 ff., 80, 227
Ethik, konsequentialistische 20, 22, 43, 58, 78, 80, 164, 226 f.
Extensionsmodell 49 ff., 146, 163, 166
Fehlschluss, genetischer 28 ff.
Fehlschluss, naturalistischer 28 ff.
Fleischkonsum 14, 27 ff., 155, 188, 194, 202, 205 ff.
Fleischparadox (*meat paradox*) 211 f.
Formel, anthropologische 35
Forschung, experimentelle 46 f., 216 f., 226, 233
Freiheit der Forschung 224 ff.
Freiheit, Recht auf 112 ff., 128, 138 ff., 188, 204
Gemeinschaft, moralische 96 ff., 110 ff., 125, 128, 131 ff., 141, 146 ff., 164 ff., 215 ff.

Gerechtigkeit 20 f., 58, 87, 108, 117 f., 149, 162, 170, 189
Gesetz, moralisches 19 ff.,
Gesundheit 12, 27, 32, 106, 118, 134 ff., 199, 202, 207, 210, 234
Gleichheitsprinzip 68 ff., 123
Glück 23, 57, 65 ff., 71 f., 82, 144
Gradualismus 39
Grausamkeit 33, 37 ff., 122 f., 169
Great Ape Project 11
Grundfrage der Tierethik 16 ff., 57, 75, 79, 110, 146, 167, 174, 194, 232
Grundlagenforschung 108 f.
Gruppenrechte 180 ff., 198
Haustiere 26, 39, 165, 170 ff.
Hedonismus 65
Helsinki-Deklaration 11
Imperativ, kategorischer 18, 22, 37
Individualismus, moralischer 44, 49 ff., 80, 114, 146, 151 ff.
Inkommensurabilität 96, 232
Insekten 195, 206
Instrumentalisierung 24, 225 ff.
Integrität 18, 138
Interessen, triviale 65
Interessen, vitale 65
Interesse-basierter Ansatz 135 ff., 145 f., 204 f.
Intuition, moralische 60 f., 69, 81, 85 ff., 121, 170 ff., 220
Jagd 10, 14, 47, 79, 98, 103, 131, 176, 183, 185 ff., 206, 212 f.
Karnismus (*carnism*) 211 f.
Kollateralschäden 202
Kontextsensitivität 149, 168, 173, 185

Kontraktualismus 114 ff.
Kooperation 124, 146, 179
Landwirtschaft 10, 47, 76 ff., 98 ff., 161, 164, 184 ff., 191, 200
Lebensführung 21, 110
Lebensrecht 144 f., 188 ff.
Leid 11, 39, 41 f., 52, 60, 71 f., 111 f., 140 ff., 186, 202 ff., 218 ff.
Leugnung 11, 212
Life Science 48
Lust 22, 38, 42, 58, 62, 136 f., 147 f.
Medizin 11, 16, 18, 48, 54, 104, 108, 129, 140, 180, 184, 218 f., 228
Meliorismus 185
Mensch-Tier-Beziehung 26, 42, 47, 98, 115, 155, 161, 168 f., 173, 177, 185, 214, 216, 218
Menschenrechte 129 f., 145
Metaethik 18 f., 43, 113, 149
Milch 86, 185, 200 ff.
Mitleid 34, 156 f., 169, 202, 209, 211, 236
Moralpsychologie 148
Naturwissenschaft 26, 39, 46, 55, 71, 152, 155, 160, 233 f.
Naturzustand, Urzustand 115, 117, 135
neminem laedere 17 f.
Notstand 190, 193
Notwehr 190, 193
Nutzen, erwarteter 77 f., 218 f., 223 f., 226, 231 ff.
Nützlichkeit 23, 88, 97, 111
Nutztiere 12, 14, 75, 98 ff., 161, 163, 168, 177, 187, 191, 200 ff., 210, 212
Objekte, moralische (*moral patients*) 88 ff.

Pathozentrismus 39, 72
Pelz 13, 200, 208
Perfektionismus 22, 87f.
Person 11, 18 ff., 37 f., 52, 73, 167 ff., 189 f.
Personenrechte 11
Perspektiven 25 ff., 59 ff., 82, 144 ff., 162 ff., 174 ff., 184 ff.
Pflanzen 39f., 136, 191, 196f., 202ff.
Pflicht, direkte 34, 50, 88 ff., 111, 199f., 236
Pflicht, indirekte 33 ff., 50, 80, 88ff., 122, 200, 236
Pflicht, moralische 20 ff., 32 ff., 50, 81, 89ff., 152, 200
Pflicht, negative 24, 171 ff., 197
Pflicht, positive 24, 172ff., 197
Pflicht, prima-facie- 89f.,
Pflichtenethik 19, 21 f.
Pluralismus 174f.
Prinzip der Nicht-Schädigung 88 ff., 171
Prinzip des Respekts (*respect principle*) 80, 95 ff., 107, 170
Ratiozentrismus 39
Raubtiere 31, 140, 192, 197, 204
Rechte, relationale 135, 178 ff.
Rechte, universelle 129, 178
Relationalismus 170 ff.
Rettungsboot-Szenario 164 ff.
Reziprozität 118 ff.
Romantik 26, 29, 40, 151
Schaden, Schädigung 12, 17f., 38, 59, 73, 81, 89ff., 108, 136, 142ff., 164, 172f., 202, 221, 224ff.
Schaden-Nutzen-Analyse (SNA) 12, 226 ff.

Schädlinge 163, 195 f.
Schleier des Unwissens (*veil of ignorance*) 118
Schmerz 38, 43, 55 ff., 112 f., 136, 140 ff., 160, 190, 196, 208 ff., 226
Schwellentiere 178, 180, 182
Selbstbewusstsein 67, 119, 124, 166
Sentientismus 41, 72, 135, 188
Sonderstellung, des Menschen 34, 119
Speziesismus 41, 70, 74, 76 f., 124, 127, 162, 170
Sport 79, 107, 186, 193
Standpunkt, unparteiischer 59 ff., 156 ff.
Status, moralischer 46, 50 ff., 82, 110, 120 f., 126, 137, 139, 141, 163, 166 ff., 171, 176, 221, 227
Subjekt-eines-Lebens (*subject-of-a-life*) 54, 80, 93 ff., 132
Subjekte, moralische 66
Tiere, domestizierte 171 f., 178 ff., 197 f., 204 f.
Tierhaltung, industrielle 10, 75, 161, 163, 202, 212
Tierrechte 45, 79 f., 98, 101 ff., 112, 123 f., 132 ff., 138, 145, 169 f., 174 ff., 181 f., 186, 188, 194, 200, 203, 227
Tierschutzethik 45, 227
Tierschutzgesetz 11, 138, 187, 229
Tierversuch 10 ff., 60, 62, 67, 73 f., 77 ff., 98, 104 ff., 186, 188, 212 f., 216 ff.
Töten 25, 27, 30, 36, 38, 43, 68, 83 f., 112, 142 f., 162, 177, 186 ff., 194 ff., 200 ff., 208
Toxikologie 105 ff.

Tugendethik 20 ff., 166, 168 ff.
Ultima Ratio-Jagd 190, 193 f., 196
Utilitarismus, hedonistischer 22, 65, 67, 83
Utilitarismus, klassischer 83
Utilitarismus, Präferenz- 22, 57 ff., 62 ff., 71 ff., 83 ff.
Veganismus 76, 102, 163 f., 177, 200 ff.
Vegetarismus 11, 27 ff., 40, 100 f., 153, 155, 188, 194 ff.
Verfassung 11, 181, 225
Vernunft 12 f., 33 ff., 58, 111, 115 f., 124, 140, 157, 187
Vertragstheorie 19, 114 ff.
Wert, ästhetischer 32
Wert, inhärenter 79 f., 85 ff., 92 ff., 99, 101, 103 ff., 134 f.
Wert, instrumenteller 85 ff., 95 f., 134
Wert, intrinsischer 83, 85 ff., 95 f.
Wert, moralischer 32 f., 40, 50 f., 79 f., 82 ff., 92 ff., 97, 156, 159, 161
Wildtiere 104, 165, 170 ff., 177 ff., 189, 191, 194, 202, 204
Wohlergehen (*welfare*) 33, 82 f., 94, 112, 137 f., 140, 147, 150, 151, 190, 205
Würde 18, 37, 51, 122 f.
Zoo 48, 168, 177, 184 ff., 192, 204, 213
Zweck 12, 18, 24 ff., 33, 37 f., 46, 75, 77, 95, 98, 101, 104 f., 122, 133, 186, 191, 200, 202, 205, 225 ff., 231 f.

Herwig Grimm ist Professor für Ethik der Mensch-Tier-Beziehung am Messerli Forschungsinstitut der Veterinärmedizinischen Universität Wien, der Medizinischen Universität Wien und der Universität Wien. Seine Forschungsschwerpunkte sind Tierethik, Veterinärmedizinische Ethik und Methodenfragen der angewandten Ethik. Zu seinen Veröffentlichungen gehören: *Das moralphilosophische Experiment* (2010); *Das Tier an sich*, hrsg. mit C. Otterstedt (2012); *Wissenschaftliche Verantwortung im Tierversuch*, hrsg. mit R. Binder und N. Alzmann (2013); *Was ist ein moralisches Problem?*, hrsg. mit M. Zichy und J. Ostheimer (2. Auflage 2014).

Markus Wild ist Professor für Theoretische Philosophie an der Universität Basel. Seine Forschungsschwerpunkte sind Tierphilosophie, Philosophie des Geistes und Frühe Neuzeit. Zu seinen Veröffentlichungen gehören: *Der Geist der Tiere*, hrsg. mit D. Perler (2005); *Die anthropologische Differenz* (2006); *Animal Minds and Animal Ethics*, hrsg. mit K. Petrus (2012); *Tierphilosophie zur Einführung* (3. Auflage 2013).